古代东方美术理论选萃

奥斯曼语本《艺术家的史诗事迹》译注

满园 译注

国家出版基金项目
NATIONAL PUBLICATION FOUNDATION

教育部人文社会科学重点研究基地
北京大学东方文学研究中心

◎『十三五』国家重点出版物出版规划项目
◎国家社会科学基金重大项目『古代东方文学插图本史料集成及其研究』(16ZDA199)
◎古代东方美术理论选萃 陈明 主编

南方传媒 全国优秀出版社 全国百佳图书出版单位
广东教育出版社
·广州·

图书在版编目（CIP）数据

奥斯曼语本《艺术家的史诗事迹》译注 / 满园译注 . --
广州 ：广东教育出版社，2024.12
（古代东方美术理论选萃 / 陈明主编）
ISBN 978-7-5548-5299-6

Ⅰ . ①奥… Ⅱ . ①满… Ⅲ . ①伊斯兰国家—艺术家—生平事迹—古代 Ⅳ . ① K815.7

中国国家版本馆 CIP 数据核字（2023）第 004359 号

奥斯曼语本《艺术家的史诗事迹》译注
AOSIMAN YUBEN《YISHUJIA DE SHISHI SHIJI》YIZHU

出 版 人：朱文清
责任编辑：蔡潮生　王燕行
责任技编：姚健燕
装帧设计：张绮华
责任校对：窦咏琦
出版发行：广东教育出版社
（广州市环市东路472号12-15楼　邮政编码：510075）
销售热线：020-87615809
网　　址：http://www.gjs.cn
邮　　箱：gjs-quality@nfcb.com.cn
经　　销：广东新华发行集团股份有限公司
印　　刷：广州市岭美文化科技有限公司
（广州市荔湾区花地大道南海南工商贸易区A幢）
规　　格：787 mm × 1092 mm　1/16
印　　张：14
字　　数：280千
版　　次：2024年12月第1版
2024年12月第1次印刷
定　　价：78.00元

总　　序

陈明

学术随着时代的变化而进步。图像原本属于艺术史研究的范畴，近年来，图像学研究成为艺术之外的历史、宗教、文学等多个学科共同关注的新领域。古代东方图像几乎遍及各个学科，无论是科学、人文、社会，还是语言、教育等学科，基本上都在图像史料中有相应的描述和表现。古代东方文学既有丰富多样的文字文本，也有数量庞大的图像史料，尤其是各种不同形式的插图本。古代东方文学不仅有悠久的书籍插图传统，而且还有相关的壁画、雕塑等丰富的图像史料。图像史料与文字文本同样重要，对深化古代东方文学的研究都具有不容忽视的学术价值。图像与文字文本之间的密切关联不仅体现在图像叙事方面，也体现在图像的流传方面。充分利用丰富的图像史料，借助新时代的图像学理论，将文学作品的分析置于文字、图像、宗教、审美等多元的大系统中，展开对古代东方文学的文本与图像关系研究，这种跨学科、跨文化的研究范式将有助于建构古代东方文学图像研究这一新的学科增长点，从而开拓“东方大文学”研究的新格局。

古代东方文学图像研究并不能完全套用西方的图像学理论，而必须放在东方的语境中讨论东方，以古代东方文学和艺术的原有术语及其语境作为研究论述的基础，从而揭示东方图像的本体特性。当然，论述的视野也不能局限于东方，而应该超越东方，即采取比较的视野与跨文化的研究方法，在东方之上，来观照东方；抑或在东西方的比较中凸显东方的特征。因此，这样的研究亦需要全球史的视野与整体性的观察。

古代西亚、南亚、东亚均不乏用当地语言所撰写的美术理论著作。由于受语言的限制，这些著作长期以来在国内很少有人整理、翻译、注释，更谈不上有深入的研究。在国家社会科学基金重大项目“古代东方文学插图本史料集成及其研究”（16ZDA199，陈明主持）的支持下，项目组成员决定对古代东方美术理论著作做一番基础性的工作，在广东教育出版社推出“古代东方美术理论选萃”丛书，本丛书入选“十三五”国家重点出版物出版规划项目并获批成为国家出版基金资助项目。

“古代东方美术理论选萃”丛书是从古代西亚的波斯语、奥斯曼语文献，南亚的梵语文献，东亚的日语文献以及我国的汉译佛经文献中，选取与绘画、造像、雕塑等美术理论以及艺术史相关的论著，进行翻译或辑录和注释。本丛书共八卷，其中包括16—17世纪画家萨迪基·贝格（Ṣādiqī Big，1533—1609/1610）的波斯语本《绘画原则》（*Qānūn al-Ṣuvar*）译注；高齐·艾哈迈德（Qāżī Aḥmad，1546—1606）的波斯语本《艺术芳园》（*Gulistān–i Hunar*）译注；穆斯塔法·阿里（Mustafa ‘Ali，1541—1600）的奥斯曼语本《艺术家的史诗事迹》（*Menāqıb-ı Hüner-verān*）译注；梵本《画经》（*Citrasūtra*）译注；彘日（Varāhamihira，5世纪末至6世纪上半叶）的梵本《广集》（*Bṛhatsaṃhitā*）节选（第43、53、56、58、60章）及《毗湿奴无上法往世书》（*Viṣṇudharmottara Purāṇa*）节选（第86~88、93~94章）译注；梵本《画业论》（*Mañjuśrībhāṣita-Citrakarmaśāstra*）译注；汉译佛经中的印度古代美术论述辑注；日本古代美术理论著作（《画道要诀》《画道传授口诀》《山中人饶舌》《画道金刚杵》《竹洞画论》《画谭鸡肋》等十余种）译注。

“古代东方美术理论选萃”丛书涉及梵语、波斯语、奥斯曼语、日语等多语种文献，是国内首次汇集古代东方美术理论的译丛，“其中的多部古代东方的美术经典著作系首次从原典译出，可为我国艺术史界的研究者和广大读者提供第一手的基础史料，为古代中外艺术交流的研究提供理论支持。该丛书对推进‘一带一路’沿线国家和地区的图像学研究，深化和拓展原有的东方文学研究、东方艺术研究格局无疑将起到夯实基础的重大作用”（穆宏燕语）。该丛书也是响应国家“一带一路”倡议的重点文化项目之一，“对于加深对中华艺术的认识有十分紧迫的积极意义；对于进一步认识世界文明的整体性和多元化提供了新的资料和视野；此外，不仅对美术理论、艺术史、文化史的研究助益颇多，还对艺术创作和实践有积极的推动和启发”（李凇语）。因此，该丛书的出版也将丰富对“一带一路”沿线国家和地区古代艺术和文化交流发展的认知，并为促进当代中国文化的对外传播提供借鉴与启发。

感谢国家社会科学基金、国家出版基金、广东教育出版社对本丛书的大力支持！

感谢本丛书的多位年轻作者（译者）们的辛勤付出！期待他们能与我国东方文学图像研究、东方艺术史研究事业同步发展！

是为序。

北京大学东方文学研究中心

2024年1月1日

目　录

自　序

每当凝望赞叹千百年前手稿纸页上插画装饰和书法笔迹的纷繁与精妙；

可曾想过那是艺术家们天赋与技艺的基础之上灵感在笔尖的自然流淌；

又是否会想起作品背后的他们倾尽一生孜孜以求、不负恩赐桃李满天下。

穆斯塔法·阿里于公元1587—1588年在巴格达写就的《艺术家的史诗事迹》，是最早记述伊斯兰世界艺术家事迹的奥斯曼语文本，像是一把开启艺术家世界的钥匙，也是一幅徐徐展开的生动画卷。穆斯塔法·阿里生于盖利博卢的一个波斯尼亚基督徒皈依伊斯兰教的商人家庭，在公元1585年奉命前往巴格达任财政官员，当他到达当地时发现职位已经被顶替，在等待下一份工作期间，穆斯塔法·阿里基于书面资料和口头传述完成了这部关于书法家和画家事迹的专著，凭借出众的文学修养他还采用了诗文结合的记叙方式进行创作。《艺术家的史诗事迹》得以问世，一方面是基于穆斯塔法·阿里本人对这个领域的熟悉，另一方面是出于他想要寻找赏识他才华的“伯乐”，或者更具体地说，是希望得到苏丹穆拉德三世的导师霍加·萨阿德丁的青睐与支持，这也被认为是他选择用奥斯曼语而非阿拉伯语或波斯语创作的原因。

本书从论证书写的必要性和神圣属性开始，主体部分分为五个章节：第一章考察了用库法体书法抄写《古兰经》手稿的最早一批书法家；第二章记叙了阿拉伯文书法中六种基本字体的确立以及发展过程中发挥重要作用的书法家；第三章聚焦于书写誊悬体书法，即誊抄体与悬体相结合的书法风格的大师；第四章把视线转移到帝国行政管理中的实用书法，以及其如何在关键的书法家手中发展成具有艺术性的风格；第五章把书法艺术作为书籍制作中的环节之一，全面介绍了与之密切相关的行业中的佼佼者，包括剪纸拼贴、插画描金、书籍修订等各个领域。作者在结论部分又重点提及了对书法和书籍制作艺术的发展起到关键作用的重要艺术家。

通过翻译这本著作中展现的书法家、画家，以及与之相关的手工艺大师们对于传统的承袭与发展历程，笔者希望能推动阿拉伯文书法术语体系的完善。在译文中，笔者改变了一些国内惯用的音译方式，把书法体等术语的命名与词义、书体性质相结合，采取了更便于读者理解代入的翻译名称，例如用“誊悬体”代替“纳斯塔里格体”来体现其作为两种书法体结合产物的特征。另外，这部《艺术家的史诗事迹》能够为读者提供与艺术家们生活时代较为接近的一手资料，为书法艺术的发展研究提供了新颖的视角，从而在一定程度上避免文化地域及时空隔阂导致的“他者”视角的误解、误读。

最为重要的是，在国内现有的阿拉伯文书法艺术相关研究中，关注的焦点仍在于对书法艺术美学特征的鉴赏，提及书法发展的时代背景时也大多以线性的方式呈现。然而阿拉伯文书法艺术不仅仅是艺术装饰，更是记录历史文化精髓的载体。阿拉伯文书法艺术通过文字符号、色彩符号表现出来的节奏和韵律有着哲学意味的美感，除了对于视觉美的不懈追求，代代传承的历史文化内涵是这种艺术得以发展的根本。在《艺术家的史诗事迹》一书中，作者为书法艺术及艺术家的发展构筑了一个立体的空间，艺术家的师承关系是主要的时间线索，与之交织的是艺术家在伊斯

兰世界包括奥斯曼时期的罗姆、萨法维王朝的伊朗、德莱木、印度、中亚甚至远至中国的空间范围内的流动性，加之书法艺术及艺术家与社会各个阶层之间错综复杂的关系，王族贵胄的支持与鼓励、朝廷官府机构书写记录的需要、艺术家之间的恩恩怨怨、与相关的手工艺技师的合作，以及书法与文人墨客、艺术市场之间的关联等。因此，穆斯塔法·阿里用时间跨度之长、地域范围之广和社会关系之纵深为读者呈现了一部生动立体的史诗画卷。通过梳理阿拉伯文书法与书法家的发展历程，本书结合社会历史背景让读者去感受成就阿拉伯文书法艺术特色的土壤；同时也记述了阿拉伯文书法作为一种艺术，其自身在发展历程中也经历了奠定基础、传承发展和开拓创新几个不同的阶段，坚守原则之上的革新保障了阿拉伯文书法得以延续辉煌的生命力。

伴随着“一带一路”倡议的提出及亚洲文明对话进程的推进，习近平主席指出：“民心相通是‘一带一路’建设的重要内容，也是关键基础。”“各种文明在这片土地上交相辉映，谱写了亚洲文明发展史诗。”民心相通在于文化的相互理解和相互尊重，历史、语言、宗教、风俗等社会生活的民间认知和交流是民心相通最广泛的领域。中文与阿拉伯文经过长久的发展和积淀，是世界上仅有的把文字书写作为艺术的语言，阿拉伯文书法与中国汉字书法在发展历程和美学追求中也有一定程度的相似性。希望这部译著能通过上述几个方面的创新与突破，在一定程度上弥补国内在这个领域研究的空白，并且体现出不同民族文化艺术中的特色元素和共性特征，各美其美的同时美美与共、天下大同，从艺术发展的角度助力“一带一路”共建国家和地区的文明对话与友好交流。

《艺术家的史诗事迹》对译

前　言[1]

这本书在开头以赞美感恩的祈祷词 “他们是尊贵的，是记录的，他们知道你们的一切行为”[2]，作为见证。前言部分表达了感激与崇敬之情，和《古兰经》（*Qur'ān*）中的信条“是一本封存的簿子，真主所亲近的天神们将作证它”[3]一致，转录宗教真谛，编织天启智慧。

笔啊！你的智慧在世间书页上，
一道笔误划痕也莫留下。
纸页亮如昼，取自樟木，
墨汁暗如夜，麝香制成。
纸上点墨似漆黑瞳仁，
封面则是百般珍贵的赐礼。

——笔者

造物是多么奇妙，《古兰经》中那用郁金香装点的纸页间有着芳典体[4]（reyḥān）书法写就的优美字迹！书法家用卷首雕刻在玫瑰图案封面上的三一体（sülüs）书法线

① 本书作者穆斯塔法·阿里。
② 古兰经［M］．马坚，译．北京：中国社会科学出版社，1981：309．
③ 同②．
④ 又被音译作“雷哈尼体”（rayḥānī），其字面意思为“罗勒香草、芳香的”。该书法体是正典体（muḥaqqaq，常被音译作“穆哈加格体”）更加秀气的版本，二者都用于抄写《古兰经》，17世纪之后逐渐被誊抄体书法取代。但由于芳典体书法字体优美的名字，诗人们对其很是偏爱并常用于双关语中。

条展现美的历史。只一瞥，祂的创造始于一声“有”[①]，始于库法体（kūfī）字母“K（Kāf，ك）”。再一瞥，使命（risālat）始于字母“R（Rā'，ر）”，预言（nubuvvat）始于字母“N（Nūn，ن）”。毫无疑问，完美的《古兰经》像是被繁复的护身符包裹的天机，印证了祂无与伦比的伟大。因此，《古兰经》中诸如“有”[②]“努奈。以笔和他们所写的盟誓”[③]和“对于能了解的人”[④]的章节，就是雅韵经文为樟脑纸页上的黑色书法所做的证言。用彩色墨水写的章节标题更是用迷人的线条勾勒，与让人着迷的文本一样是真主神迹的显现，像在美好面容上精心描画的两弯细眉。就这样，优雅的经文以光辉的书法呈现。永恒的造物主的芦苇笔和书写让神圣的光芒照亮一条可见的光明正道，在线条笔画间描绘的《古兰经》文本“努奈。以笔和他们所写的盟誓”[⑤]让笔由璞玉蜕变为奇珍，赞颂归于让樟木清香流转于纸页间的造物主。“以天经之书，写于展开的皮纸者盟誓。”[⑥]“真主是信道的人的保护者，使他们从重重黑暗走入光明。”[⑦]

两个艾因一双眼，

一对拉乌两弯眉，

或是“努奈”[⑧]似耳廓，

天机之首，“有！它就有了。”

奇迹伴随努奈而来，

让书写板被笔写到裂开。

真主让瓶中墨汁散发炽热光芒，

---

① 古兰经［M］. 马坚，译. 北京：中国社会科学出版社，1981：8.
② 同①8，27，65，135，154，226，241.
③ 同①293.
④ 同①12，133，202，205，254.
⑤ 同③.
⑥ 同①268.
⑦ 同①20.
⑧ 同③.

把字母如遗珠般串联。

真主用伟大的笔写就世间创造，

纸页间雕琢命运变幻。

赞美未受系统正规教育的尊贵先知穆罕默德（Muḥammad）的高尚灵魂，他是有出众品德的使者。赞美令人尊敬、被主选中的穆罕默德，受真主眷顾的高尚之人，末日审判时辉煌的仲裁者，愿真主赐福他的妻子、子孙和追随者。他很喜欢《古兰经》中的“（真主）以你所不知道的（义理）教导你”[①]，他的品德昭如明日，尤其是最初受到启示时，“你应当奉你的创造主的名义而宣读，他曾教人用笔写字”[②]。

掌握优美书法的书记员和善于雄辩的信使都很熟悉《古兰经》中的段落。有格言道：“真主最先创造的是笔。”在教授《古兰经》的“开端章”时以念诵“奉真主之名”开始，和在《古兰经》手稿中章节标题处如描眉般精心绘制，这两者的寓意有异曲同工之妙，都是一种护佑。这凸显出当时人们对于笔的青睐和用笔书写手稿的必要性。在这些用笔记录的手稿中最伟大的就是《古兰经》，又因为其划分了真理与谬误的界限而被称为“光辉的区分者（Furqān-I ʿaẓīm）”，“这是我立的功过簿，它对你们秉公作证”[③]。若没有笔，就无法记录《古兰经》的雅韵文本；若没有记录，就无法用智慧之绳和精致的皮革封面将其装订。此外，伟大的使者们通过天启的《古兰经》成功地践行了神圣的旨意。被选中的先知们服从天经中的教诲，要求人们信道行善，禁止恶行。上文提到的格言也强调了，在实际操作方面，书写板和笔是比其他事物更神圣的，而书写者则是最有美德之人。

人类的叙事都是从口口相传到借由墨瓶而实现，从指尖借由笔尖而显现的：配上“剑与笔的君王”头衔的苏丹；力争显现科学与艺术之道的圣贤哲人；列国传记和历史

① 古兰经［M］. 马坚，译. 北京：中国社会科学出版社，1981：46.

② 同①318.

③ 同①255.

事件中留给后辈的经验教训；用来表达爱意的信笺；哲学讨论和治国理政所需的往来文书资料；托钵僧的文字中因渴望与神合而为一而产生的呐喊与哭泣；受宠的青年笔下的羞怯和恃宠而骄……写得一手好字的书法家和下笔犹如泉涌的书记员，尽显踌躇满志者的努力付出与一腔抱负。长久以来，无论富贵贫贱，人们的愿景都在鲜有人拥戴的执笔之人手中茂盛生长，他们慷慨地用笔为社会发声。

规 则

现在需要说明上述的执笔之人可以分为两类。第一类执笔之人的书法是符合圣训中要求的“书写要清晰可辨”的，他们的书写没能美到极致也无妨。这些人包括身居高位的作家、奥斯曼帝国的官员、贵族政要办公室的书记员、宝库中负责管理藏书典籍的出纳员，这一类人中最重要的成员是当时的法官和地方官。可以确定的是，他们都是为颁布法令和布告而服务的人，人们应教会孩子如何书写，因为书写是最独特的行为。他们也都是记录时代的书法家，沉浸于造物主的启示，在先知穆罕默德的托管人伊玛目阿里[①]（‘Alī）的鼓励下写就一页页书稿。他们的手稿广受追捧，不只因为书法的美丽外表，更在于他们内在的崇高品德。这些人笔下的优美书法笔画像月光皎洁的面容上的线条轮廓，盛名如日光照耀，正应了那句“光上加光”[②]。

第二类执笔之人是世界一流的书法大师，他们的技艺印证了伊玛目阿里所说的“书法之美是生存的关键”。与此同时，他们也因博学多识而备受赞赏。这类大师中为首的是真主的雄狮，伊玛目阿里。他是艾卜・塔里布（Ebū Ṭālib）之子，战狮之王，神秘主义知识的苏丹，印证了真主的永恒性和宇宙科学之道的人，为确信之人的疑惑而求索，化解了天堂以及今世和后世种种困难。他是最重要的君王，也是神启书写者和战士之中最贤明者。

---

① 穆罕默德先知的女婿，第四位哈里发，他对书法家们给予了大力的支持和赞助。

② 古兰经［M］. 马坚，译. 北京：中国社会科学出版社，1981：178.

在伊历995年（1586—1587），苏丹中的苏丹，亚历山大王位的统治者，世间众星的君王，波斯之王的征服者，顽固反叛的平定者，阿拉伯（ʿArab）、波斯（ʿAcem）、印度（Hind）、信德（Sind）、德莱木（Deylem）和罗姆（Memālik-i Rūm）地区的统领者，足迹遍布其他众多地区的苏丹穆拉德三世（Sulṭān Murād Hān），塞利姆二世（Selīm Hān bin Süleymān）之子，成为人间香草（艺术家）的眷顾者，赞助艺术家们将天堂的喜悦播撒世间。在他统治期间，文人雅士生活优越，从事科学和艺术的人也很受赏识，其他各个领域的杰出从业者都受到赞赏和保护。学者、诗人、文人、书法家、镀金匠人（müzehhibān）、肖像画家（muṣavvirān）及各个行业的有才之士都备受尊敬。这一时期，各种风格的书法作品都很受欢迎，人们争相求字，并以收藏有米尔[①]·阿里（Mīr ʿAlī）和马什哈德（Meşhed）的苏丹阿里（Sulṭān ʿAlī-ʾi Meşhedī）的尺牍为荣。

图前言-1　书法拼贴页
苏丹阿里、苏丹马哈茂德、
苏丹穆罕默德（伊朗）
16世纪　赛克勒美术馆（美国）

① 波斯语中王子的头衔名称，也常用于文人墨客。

图前言-2　图前言-1的局部

在当时的大都会伊斯坦布尔，一幅米尔·阿里书写的双行诗句尺牍售价高达100弗罗林[①]（filori），而且要千般恳求才能得到。众所周知，当时的大臣秘书还有诗集抄写员如吕底亚国的克罗索斯王（Qārūn）般阔绰花费四五万金币，甚至更多，只为得到一本书法册页，然后炫耀其中的装帧布局和镀金工艺。而明智的收藏家和欣赏者应该花些心思检验辨认这些狂热爱好者收集来的作品，其笔迹出自哪位书法家、剪贴匠人、插画师和装帧匠人，以及他们师从何人，又受哪位君王提携赏识。此外，一些具备艺术天赋的朋友和批评家也期待能有这方面的深入研究。我吃惊于他们会问我："既然你已经创作了近二十本作品，而且你的想法都能结集成册，为什么不写本在这方面的著作呢？"

毛拉纳[②]·萨阿德丁（Mevlānā Saʿdeʾd-dīn bin Ḥasan-Cān）尤其鼓励我做这件事。他是慧眼识人的苏丹，探寻真理者的统领，位极人臣的伟大王子，赞助者中最杰出的、对璞玉一般的平民领袖施以援手的人。他也是苏丹中的统领者，有着高尚品德的仁慈哲学家，著名的慷慨之士，有像赛伊德[③]（Seyyid）一样的雄辩之才，作为满腹经纶的

① 奥斯曼时期对欧洲标准金币的称呼。

② 字面意思是"我们的君主"，是一种尊称的前缀，常用于宗教方面的名人领袖。

③ 即赛伊德·哈桑·伽兹纳威（Sayyid Ḥasan Ghaznavī），波斯诗人。

评论家又能写出如艾卜·苏欧德[1]（Ebū's-su'ūd）和拜达维[2]（Beyżāvī）一样水准的力作。他是遵守教法的有福之人，杰出君主苏丹穆拉德三世的老师，是我们所仰仗的萨阿德丁，哈桑之子。

哦！比毛拉纳们更崇高的存在，

你的金玉良言胜却无价珍宝。

我问："这高贵是源于你还是天堂所赐？"

答曰："王者受敬重，而他则更受尊崇。"

现在这天选之人萨阿德丁的高大居所成为我这低微仆人的庇护之处。我这个戴着脚镣的年老奴仆有责任用这样一本著作继续为萨阿德丁祈福，而不像有些人忽视宗教义务，也漠视那些可能引来的非议。高贵的萨阿德丁很欣赏大师们的作品，也完全认可书中对于书法家们的呈现。如果为他奉上一部优美流畅的作品，他将带着喜悦精读文本并对我格外赏识。因此，在真主的指引下，尽管学识有限，但我会毫无怨言地为这个使命艰苦奋斗。如今我把一行行、一页页文字结集成这部赏心悦目的著作，献于萨阿德丁殿下的阶前。

众所周知，《发现者》（*Keşşāf*）的作者是一位优秀著名、认真严谨而且博学多产的作家。希望他能够宽宏大量地包容这部作品的缺陷，并且好心地帮我宣扬我在此书中进行的大量研究创作。

实际上，出于我的低微请求，我在首都巴格达（Baghdād）的国库任财政大臣期间获得了一部删节版的书法专著，这本书法专著的作者是当时在伊拉克最负盛名的书法家和作家毛拉纳·古特比丁·穆罕默德（Mevlānā Quṭbe'd-dīn Muḥammed），他在专著中

① 即艾卜·苏欧德·穆罕默德·本·穆赫依丁（1490—1574），哈奈非派学者，著名的《古兰经》经注学家。

② 即拜达维·阿卜杜拉·本·欧麦尔·本·穆罕默德，沙斐仪派学者，设拉子的大法官。

记录了世界各地的书法家，其中包括专攻誊悬体[①]（nestaʿlīq）的五十位书法大师。笔者在创作此书时也参考并请教了阿卜杜拉一世（ʿAbduʾllāh-ı Evvel），他是以三一体和誊抄体（nesh）闻名的书法家。还有克里米亚（Qırīm）的毛拉纳·阿卜杜拉（Mevlānā ʿAbduʾllāh），又被称为塔塔尔书法家和阿卜杜拉二世，也是当时技艺超群的书法家，受聘于奥斯曼朝廷，并以其在评判书法艺术和寻访各地书法家与书法艺术方面的诚实正直而闻名，他的具体贡献和成就在下文还有详述。毫无疑问，阿卜杜拉一世和毛拉纳·阿卜杜拉提供的参考和叙述给予了这本书很大的帮助。

基于亲友的要求和那些出手阔绰、贪恋收集册页之人的热切恳求，笔者按照如下结构完成了这部作品。绪论部分说明了优美书法的高贵属性，以及某些使者奇迹般的书法，尤其是介绍书法笔和书法家的优点，以及字母书写系统的分类。第一章讲述了先知追随者们用库法体抄录天启《古兰经》所达成的杰出成就。第二章是介绍伊本·穆格莱（İbn Muqla，约885—940），七位书法大师以及精于六种基本字体的书法家们。第三章主要围绕书写誊悬体的书法家和因独具慧眼而备受尊敬的书法家展开。第四章聚焦用反字篆书体（haṭṭ-ı çep）书写的书记员和使用公文体（dīvānī）的官员公使。第五章记录了波斯和罗姆地区最有天赋的剪贴工艺大师（muqaṭṭıʿān），世界级的肖像画家和镀金匠人，还有画家（ṭarrāḥān）和装帧艺术家（mücellidān）。结语部分旨在对艺术家们进行甄别并对比异同，还有为笔者祈福的请求。这就是被命名为《艺术家的史诗事迹》（*Menāqıb-ı Hüner-verān*）的著作的全部内容。

① 又音译为纳斯塔里格体，阿拉伯文书法体之一，是誊抄体和悬体两种风格相结合的书法体。

Menāqib-i Hüner-verān①

6b (1) Ṣadrü᾽l-kitāb riqa῾-i sitāyiş-i ḥamd ü minnet ki kirāman (2) *kātibīna ya῾lamūna ma taf῾alūn* qalemleriyle muḥaqqaq ve müs̱betdür. (3) Ve faṣlu᾽l-h̲itāb ser-nāme-i şükr ü ῾ibādet ki kitābun (4) *marqūmu yashhaduhu᾽l-muqarrabūn* tevqī῾ne ta῾līqle raqam-zede-i (5) nesh̲-i fiṭrat ve nesc-i fiṭnatdur.

Li-münşi᾽ihi

(6) Ey kelk! Ḥekmat-e tu bar avrāgh-e kā᾽inat,

(7) Hargez nakarde naqş-e ghalaṭ yā khaṭṭ-e khaṭā.

(8) Sobḥīst ṣafhe-ye tu ze-kāfūr sāh̲te,

(9) Şāmīst moşk-e dūde-ye murakkab, ne az khaṭā.

(10) Yek nuqṭe-īst mardumak-e dīde bar-bayāẓ,

(11) Bāşad pas ghiṭā-ye tu nādīde ṣād῾atā.

7a (1) Zihī kātib-i debistān-ı ṣun῾u qudret ki ṣafaḥāt-ı (2) ruh̲sār-ı lālerūyānı h̲aṭṭ-ı reyḥānī h̲aṭṭla pür-zīb ü (3) zīnet ve levḥāt-ı cibāh-ı gül῾izārānı du saṭr-ı s̱ülüs̱ī (4) s̱aṭrla tārīh̲-i ḥüsn ü behcet qılup bir naẓarda (5) kāf-ı kūfī *Kun*-a işaret, ve bir baqımda rā-yı risāletle (6) nūn-ı nübüvvetden ῾ibāret itdi. Fe-lā-cerem mānend-i sırr-ı (7) mübhem-i muṭalsam ṣafḥa-i cemāl-i bā-kemāl bir mis̱āl-i bī- mis̱āl (8) celāletme᾽āl oldı menşe-i yāl ü bāl olan (9) inşāsı sevād-ı h̲aṭṭ-ı müşkīn h̲oş-liqāsı ve maṭla῾-ı (10) ghonc ü delāl olan naẓm-ı rūḥ-efzāsı du saṭr-ı (11) ebruvānun ser-suh̲an-ı maṭbū῾ü᾽l-feḥvāsı idügi *bi-ḥaqq al-kāf* (12) *wa ᾽l-nūn* ve *bi-ḥurmati nūn wa ᾽l-qalam wa mā yasṭurūna inna hādhihī* (13) *tadhkiratun li-qawmin ya᾽qilun* naṣṣ-ı laṭīfi gibi ῾arż-ı ḥuccet (14) itdi. Veyāhūd ol nāme-i ḥüsn ü cemāl risāle-i (15) qalemiyye-i celāl olup kilk-i ṣun῾-ı ezelī ve debīr-i taqdīr-i 7b (1) lemyezelī *nūn wa ᾽l-qalam* naṣṣ-ı celīli gibi saṭr-ı celī ile iftitāḥ-ı (2) nūr iqtibāsını reviş-i rūşen ve müncelī qılmağla cevāhir-i (3) yerā῾atini maḥż-ı dürer-i berā῾at itdi. *Fa-subḥāna man ajrā al-῾abīra* (4) *῾alā al-kāfūrī wa ammadu᾽l-midād wa bāidī᾽l-kuttāb wa ᾽l-ṣudūr.* (5) *Fī raqqin manshūrin wa kitābin masṭūrin. Allāhu waliyyū al-ladhīna* (6) *āmanū yukhrijuhum min al-ẓulumāti ilā al-nūr.*

① 本文原版是奥斯曼土耳其语，现版本为其拉丁字母转写版。由于原版手稿存在部分损毁或难以辨认的地方，转写为现版本时按照规范加入字母和数字来对应原文手稿中的页数和行数，以方便定位。例如6a（1）代表原文手稿中的第6页a面第1行。另外，加入的字母或数字并不完全按句子停顿断开。通过上述处理，译者希望能让本书读者和致力于研究奥斯曼土耳其语的同人对于原文有更直观的感受。

Li-münşi'ihi
(7) İki *'ayn*, iki *rā*, yāhūd iki *nūn*,
(8) Oldı ser-cümle-i sırr-ı *kun fa-yakūn*.
(9) Ḥāşiye düşdi ana āyet-i Nūn.
(10) Bir qalem iki levḥi qıldı dü-nīm.
(11) Quydı āteş-i devāta nūr-i midād,
(12) Düzdi her ḥarfi çün dürr-i meknūn.
(13) Kilk-i qudretle yazdı Kātib-i ṣun'
(14) Ṣafḥateyn üzre naqş-ı būqalemūn.

(15) Ve ṣalavāt-ı ẖulūṣ-ı 'ināyet ve teslīmāt-ı 8a (1) ẖāliṣ-i 'ibāret ol nebī-i ümmī-i 'ālī-rütbet ve Resūl-i (2) maqbūl-i me'ālī-menzilet rūḥ-i şerīfine ki ḥabīb-i (3) lebīb-i Hudā ve şefī'-i refī'-i rūz-ı cezā-dār a'nī bihi Ḥażret-i (4) Muḥammed Muṣṭafānun ẕāt-ı laṭīf-i vācibü'l-iclāline (5) ve ezvāc ü evlād ü aṣḥāb ü āline ki *wa 'allamaka ma lam takun ta'lamu* (6) ẖiṭābiyle müstes̲nā ẖuṣūṣan *iqra' b'ismi Rabbik al-ladhī* (7) *'allama bi'l-qalami* emr-i müsteṭābıyla fażāil-i ẕātiyesi (8) gün gibi hüveydādur.

Ba'de ẕālik münşiyān-ı belāghat-ı (15) raqam ve münhiyān-ı faṣāḥat-ı 'ilm bu ẖuṣuṣ-i kes̲īrü'n-nuṣūṣa 8b (1) vāqıf ve a'lemdür ki ber-mūcib-i *awwala mā khalaqa Allāhu al-qalam* (2) vücūd-ı kitābınun *Fātiḥa*-i fāyiḥası medd-i b'ismil'l-lāhla mu'allem (3) ve maqṣūd-ı ṣuḥuf-ı müsteṭābınun ser-sūre-i me's̲ūresi (4) saṭr-ı ebruvānla muṭalsam qılınması qalemün evveliyet ü evleviyyetini (5) beyān ve raqamun ṣafaḥāt-ı qurūnu duhūra elzemiyyetini (6) işāret ve i'lān olup cümleden Qur'ān-ı 'aẓīm-i (7) muṭlaq ve Furqān-ı kerīm-i muḥaqqaq ki *hādhā kitābuna yanṭiqu* (8) *'alaykum bi'l-ḥaqqi* naṣṣ-ı şerīfine mā-ṣadaq muṣaddaqdur (9) naẓm-ı laṭīfinün qalemsiz żabṭı ve cild-i münīfinün raqamsız (10) şīrāze-i ḥikmetle rabṭı müyesser olmaduqdan gayrı (11) enbiyā'-i 'ażāmun icrā-yı aḥkām-ı ileyh itmeleri ṣuḥuf-i (12) mükerreme nüzūliyle ve ūlū'l-'azm-ı mürselīnün emr-i ma'rūf (13) ve nehy-i münker buyurmaları kütüb-i münzelenün āyāt-ı vācib (14) ü'l-qabūliyle vuqū' bulduğundan gayrı edevāt (15) qısmında levḥ ü qalemün cümleden şerefiyyetini ve ẕevāt 9a (1) cinsinde aṣḥāb-ı raqamun sāirinden fażīletini kemāyelīq (2) taḥqīq ve tedqīq eylemişdür.

Andan mā'adā selāṭīn-i 'aẓāma (3) ṣāḥibü's-seyfü'l-qalem na'tının iṭlāqı ve 'ulemā'-i a'lāmun (4) is̲bāt-ı 'ulum ü fünūna qalemle istiḥqāqı, lā-siyemmā milel-i (5) sābıqa aḥvālinün naql ü ḥikāyeti ve ümem-i lāḥiqanun ol (6) ḥavādis̱-i māżiyeden ah̲z̲-ı ʿibreti mūcib-i muḥabbet olan (7) mürāselāt z̲evqi ve müstevcib-i ḥikmet ü ḥükūmet olan (8) ḥuccec ü mükātebāt sevqi, ʿuşşāq-ı ṭālibüʾl-viṣāldeki (9) āvāze-i sūz ü güdāz taḥrīrleri ve maḥbūbān-ı gālib (10) üʾl-cemāldeki dervāze-i nāz ü imtiyāz taʿbīrleri ʿumūmen (11) ḥikāyet-i dehān-ı devātla mervī ve işāret-i benān-ı (12) aqlāmla murʾī olduqdan gayrı h̲oş-nüvīsān-ı (13) eyyām ve küttāb-ı ketāib-i h̲uceste-erqām ki yenābīʿ-i maqāṣıd (14) ü merām ve zülāl-i ḥācāt-i enām-ı eyyām anlarun kefī-yi (15) ser-çeşmesiyle lūle-i enāmilindedür ve neşv ü nemā-i nah̲listān-ı 9b (1) maqāṣıd-ı h̲avāṣṣ ü ʿavāmm mā-dāmetüʾd-duhūr veʾş-şühūr veʾl-aʿvām (2) ol zümre-i celīlenün qabżā-i fāyiża-i nādirüʾl-mümās̱ilindedür.

(3) Qāʿide

İmdi h̲afī olmaya ki ol ṭāife iki ṣınıfdur. (4) Ṣınıf-ı evveli, ḥüsn-i h̲aṭṭı mergūb veyāh̲ūd *al-khaṭṭu mā yuqraʾu* (5) ḥadīs̱-i şerīfi mūcibince ʿadem-i ḥüsn-i h̲aṭṭı nā-maʿyūb olan (6) muṣannıfān-ı rūşen-beyān ve ṭuğrā-keşān-ı sāmi-mekān (7) ve küttāb-ı divān-ı bülend-erkān ve muḥāsibān-ı (8) muḥāsebāt-ı h̲azāyin-sitān, h̲uṣūṣān qużāt ü vülāt-ı (9) zamān ve müstaʿiddān-ı müstemiddān-ı dirāset-nişān zümresi (10) gibi ki ferd-an ferd-an *akramū awlādakum bi ʾl-kitābati fa-inna al-kitābata* (11) *min ahammi al-ʾumūr* emrine fermān-berān ve kātib-i vahy-i (12) ilāhī, vaṣī-i nebī-i risālet dest-gāhı aʿnī bihi Ḥażret-i ʿAlī (13) *karam-Allāhu wajhahū* tergīb-i laṭīfiyle raqam-girān-ı devrān (14) ve kitābet-girdār-ı varaq-gerdān idükleri muqarrerdür. (15) Ve illā naẓar-ı h̲aṭṭlarınun meʾāline ve iltifāt-ı bī-mer kendülerün 10a (1) fażāil ü kemāline vāqiʿ olmağla her ne yazsalar maṭlūb (2) olur ve ammā ḥüsn-i h̲aṭṭı olanlar h̲aṭṭı ıʿz̲ār-ı māh-ı rūyān gibi (3) *nūrun ʿalā nūrin* vaṣfiyle gün gibi şöhret bulur.

Ve ṣınıf-ı (4) s̱ānīsi, h̲aṭṭāṭān-ı cihān ve h̲oş-nüvīsān-ı rū-şinā-sān (5) dur ki *ʿalaykum bi ḥusn al-khaṭṭi fa innahu min mafātiḥ al-rizq* feḥvāsına (6) mā-ṣadaqlar ve muhassenāt-ı maʿārifle ḥüsn-i iltifāta eḥaqq ü elyaqlardur. (7) H̲uṣūṣan cümlenün server-i mihteri ve qalemrev-i iqlīm-i faṣāḥatün (8) emīr-i nām-veri, şāh-merdān-ı şīr-i cenk ve şīr-i yezdān-ı (9) hizebr-i āhenk, sulṭān-ı memālik-i ʿulūm-i ledüniyye (10) ve bürhān-ı mesālik-i fünūn-i ezeliyye-i lem-yezeliyye, keşşāf-ı müşkilāt-ı (11) ehl-i yaqīn, ḥallāl-i muʿżilāt-ı semāvāt ü arżeyn, (12) eseduʾllā-hiʾl-gālib İmām ʿAlī bin Ebī-Ṭālib *karamaʾllāhu* (13) *wajhahū* ḥażretleridür ki küttāb-ı vaḥy-i ilāhīnün ve ketāib-i (14) fażāil-i nā-mütenāhīnün pādişāh-ı ekmeli ve efżal-i kümmelidür.

(15) İşbu sene h̲amse ve tisʿīn ve tisʿamiʾe tārīh̲indeki sulṭān-ı 10b (1) cümle-i selāṭīn, h̲aqān-ı ʿālīşān-ı Sikender-nişīn, ṣāḥib- (2) qırān-ı rū-yı ẓemīn, kāsir-i ekāsire-pīşīn, qāhir-i cebābire-i (3) muʿānidīn, fermān-rān-ı ʿArab ü ʿAcem ve kār-fermā-yı Hind ü Sind ü (4) Deylem, sākindārüʾl-memālik-i Rūm, mālik-i fetḥ ü tesh̲īr ve sālik-i (5) merzübūm aʿnī bihi Ḥażret-i Sulṭān Murād H̲ān ibn-i Selīm H̲ān (6) bin Süleymān H̲ān zīnet- (8) ger-i reyhāḥīn-i ādemiyān ve ṣafā-güster-i ferādīs-i ʿālemiyān (9) olup ʿaṣr-ı qarīnüʾn-naṣrında erbāb-ı maʿārif h̲oş- (10) ḥāl ve aṣḥāb-ı leṭāif müreffehüʾl-bāl olmağla ahālī-i (11) ʿulūm ü fünūna rağbet ve eʿālī-i kemālāt-ı gūn-ā-gūne iltifāt (12) ü riʿāyet buyurılup ʿulemā ve şuʿarāʾ ve ehl-i ʿirfān (13) ve h̲oş-nüvīsān ve müẕehhibān ve muṣavvirān ve biʾl-cümle (14) ʿāmme-i ecāvīd-i hüner-verān ve kāffe-i ṣanādīd-i ṭurfe-kārān (15) tamām muḥterem ṭutulduqdan gayrı her qalemdeki h̲uṭūṭ-ı hoş- 11a (1) raqama küllī revāc, h̲uṣūṣan Mīr ʿAlī ve Meşhedī qıṭʿalarına (2) temellükle nükte-sencān-ı ʿāleme ibtihāc muqarrer olmışdı.

Ḥattā (3) Mīr ʿAlīnün du beyt bir qıṭʿası ol es̲nālarda yüz filoriye (4) ṣatılmaq ol dah̲i mā-lā-kelām hezār ibrām ve tażarrūʿ ve ihtimāmla (5) alınmaq pāy-ı tah̲t-ı ʿaliyyede vuqūʿ bulmışdı. (6) Ve münşiyān-ı erkān-ı devlet ve mümillyān-ı dīvān-ı saʿādetden (7) niçelerün qırq elli bin altunı ve baʿżılar qavlince andan (8) dah̲i efzūn mes̲ābe-i māl-ı Qārūnda h̲azāne-i gūn-ā-gūnı (9) bir muraqqaʿa h̲arc olunmaq ve dah̲i tertīb ve teẕh̲ībine beẕl-i (10) maqdūr qılınmaq beyneʾl-ahāli şüyūʿ bulmışdı. Ve lākin (11) küttāb-ı h̲oş-nüvīsān ve qāṭıʿān ve müẕehhibān ve naqqāşān (12) ve muṣavvirān ve mücellidān kimler idügi ve ne memleketden ẓuhūr eyledügi (13) ve qanqı üstāddan taḥṣīl-i kemālāt itdügi ve niçe pādişāhun (14) iltifātı ile ol mertebelere yetdügi kemā-yelīq taḥqīq ve tedqīq (15) olunmaq, andan ṣonra qıṭʿāt ve h̲uṭūṭa ve teṣāvīr 11b (1) ü teẕāhib-i mażbūṭa rağbet qılınmaq muvāfıq-ı reʾy-i kāmil idügi (2) ẓāhir olduqdan gayrı baʿżı h̲ullān-ı ḥüner-verān ve ih̲vān-ı (3) h̲urde-bīnān ki bu h̲uṣūṣun ḥuṣūlüne müteraqqıb idiler (4) ve İlāʾl-ān yigirmi cild miqdārı müʾellefātun ve risāil-i (5) mütenevviʿeden şöhre-i kāināt olmış niçe vāridātun (6) muqarrer iken neden ki bu mażmūnda bir es̲er qomıyasız? Diyü müteʿaccib (7) idiler.

ʿAleʾl-h̲uṣūṣ sulṭānüʾl-müdaqqıqīn, h̲āqānüʾl-muḥaqqıqīn, mudre-i (8) felek-i medār-ı ʿālem, hümām-ı bülend-iqtidār-ı benī Adem, mācid-i emācid-i (9) mevālī, müncid-i ṣanādīd-i ehālī, sırrī-i serāt-ı nādiredān, (10) serdār-ı serdār-ı selāṭīn-i Sikender-tüvān, feylosof-i haẓūm-ı (11) mevṣūfü'ş-şiyem, levẕa'ī-yi cevād-ı ma'rūfü'l-kerem, Sa'de'd-dīn-i (12) beyān ve Seyyid-i kelām, Ebū's-su'ūd-maqāl ve Beyżāvī- (13) maqām, mıṣqa'ü'l-fuṣaḥā'ir-rāsiḫīn, es'adü's-su'adāi'l-müteşerri'īn, (14) ḫāce-i büzürg-vār-ı şāh-ı cihān, seyyidünā ve sennidünā Mevlānā (15) Sa'de'd-dīn bin Ḥasan-Cān.

12a (2) *Naẓm*

(3) Ey ān-ke tu hastī ze mavālī 'ālī,
Shud guhar-e naẓmat ze la'ālī 'ālī.
(4) Güftem ki būd dar tu 'ālī yā çarḫ,
Güftend der faḫr-i a'ālī'ālī.

Nes̱r

(5) Pes ol ḥażret-i felek-rütbet-i melek-ḫılqatün cenāb-ı (6) rif'at-me'ābları ki bu s̱enākār-ı bī-miqdāra melāẕ-ı ḫāṣ ve melce-i vācib (7) ü'l-iḫtiṣāṣ idi, bu maqūle nev te'līfde devām-ı devletleri (8) du'āsını tecdīd ü zeyn bu 'abd-i 'atīq-i nā-'atīq ẕimmetine (9) farż-ı 'ayn ve 'adem-i taqyīdi terk-i vācib ü sünen (10) gibi mūcib-i şeyn olmağla ve fī nefsi'l-emr ẕihn-i (11) şerīf-i müsteṭāblarında ḫuṭūṭ-i üstādāne rağbet emrini (12) is̱bāt ve süṭūr-i ḫoş-nüvīsāna kemā-yenbaği naẓar-ı iltifāt muqarrer (13) olup ol bābda bir es̱er-i maṭbū' ve maqbūl ve te'līf-i merğūb-i (14) nā-medḫūl ṣudūra geldügi taqdīrce şān-ı laṭīfleri rü'yet (15) ü qırā'atından maḥẓūẓ ve ẕihn-i münīflerinde ol muṣannıf-ı maṣnūf 12b (1) rağbeti 'ayn-ı i'tibār ve 'ināyetleri ile melḥūẓ idügi taḥaqquq bulmağla megdiyen li-bābihī'r-refī' (2) ve mütteḥifen ilā cenābihi'l-menī', qıllet-i bıżā'aya i'tirāf ve kes̱ret-i iżā'aya teşemmür-i bī-ḫilāf- (3) birle tesṭīr ve taḥrīrine mübāşeret ve taṣnīf-i dil-pezīrine müsāre'at olundı.

(4) Ve ol mūşikāf-ı *Keşşāf*-ı ittiṣāf ki berā'at-i yerā'at (5) ü inşāda Vaṣṣāf-ı pesendīde-evṣāf ve menāẓım-ı naẓm (6) u inşāda Lebīd-i ma'ārif-meṭāf idükleri ẓāhirdür. Bu te'līfün (7) setr-i 'uyūbına medd-i ẕeyl-i mürüvvet ve neşr-i mażmūn-ı merğūbuna beẕl-i luṭf u (8) himmet huyurmaları ümīdine merāsim-i tenmīq ü taḥqīqa maḥż-ı cür'et (9) qılındı.

Fe-lā-cerem bu s̱enā-kār-ı 'Ālī şehīr-i dārü'l-ḫilāfe-i Bağdād (ḫazīnesine) (10) defterdār-ı ṣadāqat-semīr iken Mevlānā Quṭbe'd-dīn (Muḥammed Yezdī) ki ol 'aṣr

(11) nüvīsendelerinün serāmedi ve nāzik-nüvīsān-ı ʿIrāqun (12) bah̲t-ı sermedi idi, bu ḥaqīr ilqāsıyla nüssāh̲ān-ı cihān (13) ve nestaʿlīq-i nüvīsān zümresinden elli nefer miqdārı (14) üstādān ḥaqqında yazduğı risāle-i muh̲taṣara ḥāżır olup (15) lā-siyemmā s̲ülüs̲ ve nesh̲ qalemlerindeki ʿAbduʾllāh-ı Evvel gibi ekmel 13a (1) ve s̲āni dinüldigi taqdīrce Rūḥ-i s̲ānī gibi mufażżal-ı (2) h̲aṭṭāṭ-ı rūzgār Mevlānāʿ Abduʾllāh Qırīmī ki Kātib Tatar (3) dimekle meşhūrdur ve ʿatebe-i ʿaliyyenün muvaẓẓaf kātiblerinden (olup) (4) h̲aṭ-şināslıq fennini tedqīqde ve aḥvāl-i küttāb ve kitābeti (5) taḥqīqde iẓhār-ı ḥaqq ve inṣāfla maʿrūf ve mez̲kūrdur (6) ve kendinün tefāṣīl-i aḥvāl ve rütbesi ātīde (7) mesṭūrdur, fe-lā-cerem anlarun ah̲bār ve ih̲bārı dah̲i (8) bu teʾlīfe muʿāvin ve nāşır olup cümle-i eḥibbānun (9) ṭalebleri ve bu ṭarīqe bez̲l-i māl ü menāl idüp (10) muraqqaʿlara rağbetle meşhūr olan ağniyāʾ-ı h̲ullānun (11) şūr ve şağbları tamām muḥarrik olmağla bir muqaddime şeref-i (12) ḥüsn-i kitābetde ve ḥüsn-i h̲aṭṭ-ı muʿcize-i baʿżı enbiyāʾ olduğı ḥāletde (13) h̲uṣūṣān qaleme ve aṣḥāb-ı raqama müteʿalliq meziyyetde ve ḥurūf-i (14) hecānun aqsāmına müteferriʿ rivāyetde ve faṣl-ı evvel (15) kitābet-i vaḥy-i ilāhī ve h̲aṭṭ-ı kūfī ile ayāt-ı nā-mütenāhī 13b (1) yazan aṣḥāb-ı meʿālī rütbetde ve faṣl-ı s̲ānī İbn Muqla (2) ve üstādān-ı sebʿa ve şeş qalemde māhir olan küttāb-ı (3) h̲oş-sīretde ve faṣl-ı s̲ālis̲ nestaʿlīq yazan (4) küttāb ve h̲oş-nüvīsān-ı uluʾl-elbāb ṣınıfındaki meşāhīr-i (5) lāzımüʾr-rağbetde ve faṣl-ı rābi çep-nüvīsān-ı münşiyān (6) ve h̲aṭṭ-ı dīvānīye gūşiş qılan münhiyān-ı rūşennebāhatde (7) ve faṣl-ı h̲āmis qāṭıʿān-ı hüner-verān-ı Rūm ve ʿAcem (8) ve muqaṭṭıʿān-ı pākize-kārān-ı maʿdūmüʾr-raqam ve muṣavvirān (9) ve müzehhibān-ı ʿālem ve ṭarrāḥān ve mücellidān-ı benī ʾādem zümresinün (10) meşāhīrini rivāyetde ve bir h̲ātime baʿżı tems̲īlāt (11) ve teşbīhat ve müellif-i mezbūr ḥaqqında iltimās-ı daʿvāt (12) h̲uṣūṣunı işāretde vażʿ ve tertīb olındı. Ve bu kitābun (13) nām-ı nāmīsı *Menāqıb-ı Hüner-verān* qonıldı.

绪 论

本部分说明了书写的必要性与高贵属性，尤其是书写板和笔在七重天堂最高一重所享有的高尚品级，还包括独具慧眼的书法家遗留下来的作品。

也许鲜为人知，第一个书写和缝纫的人是先知伊德里斯（Idrīs）（愿主福安之），即先知伊德里斯是首位用芦苇笔写字并且量身裁定服装的人。在天使之中，有两位被真主承认并负责记录崇拜者和拥护者的功勋事迹，甚至赞颂词中也提及这两位值得尊敬的天使，“他们是尊贵的，是记录的，他们知道你们的一切行为”①。

首先，书法是一种光彩非凡的艺术，以至于造物主在尊贵的《古兰经》中强调书写的神圣本质，例如“我曾为他在法版中制定各种教训和各种解释”②，还有“真主已经制定：我和我的众使者，必定胜利”③，最重要的是他于“努奈。以笔和他们所写的盟誓”④这一节中明确指出了书写这条光荣的道路。

伊玛目阿里作为使者们的继承者也相似地以精妙的语言宣称过“知识的一半在于书写”。伊玛目贾法尔（Caʿfer bin Muḥammedüʾṣ-Ṣādıq），穆罕默德·萨迪克之子，曾说“笔尖流淌的墨汁比泪光中的微笑更美丽”。此外，哲学家柏拉图（Eflāṭūn）曾说“笔是幻想的载体”，先贤加利努斯（Calīnūs）曾有言“笔是智慧的工具”，欧几里得（Öqlīdis）说过“有笔才会有演讲论述，笔揭露了心中所感，组织起脑中所思”。还有一些高贵的哲人总结说“人们的智慧凝聚于笔尖”。

---

① 古兰经［M］. 马坚，译. 北京：中国社会科学出版社，1981：309.
② 同①82.
③ 同①281.
④ 同①293.

毫无疑问，书写板和笔的高贵属性、书法的纯粹与卓越，在不同民族使用的不同语言文字之间是相通的。如今，在阿拉伯、波斯、突厥、德莱木和其他民族之间，字母的使用从书写形式到艺术风格方面有很大差异。然而，神秘主义的先贤、西方的饱学之士、巫师及不同民族中精通占星术之人，在书写护身符及与之类似的神秘科学时都使用一些专用的文字字体。他们想要通过这些特有的字体风格保证这些神秘科学的高贵性并免于其外传。这种思想太过盛行，以至于有人用三四种字体来书写一个护身符，只为让它看起来更加繁复，令人迷惑，像用咒语封印秘密宝藏一样掩藏护身符的神秘含义。

在这些文字字体中，第一种是阿拉伯文字母，这种书写系统仍在阿拉伯、波斯、罗姆和德莱木地区的人们之中使用。第二种是库法体，在伊斯兰历之前这是使用最为广泛的字体。库法体书写的字母比第一种字体更精致些。第三种是天书体（ṭabīʿī），在善长细密字体的书法家之中盛行，主要用于书写护身符和占星天文方面的内容。第四种是哲学家赫尔墨斯（Hermes）的字体，赫尔墨斯是一位值得尊敬的先知，又被称为阿尔米亚。根据一些人的说法，他是先知伊德里斯。这种字体是相对古老的字体。第五种是卡拉法特尼字体（qalem-i qalfaṭīnī）。第六种是哲人智者书体（qalem-i ḥükemāʾ）。第七种是神秘体（qalem-i esrār）。第八种是隐体（qalem-i meknūn）。第九种是标志体（qalem-i işāre）。第十种是古叙利亚字体（Süryānī）。第十一种是泥板文字（faṭīrī）。第十二种是预言者优素福的文字（qalem-i Yūsuf-i kāhin）。第十三种是波斯体（Fārsī）。第十四种是芳典体。第十五种是希腊字体（Yūnānī）。第十六种是科普特文字（Qıbṭī）。第十七种是楔形文字（qalem-i mīh）。第十八种是斯拉夫字母（Ṣaqālibī）。

尽管一般都说一共有二十种文字字体，但实际上只有上述的十八种文字字体。三一体、誊抄体、悬体、芳典体、正典体和行书体（riqāʿ）是当时书法家公认的六大书法风格。除此之外，还有誊悬体、反字篆书体、散书公文体（dīvānī qırması）、手写体（haṭṭ-ı destī）等风格，使阿拉伯文书法的风格多达十种。因此，用芦苇笔书写的书法艺术印证了高贵《古兰经》中所说的“共计十日”[①]。

以上列出的文字风格计数是基于不同的书法风格，也与字母系统的差异有关。对于阿拉伯文书法来说，主要有七种风格，除了大家普遍熟知的六大字体风格，其他所有书法体都统称为第七种，这就意味着眷悬体、反字篆书体、散书公文体和手写体之间并没有原则性的区别，而只是字母的点数比例略有不同。

细致研究

创世的智慧必须用充满感知和洞察的芦苇笔来描述书写。技艺精妙的书法家把芦苇笔在书写时笔头靠近自己的锐角端称为内侧（insī），另外一面钝角端称为外侧（vaḥṣī）。他们认为在书写誊抄体、三一体和行书体这几种在六大字体中最为重要和常用的字体时，笔头外侧厚度应该是内侧厚度的两倍。在书写公文体、反字篆书体、散书公文体和手写体的时候则要求内侧厚度应为外侧厚度的两倍。然而对于眷悬体，内侧和外侧厚度则需等宽。

总之，以书写六大字体闻名的书法家应该熟练掌握修剪芦苇笔的技能，并把笔头锐角端修剪为一点[②]，而另一侧为两点。书写散书公文体的人应按相反的方式修剪，面向自己的一侧为两点，另一侧为一点。若是他们用眷悬体书写，则需将两侧修剪为相同比例。尽管还有一部分书法家把笔尖修剪出倾斜角度，根据更早的经验，这在大多数情况下是正确的。以眷悬体的书法大师为例，马什哈德的苏丹阿里、米尔·阿里，德莱木的马利克（Mālik）、马哈茂德·希哈比（Maḥmūd Şihābī）等人都是把笔尖修剪出倾斜的角度，而阿尼斯（Enīsī）、他的兄弟阿卜杜勒·凯利姆·帕迪沙（ʿAbdüʾl-Kerīm Pādişāh）、他们的父亲阿卜杜勒·拉赫曼（ʿAbduʾr-Raḥmān），还有他们的弟子则将笔尖修剪成直角。毛拉纳·沙赫·马哈茂德（Mevlānā Şāh Maḥmūd）鉴于“取中道为佳”

---

① 古兰经［M］. 马坚，译. 北京：中国社会科学出版社，1981：14–15.
② 书法体的度量单位是书写时所用书法笔写的点。

的准则，将他的芦苇笔修剪为两种方式中较为折中的角度。

细节调查

对于博学多识的作家和举世闻名的书法家来说，使用真正产自伊拉克瓦希提（Vāsıṭī）的芦苇笔至关重要。他们会选择其中坚硬如铁的一种笔。在用墨方面，他们会选择颜色最深最灵动的黑墨而非油墨，就算存放很久，字迹也不会淡去而颜色光彩依旧。有些尺牍作品在被人收藏之后需要修补维护，即使在上浆时作品与水接触变得潮湿，上面的书法字迹和人物绘画也不会掉色或洇开。

在纸张方面，书法家们不喜欢木纤维的纸张或是大马士革（Dımışq）纸，至少要用撒马尔罕（Semerqand）出产的纸张。大马士革纸质量不高，却是最为人熟知的。第二种是阿巴迪国（Devlet-ābādī）出产的纸张。第三种是中国产的纸，又名哈塔伊（Haṭāy）纸。第四种是阿迪力沙希（ʿĀdilşāhī）纸。第五种是撒马尔罕出产的丝绸质地的缎面纸。第六种是撒马尔罕出产的苏丹用纸。第七种是印度纸。第八种是尼扎姆沙希（Niżām-şāhī）纸。第九种是卡希姆贝（Qāsım Begi）纸张。第十种是印度产的丝绸缎面纸，这种纸一般尺幅较小。第十一种是大不里士（Tebrīz）生产的蔗糖色彩纸，这种纸是大不里士人独有的特产。第十二种是莫尔（Muhayyer）纸，这种纸也有蔗糖色。过去的书法家用如下诗句来评判并区分这些纸张类别：

趁手好纸产于各地，

来自大马士革、印度、巴格达。

次之，撒马尔罕纸张尚可接受，

迪亚巴克尔也产优品。

别处纸张皆属下等，

纸质干枯，不吸墨又不延展。

重要规则

根据波斯的书法家和受过系统严谨规范教育的作家所说，一对句组成的一联诗（贝特）通常由45个或50个字母组成，在书法家抄录书籍时，他们以1000联诗为单位定酬金。如果抄录者书法水平不佳，他们所要的酬金是每1000联诗1个弗罗林；如果出自水平一般的抄录者之手，酬金是每1000联诗2个弗罗林；上等水平的酬金是每1000联诗3个弗罗林。若是抄录的书籍出自著名的书法家笔下，酬金通常是每1000联诗超过3个金币。在笔者询问当时伊拉克阿拉伯人中最卓越的书法家，雅兹迪（Yezdī）的毛拉纳·古特比丁·穆罕默德书写1000联诗的报酬时，他的回答是“每1000联诗5个弗罗林，不讲价”。

附　录

前文在开始介绍时提到首位书写的人是先知伊德里斯，对此有必要提供相关的论据，在此笔者将进一步论述阐明。

如上所述，先知伊德里斯在书写和缝纫方面的成就是众所周知并得到证实的。同样地，先知伊德里斯在天文占星和算术方面也得到真主眷顾有所发展，若没有书写就不能诠释天文与算术科学。

另外一位受真主眷顾的先知丹尼尔（Danyal）通过天启掌握了占卜术。早期这种知识是在沙盘上演算的，从而侧面证明了当时纸张和笔的稀缺，当占卜可以记录在纸上后，沙盘的使用就渐渐减少了。此外，由于阅读离不开书写，所以书写与知识有着同等的重要性。正如哲人加利努斯所说“书写是僵死的言语，而演说是鲜活的言语”，其他先贤也有言道“书写让头脑明晰”，柏拉图曾说“书写是思维最明智的行为”，一些哲人曾说“黑暗之中，唯有他们视线中有光”，都足以证明书写对于阅读的重要性。

对于绝大多数接受天启的先知和使者来说，准确无误地背诵出他们所接受的启示是非常重要的。书写对于准确地传诵不可或缺，几乎所有受到尊敬的先知和使者都有光彩熠熠的书法，只有使者中的苏丹，封印先知穆罕默德除外。其他先知和使者都能用芦苇笔书写令人称赞的书法，先知穆罕默德不识字是为了显示他至高无上的美德，借由这美德他才得以在预言和使命的道路上至臻完美。如此，通过受启示读写积蓄知识和美德就成了先知穆罕默德身上众所周知的杰出特质，与其他美德共同成就他卓越的高贵品级。他热情高涨地用黑墨读写，将真主降示的永恒知识铭刻在内心，尤其是他在圣训中对于真主超绝万物的赞颂，通过精妙的诠释以及雄辩的论述传达宗教训诫的精神内涵，让奇迹变得明晰。除了先知穆罕默德，他的忠实陪伴者四大哈里发，还有正道的追随者也是天启《古兰经》的记录者——愿主赐福他们——奉笔墨如亲人知己，他们的贡献也像白纸上的黑色墨线一样显著。

Fe-ammā muqaddime ki kitābetün elzemiyyeti ve ḥüsn-i h̲aṭṭun şerefiyyeti, h̲uṣūṣan levḥ u (14) qalemün ʿarş-ı berīnle ʿuluvv-i rütbeti ve küttāb-ı uluʾl-elbābun 14a (1) şeref-h̲idmetleri ve emāneti z̲ikrindedür.

H̲afī olmaya ki, gerek (2) h̲afī ve gerek celī *awwala man khaṭṭa wa khāṭa Idrīs al-nabī* (3) *ʿalayhi al-salām* yaʿnī benī nevʿ-i insāndan evvelā h̲āme qullanup (4) h̲aṭṭ yazan ve h̲ayyāṭlıq idüp cāme kesen İdrīs Peygāmber (5) ʿaleyhiʾs-selāmdur. Ve zümre-i melāʾikeden aʿmāl-i ʿıbād ve efʿāl-i (6) ʿubbād taḥrīrine istih̲dāmla rağbet ve iḥtirām qılınan (7) *wa inna ʿalaykum la-ḥāfiẓīne kirāman kātibīna* vaṣf-ı laṭīfiyle muʿanven (8) olan melekān-ı vācibüʾl-ikrāmdur.

ʿAleʾl-h̲uṣūṣ kitābet (9) ne maqūle şerīf ṣanāʿatdur ki Ḥażret-i Bārī celle şānehu Kitāb-ı (10) Kerīminde *wa katabnā lahū fī ʾl-alwāḥi* naṣṣ-ı şerīfiyle, andan māʿadā (11) *kataba Allāhu la-aghlibanna ana wa rasulī* kelām-ı laṭīfi ile z̲āt-ı (12) muqaddesini taʿyīn buyurmişdur, lā-siyemmā *nūn wa ʾl-qalami wa mā yasṭurūna* (13) ʾāyet-i kerīmesiyle qısm-ı muḥterem qılmışdur.

Kez̲ālik vaṣī-i nebī-i Ḥażret-i (14) İmām ʿAlī *karramaʾllāhu wajhahu "al-khaṭṭu niṣf al-ʿilm"* nüktesini (15) işāʿa itmişdür. Ve İmām Caʿfer bin Muḥammedüʾṣ-Ṣādıq *raḍiyaʾllāhu ʿanh* 14b (1) *lam ʾara bākiyan aḥsana tabassuman min al-qalami* dimişlerdür.

Bunlardan gayri (2) ḥakīm Eflāṭūn *al-aqlāmu maṭāyā al-ʾawhām* ve Calīnūs (3) z̲ū-fünūn *al-aqlāmu maṭāyā al-fuṭun* ve Öqlīdis mahāret- (4) nümūn *al-qalamu ṣāyighu al-kalāmi yufrighu maa yajmaʿuhu al-qalbu wa yaṣūghu* (5) *maa yaskunuhu al-lubbu* ve felāsifeden baʿżı fużelā-ʾī belāgat-ı (6) meşḥūn *ʿuqūlu al-rijāli taḥta asinnati aqlāmihā* rumūzını (7) beyān itmişlerdür.

Ve biʾl-cümle levḥ u qalemün şerefiyyeti ve h̲aṭṭūn (8) maḥż-ı meziyyeti ve ümem-i mütenevviʿa ve milel-i müteferriʿa mā-beynlerinde (9) cārī olan aqlām-ı muʿteberenün ḥurūf-i gayrı- (10) mürekkebesi dah̲ı bilinmek lāzım-ı mā-lā-kelāmdur. İmdi ʿArab (11) ve ʿAcem ve Türk ve Deylem ve sāir ṭavāif-i maʿlūmüʾr-raqam (12) mā-beynlerinde mażbūṭ ve maʿmūlün-bih olan qalemlerün ḥurūf-i hecāsı (13) hep birdür, nihāyet reviş ve üslūb ḥays̲iyyetiyle (14) birbirlerine fīʾl-cümle mugāyyerdür. Fe-ammā ʿilm-i rūḥānī ʿālimleri (15) ve ʿulemā-ʾi mugāribenün murtāż-ı cāzimleri ve milel-i müteh̲ālifenün 15a (1) neyyir-i necāt ve ṭalāsim ve anlarun ems̲āli fünūn-i h̲afiyyeye (2) muqayyed olan rāqī ve rāqımları baʿżı aqlām dah̲ı ih̲tiyār (3) itmişlerdür ve ol ʿulūm-i celīletüʾr-rüsūm ḥıfẓını nā-ehl

(4) olanlardan ol qalemlerle iʿtibār itmişlerdür. Ḥattā baʿżıları (5) bir ṭılsımı üç dört qalemle yazmaq ve ol maqūle muẖālaṭa (6) ve muẖālefet ṭarīqiyle genc-i muṭalsam gibi sırrını ṣaqlamaq daẖı (7) vāqiʿ olmışdur.

İmdi ol aqlāmun evveli qalem-i ʿArabīdür ki (8) ḥālāʿArab ve ʿAcem ve ehl-i Rūm ve Deylem mā-beynlerinde muʿteber (9) olan ol qalemdür. İkinci qalem-i kūfīdür ki Hicretden evvel (10) cārī olan ekṯeriyā ol qalem idi ve anun ḥurūfı (11) ṣunūf-i ʿArabīyyeden bir miqdār mübhem idi. Üçünci (12) qalem-i ṭabīʿīdür ki aṣḥāb-ı ufaq olan zümre-ʾi (13) veffāq ve sāir müneccimīn-i ʾāfāq anı istiʿmāl ide-gelmişlerdür. (14) Dördünci qalem-i Hermes-i Ḥekīmdür ki Evriyā-ʾi Evvel, baʿżı-lar qavlince (15) İdrīs Peygāmber didükleri nebiyy-i mübeccel oldur. Gālibā aqlā-mun 15b (1) muqaddemi bu qalemdür. Beşinci qalem-i qalfaṭīnī, altıncı qalem-i ḥükemāʾ, yedinci (2) qalem-i esrār, sekizinci qalem-i meknūn, dokuzuncı qalem-i işāre, (3) onuncı qalem-i Süryānī, on birinci qalem-i faṭīrī, on ikinci (4) qalem-i Yūsuf-i kāhin, on üçünci qalem-i Fārsī, on dördünci (5) qalem-i reyḥānī, on beşinci qalem-i Yūnānī, on altıncı (6) qalem-i Qıbṭī, on yedinci qalem-i mīẖ, on sekizinci (7) qalem-i Ṣaqālibīdür.

Egerçi ki cümlesi yigirmi nevʿdür (8) diyü meşhūrdur ve lākin müfredātı manẓūrumuz olan bu ẕikr (9) olunan on sekiz qalem-i mesṭūrdur. Ve küttāb-ı rūzgār (10) şeş qalem iʿtibār itdükleri s̱ülüs̱ ve nesẖ (11) ve taʿlīq ve reyḥān ve muḥaqqaq ve riqāʿdur. Ve bunlardan (12) gayrı nestaʿlīq ve ẖaṭṭ-ı çep ve dīvānī qırması (13) ve ẖaṭṭ-ı des̱tī daẖı vardur ki cümlesi on qalem (14) olur ve ṣanʿat-ı yerāʿat *tilka ʿasharatun kāmilatun* naṣṣ-ı (15) laṭīfinün berāʿatına mā-ṣadaq idügi taḥaqquq bu-lur.

Pes 16a (1) bu ẕikr olunan teʿaddüd üslūb-ı ẖaṭṭa müteʿalliq olan mugāye-retdendür. (2) Ve bizüm beyān itdügimüz aqlāmun şümārındaki taqayyüd ḥurūf-i maṣnūfaya (3) müteferriʿ olan muẖālefetdendür. Yaʿnī anlarun şeş qalemi ve gayrı (4) cemīʿan bir qalemdür. Bu iʿtibārdan maqṣūd olan üslūbun (5) birbirine benze-memesi değildür, belki cevher-i ḥurūfun resm-i āẖarla (6) yazılmasıdur.

Tedqīq-i daqīq

Levḥ-i ṭabʿ ve eẕhāne (7) ẖāme-ʾi fehm ve iẕʿānla nikāşte qılına ki küttāb-ı deqāyıq- (8) şinās şıqq-ı qalemün kātibden cānibe olan şıqqına (9) insī ve ẖaṭṭ ya-zısından yana olan şıqqına vaḥşī ıṭlāq (10) iderler ve bu maʿnāyı taḥqīq qılurlar ki nesẖ ve s̱ülüs̱ ve riqāʿ (11) ıṭlāq olunan raqamda yaʿnī ki beyneʾl-küttāb muʿteber (12) ve mażbūṭ olan şeş qalemde vaḥşī ṭarafı insī (13) cānibinün żıʿfı miqdārı ola ve qalem-i dīvānīde yaʿnī ẖaṭṭ-ı (14) çepde ve qırmada ve destīde ber-ʿaks olup (15) insīsi vaḥşīsinün żaʿfı miqdārı ola. Ammā qalem-i 16b (1) nestaʿlīqde insīsi ve vaḥşīsi berāber ola.

Muḥaṣṣal-ı kelām (2) küttāb-ı pesendīde-erqām ki şeş qalem mahāreti ile (3) şöhre ve be-nām olmışlardur, qalemlerini ol vechle muḥarref (4) qaṭʿ qılalar ki kendülerden cānibi noqṭa miqdārı ise (5) ṭaraf-ı āẖeri iki noqṭa denlü ola ve dīvānī ve qırma (6) yazanlar qalemlerini ber-ʿaks qaṭʿ eyleyüp kendülerden (7) ṭarafını iki noqṭa ve ṭaraf-ı āẖarını bir noqṭa miqdārınca (8) iẖtiyār eyleyeler. Ammā yazduqları nestaʿlīq ise ṭarafeynini (9) berāber qaṭʿ qılalar. Egerçi ki bir miqdār muḥarref kullanurları da (10) vardur ammā bu taḥqīq eks̱erīne bināʾendür. Zirā ki nestaʿlīq (11) yazan ẖoş-nüvīslerden Sulṭān ʿAlī-ʾi Meşhedī (12) ve Mīr ʿAlī ve Mālik ve Maḥmūd Şihābī ve bunlarun hem-revişleri (13) qalemlerini muḥarref qaṭʿ itmişlerdür ve semt-i āẖere sālik (14) olan Enīsī ve qarındaşı ʿAbdüʾl-Kerīm Pādişāh (15) ve ʿAbduʾr-Raḥmān nām pederi ve şākirdleri cezm-i qaṭʿla kullana 17a (1) gelmişlerdür. Ammā Mevlānā Şāh Maḥmūd *khayr al-ʾumūri awsaṭuhā* (2) mażmūnını maḥmūd görüp qaṭʿ-ı vasaṭ üzre vāsıṭı istiʿmālini (3) revā görmişdür.

Taḥqīq-i ḥaqīq

H̱oş-nüvīsān-ı (4) cihān ve raqam-girān-ı maʿārif-nişān olan üstādlara (5) vācibdür ki qalem qısmınun elbette Vāsıṭīsini kullanalar. Anun daẖı (6) gāyetle muḥkem ve metīn ve mes̱ābe-ʾi āhenīn olanlarını iẖtiyār (7) eyleyeler ve midādlarını dūde cinsinden kullanmayup ḥibr (8) qısmınun gāyetle siyāh ve mücellāsını istiʿmāl qılalar ki (9) mürūr-ı ezmānla ber-qarār ve rengi ve cilāsı gitdikce pāydār (10) oldukdan māʿadā erbāb-ı ʿirfāna yādigār ve ṣafaḥāt-ı (11) rūzgāra ārāyiş-i maʿārif-şiʿār olan qıṭʿalarına (12) vaṣṣallıq lāzım geldükde ve altına bir dāne kāğıt daẖı yapışdıruldıkda (13) veyāẖūd ẖaṭāyla ṣuya dokunup nemnāk oldukda (14) ẖaṭṭı bozılup mużmaḥill olmaya ve cüzʾīce ellenmekle naqş-ı (15) nigārı ẖalel ü zelel bulmaya.

Ve kağıt cinsinde daẖı zinhār 17b (1) ẖaşebī ve Dımışqīye iʿtibār itmeyeler. Ve kağıdun Semerqandīsinden (2) aşağa tenezzül itmeyeler. Ve kağıt qısmınun en alçağı Dımışqīdür (3) ki qadri maʿlūmdur. İkinci Devlet-ābādīdür ki herkese

(4) mefhūmdur. Üçünci Hatāyīdür. Dördünci ʿĀdilşāhīdür. (5) Beşinci ḥarīrī-Semerqandīdür. Altıncı Sulṭānī-Semerqandīdür. (6) Yedinci Hindīdür. Sekizinci Niżām-şāhīdür. Dokuzuncı (7) Qāsım Begidür. Onuncı ḥarīrī-Hindīdür ki küçürek qıṭʿadadur. (8) On birinci gūnī-i Tebrīzīdür ki şeker-renkdür. İşlemesi (9) Tebrīzīlere mahṣūṣdur. On ikinci muhayyerdür ki ol (10) dahı şeker-renkdür.

Nitekim küttāb-ı selef bu maqūle naẓmla beyān itmişlerdür.

Naẓm

Behtarīn kāghaz-e majmū-e belād
Az Dameshgh āmad-o-Hend-o-Baghdād.
Pas Samarghandīe ke bāshad marghūb
Āyad za Āmid ham kāghaz-e khūb.
Kāghaz-e jāy-e digar khashū būd
Khosk-o-bī-māye vo bā nashū būd.

Qāʿide-ʾi lāzıme

Hafī olmaya ki küttāb-ı (11) Aʿcām ve raqam-girān-ı maʿārif-niẓām iʿtibārlarında kırk (12) beş ḥarfe ve baʿżılar qavlince elli ḥarfe bir beyt ıṭlāq iderler (13) ve bir kitāb yazdırmalu olsalar biner beytden qavl iderler. (14) Eğer ednā haṭṭla ise bin beytini bir filoriye ve vasaṭ haṭṭla ise (15) bin beytini iki filoriye ve eger aʿlā haṭṭla ise üç 18a (1) filoriye ücret söyleşürler. Meger ki haṭṭāṭ-ı nām-dār ve hoş- (2) nüvīs-i bülend-iştihār qalemi ile ola ki bin beyti üç (3) altundan ziyādeye ola. Ḥattā Mevlānā Quṭbeʾd-dīn (4) Muḥammed Yezdī ki ol tārīhde ʿIrāq-ı ʿArab hoş- (5) nüvīslerinün ser-āmedi idi anun kitābeti ile bin beyt (6) niçeye dek yazdırulur diyü sūʾāl itdügimüzde “Bin beyti (7) nihāyet beşer filoriye yazdırılur” diyü cevāb-ı bā-ṣavāb (8) verilmişdür.a

Tetimme

Fe-ammā benī nevʿ-i insāndan evvelā (9) haṭṭ yazan ki İdrīs ʿaleyhiʾs-selāmdur diyü muqaddime evvelinde (10) beyān olunmışdı, ol bābda bir miqdār tafṣīl dahı (11) lāzım olmağla bu maḥallde tekmīline mübāderet olunmışdur. İmdi (12) Ḥażret-i İdrīs Peygāmberün haṭṭāṭ ve hayyāṭlığı beyān (13) olunduğı minvāl üzre nice muqarrer ve muḥaqqaq ise kezālik (14) Ḥażret-i İdrīse mevāhib-i ilāhiyyeden olan kerāmātun (15) biri ʿilm-i nücūm ve ʿilm-i ḥesābdur ki kitābetsüz ʾīrād ve isbātı

18b (1) mümkin değildür.

Ve Ḥażret-i Danyal ʿaleyhiʾs-selāma mevhūb olan (2) muʿcizātun birisi ʿilm-i remildür ki remilde naqş olunması (3) qaḥṭ-ı qırṭās ve qaleme, dāl ve evrāqa resm olunması (4) ol fenne kitābet lüzūmunı ḥallāl oldukdan māʿadā okumak (5) yazmağla tevʾemān olduğı gibi kitābet da<u>h</u>ı maʿrifetle (6) hem-ḥāl ve hem-nişāndur. Ve Cālīnūs ḥakīm "*al-khaṭṭu kalāmun mayyitun* (7) *waʾl-lafẓu kalāmun ḥayy*" didügi ve baʿżılar *al-khaṭṭu ṣāmitun nāṭiq*, (8) ve Eflāṭun "*al-khaṭṭu ʿiqālu al-ʿaqli*" ve baʿżı ḥukemāʾ "*ṣūratu al-khaṭṭu fī al-abṣārihi* (9) *ṣawādun fīʾl-baṣāyiri bayāḍun*" diyü <u>h</u>aberler verdüği (10) qırāʾat lāzime-ʾi kitābet idüğine bürhāndur.

Ve ek<u>s</u>er (11) enbiyāya ki ṣuḥuf-i ke<u>s</u>īre inmişdür ve mürselīn-i aṣfiyā ki anlara (12) kitābet nüzūl itmişdür elbette ol meṣāḥife tilāvet mühimm (13) olduğı gibi qırāʾatına da<u>h</u>ı kitābet müteḥattimdür. Bu taqdīrce (14) sulṭān-ı mürselīn ve <u>h</u>ātmüʾn-nebiyyīn olan nebiyy-i ümmī (15) ḥaẓretlerinden gayrı cümle enbiyā-ʾi ʿaẓām ve resūl-i kirām-ı 19a (1) vācibüʾl-ikrām kitābeti teşrīf itdükleri ẓāhir ve ʿayān (2) ve evrāq ve <u>h</u>āmeye dest-i iltifāt ṣunduqları ol (3) mażmūnla nümāyān oldı. Anlarun da<u>h</u>ı ʿadem-i qırāʾat ve kitābetleri (4) quvvet-i fażīletlerine delīl ve nihāyet-i fażīletleri kemāl-i nübüvvet (5) ve risāletlerine sebīl olmak içün idi ki qırāʾat ve kitābetle (6) taḥṣīl-i maʿārif ve kemālāt ʿāmme-ʾi fużelā-ʾi meʿālī-derecāt (7) ve enbiyā-ʾi evliyā-ʾi bāhirüʾl-kerāmet-i ḥażarāt celīletüʾṣ-ṣifātına (8) meziyyet-i kesbiyye idügi maʿlūmdur. Ve lākin okumak yazmak sevādınun (9) sevdāsını ber-ṭaraf buyurmaları ve levḥ-i süveydālarında (10) ʿulūm-i ezeliyye ve maʿārif-i lem-yezeliyye mürtesim idügini ʾāfāqa (11) ṭuyurmaları, lā-siyemmā qavāʿid-i meʿānī ve beyān ve bedāyiʿ-i belāgat- (12) nişān nikātını eḥādī<u>s</u>-i şerīfeleri müştemil olmak üzre (13) ifāde-ʾi kemālāt-ı ilāhiye qılmaları bir muʿcize-ʾi külliye idügi gün (14) gibi ẓāhir ve ʿayān oldı. Ve anlardan gayrı çār-ı yār-ı bā-ṣafā (15) ve küttāb-ı vahy olan aṣḥāb-ı *hadhā riḍwānulʾllāhi ʿalayhim ajmaʿīn* 19b (1) devātı celīs ve ana lāzım olan edevātı enīs (2) idindükleri beyāż evrāqdaki <u>h</u>aṭṭ-ı siyāh-ı celī gibi ẓuhūr (3) ve incilā buldı.

第一章

本章讲述了四大哈里发、尊贵的先知追随者及其门徒——愿主赐福他们——的美德，以及他们用库法体书法记录下的天启《古兰经》。

据《圣训》和史书中记载，被任命在尊贵的先知穆罕默德（愿主福安之）的指导之下抄录天启神圣经典的总人数是27人，他们备受尊敬。这些高贵杰出的人是：艾卜・伯克尔（Ebū Bekr-i Ṣıddīq），山洞中虔诚的追随者；欧麦尔・本・哈塔卜（ʿÖmer bin el-Haṭṭāb），被选中的追随者；奥斯曼・本・阿凡（ʿOsmān bin ʿAffān），《古兰经》的汇编者；阿里・本・艾比・塔里布（ʿAlī bin Ebī-Ṭālib），战争中的雄狮，真主之狮；祖拜尔・本・阿瓦姆（Zübeyr bin ʿAvvām）；阿米尔・本・福赫尔（ʿĀmir bin Führ）；阿斯的儿子们哈立德（Hālid）、阿班（Ebān）和赛义德（Saʿīd）；阿卜杜拉・阿尔卡姆（ʿAbduʾllāh Erqam）；罕扎拉・本・拉比（Ḥanẓala bin Rebīʿ）；乌拜伊・本・卡阿布（Übeyy bin Kaʿb）；萨比特・本・盖斯・本・沙玛斯（Sābit bin Qays bin Şemmās）；沙尔哈比尔・本・哈萨纳（Şerḥabīl ibn-i Ḥasene）；穆吉拉・本・舒阿巴（Mugīre bin Şuʿbe）；阿卜杜拉・本・宰德（ʿAbduʾllāh bin Zeyd）；贾西姆・本・萨勒特（Cahīm bin Ṣalt）；哈立德・本・瓦利德（Hālid bin Velīd）；阿喇・本・哈德拉米（ʿAlā bin Hażramī）；阿穆尔・本・阿斯（ʿAmr bin ʿĀṣ）；阿卜杜拉・本・拉瓦哈（ʿAbduʾllāh bin Revāḥa）；穆罕默德・本・穆斯里麦（Muḥammed bin Müslime）；阿卜杜拉・本・阿卜杜拉・本・乌拜伊（ʿAbduʾllāh bin ʿAbduʾllāh bin Übeyy）；伊本・麦苏德（ibn-i Mesʿūd）；穆艾其布・本・艾比・法蒂玛（Muʿayqīb ibn-i Ebī Fāṭıma）；宰德・本・萨比特（Zeyd bin Sābit）和穆阿维叶・本・艾比・苏福扬（Muʿāviye bin Ebī

Sufyān）。这些人的名字在《历史的启明》（*İşrāqü't-Tevārīh*）一书中亦有记载。

在这群人中，鉴于伊玛目阿里在书法方面的努力付出，他出众的库法体书法，以及他在科学知识、神秘主义和美德方面的优秀品级，他被认为是信仰之路上最重要的伊玛目以及先贤的领袖。他在库法体书法方面的名气和精湛技艺大有可观，数倍优于伊玛目哈桑（Ḥasan）和卡尔巴拉（Kerbelā）殉道者苏丹伊玛目侯赛因（Ḥüseyin）的书法。此外，无可辩驳的是他的圣迹在书法中得以印证，在白色羊羔皮纸上，尼泊尔麝香制成的墨水在他笔下淌出优美的线条，融入樟脑熏香的纸页。尤其是他描绘的库法体字母"K（ك）"，就算把他写过的1001个这个字母放在一起丈量对比，也丝毫没有偏差和瑕疵。他下笔的坚定与精准让人不禁怀疑这字迹是否出自人类之手。他有时会用提琴手一般灵活的手指握着芦笛一般的芦苇笔书写标准的字体，有时也会用创新的字体赶超同时代的书法家们。直到伊历310年（922—923），伊玛目阿里的每一幅作品都如皎洁月光般被书法家们视若珍宝。众人皆知，他笔尖的黑墨散发着沁人心脾的香，就像殉道者面庞上漆黑胡须的迷人线条。

阿里，圣贤之地的杰出苏丹，

用剑与笔将智慧显现。

手中芦苇笔是天赋源泉，

如甘蔗般淌出蜜汁甘甜。

每当他手握克敌的长剑，

对手定将血溅沙场上面。

他用韵律串起字字珠玑，

于末日献身是军人希冀。

总之，他是使剑和用笔的大师，

把二者发挥到了极致。

除却祈祷时间，

他手中总是非笔即剑。

笔记录下神圣的眷顾，

墨是美德门前的忠仆。

当字迹显现大字“阿里”，

笔就像坎巴尔（Qanber），被释放而后皈依的奴隶。

战争时期他的双叉宝剑（Zulfiqar），

为消灭敌人而服务。

优雅字迹写着“书法永恒”，

铭文隽语柔化利刃刀锋。

敌人的鲜血中呈现细语，

双叉宝剑亦刻有“无常人生”。

——笔者

评　论

在掌握科学知识的先贤圣人（愿真主用信仰之光点亮他们内心）之中，有许多关于用剑之人和执笔之人地位高下的争论。一方面，根据“真主最先创造的是笔”的格言，有些人认为执笔之人的地位超越了用剑之人。另一方面，根据笔者的拙见，还有如下理由支持笔优于剑这个明显的结论。首先，在天堂的最高一层，即真主的法令和信仰的秘密之所在，是有书写板和笔而没有剑的。其次，无论何时，在这些用笔书写的人中，宝剑都是为执笔之人服务的。笔者认为这些依据赋予笔超越剑的优越性，争论的结果像是从晦暗不明走到光天化日之下。如果剑不是为笔服务，那就会从根本上走向穷困，而笔若失去剑的保护，其与知识、美德之精华间的联结也将隐而不见。由于笔是知识源泉的龙头，而剑总是备受平民和无知者拥护，所以笔者认为这再次印证了相比于剑，笔是更优的。

那些骁勇善战的骑士和战士因为其手中宝剑而著名，但是在舞文弄墨方面的欠缺暴露了他们的无知。类似地，这些陷于无知之中又缺乏优秀品质、远离作家和书法大师的人很容易偏离正义之路，甚至在他们管治下滋生严苛暴政。实际上，每一位文人墨客在学识受赞赏的同时，其在用宝剑卫国方面的作为也令人瞩目。文采墨迹对于他们的盛名不可或缺，英勇的品质也是名誉的重要组成部分。人们应该记住，将那些只会舞刀弄剑之人置于更优越地位的做法是不合理的。

苏丹、王子和有身份的国王领袖不在此讨论范畴之内，但是对于王室贵胄阶层之外哪些群体更受尊重的讨论应该有，而执笔之人显然更适合优先待之。尊崇文人墨客胜过用剑之人是非常公正的。的确，国王通常既是执笔的书法家，又是手握宝剑开疆拓土的统治者，对于哪一方面更为倚重需要以统治者个人倾向以及如何征服和治理疆土为考量标准。用磨锋砺刃的宝剑粗鲁地解决有关这个问题的争议通常一无所获，异常明晰的评判只会产生在游移于纸页的笔尖和优美的文字之中。历史事件和奇闻轶事中的精微奥义还有经注都源自阅读。阅读和背诵有赖于书写也自然是无可置疑的。

总之，英勇无畏地用剑征服大片领土的杰出君王也是依靠史书中的记载，才优越于那些只会用剑的暴君的。

备 注

对于伊玛目阿里，真主之狮来说，他既拥有书写的美德，又能英勇地挥舞双叉宝剑战斗，虽然文武兼备，他的宝剑也没能胜过他的笔。实际上，在《圣训》有关他的叙述中，他在神秘科学方面的优秀品级甚至超过了抄写《古兰经》文本方面的成就。“被显现”一词在秘语“我们被显得很奇妙”中证明了笔的优越。在另一句“你会在灾难时刻发现它是有用的”，“有用的”一词又强调了宝剑的重要性。类似地，《圣训》中有言，“慷慨之人唯阿里”，暗示了他拥有的神秘知识，之后又有“除双叉剑无宝剑”来强调他的英勇无畏。如此一来，面纱渐渐揭开，众人觊觎已久的面容如玫瑰般绽放，剑与笔之争也在清楚的论述中得以解决。考虑到各个方面，宝剑的优越性只是体现在上述条件之下。笔者认为有关这一问题的阐释至此足矣。

Ammā **faṣl-ı evvel** ki h̲aṭṭ-ı kūfī ile (4) kitābet-i vaḥy-i ilāhī iden çār-yār-ı güzīn ve aṣḥāb-ı (5) aḥbāb-ı kerāmet-rehīn *riḍwānul'llāhi ta'ālā'alayhim ajma'īn* (6) ḥażerāt-ı qudsī ṣıfātı z̲ikrindedür.

H̲afī olmaya ki Resūl-i (7) ekrem-i 'aẓīm *ṣallā'llāhu 'alayhi wa sallam* ḥażretlerinün dīvān-ı (8) hüviyyet-niẓām ve hidāyet-irtisāmlarında vaḥy-i ilāhī kitābetine (9) me'mūr olan z̲evāt-ı vācibü'l-ikrām kütüb-i eḥādīs̲ (10) ve tevārīh̲de yazıldığı üzre cümle yigirmi yedi z̲āt-ı (11) şerīf ü şān vācibü't-tavṣīfdür ki bunlardur: (12) yār-ı gār-ı ṣadīq Ebū Bekr-i Ṣıddīq, neqāve-'i aḥbāb (13) 'Ömer bin el-H̲aṭṭāb, cāmī'-i 'āyātü'l-Qur'ān 'Os̲mān bin (14) 'Affān, leysü'l-muḥārib, 'esedu'llāhi'l-gālib 'Alī bin (15) Ebī-Ṭālib ve Zübeyr bin 'Avvām ve 'Āmir bin Führ 20a (1) ve evlād-ı 'Āṣdan H̲ālid ve Ebān ve Sa'īd ve 'Abdu'llāh Erqam (2) ve Ḥanẓala bin Rebī' ve Übeyy bin Ka'b ve S̲ābit bin Qays bin (3) Şemmās ve Şerḥabīl ibn-i Ḥasene ve Mugīre bin Şu'be ve 'Abdu'llāh (4) bin Zeyd ve Cahīm bin Ṣalt ve H̲ālid bin Velīd ve 'Alā bin H̲ażramī (5) ve 'Amr bin 'Āṣ ve 'Abdu'llāh bin Revāḥa ve Muḥammed bin Müslime (6) ve 'Abdu'llāh bin 'Abdu'llāh bin Übeyy ve ibn-i Mes'ūd ve Mu'ayqīb (7) ibn-i Ebī Fāṭıma ve Zeyd bin S̲ābit ve Mu'āviye bin Ebī Sufyān. (8) Kitāb-ı *İşrāqü't-Tevārīh̲*de dah̲ı bu vechle beyān olunmışdur.

(9) Ve bu cümleden ziyāde Ḥażret-i 'Alīnün ḥüsn-i h̲aṭṭa gūşişi (10) ve qalem-i kūfīde a'cāz rütbesine vāṣıl-ı verzişi ḥattā sāir (11) 'ulūm u kemālāt u fażāil-i ledünniyye-me'āli derecāt (12) ḥays̲iyyetinden ser-āmed-i evliyā' ve ser-firāz-ı eimme-'i Hudā oldukları (13) gibi h̲aṭṭ-ı kūfīde dah̲ı i'tilā-'i şānı ve nūr-ı dīdeleri (14) İmām Ḥasan-ı Müctebā ve sulṭān-ı şühedā-'i su'adā' İmām Ḥüseyin-i (15) Kerbelā kitābetlerinden derecātla rüchānları muqarrer oldukdan gayrı 20b (1) raqq-ı sepīde zīver olan sevādları ve imdād-ı midādla levḥ-i kāfūrdaki (2) müşk-i Nipālün ḥüsn-i imtizāc ve ittiḥādları kerāmetlerine kāfīdür (3) dinilse nizā'a mü'eddī olmaz. H̲uṣūṣan kāf-i kūfīlerdeki (4) rüsūh̲-i muḥkemleri ki bin-biri perkāle çekilse biri nāqıṣ (5) bulunmaz ve sāir ḥurūfdaki metānet-i qalemleri ki ṣun'-i beşerdür (6) diyü gösterilse i'timād olunmaz ve bi'l-cümle nāy-ı h̲āmeleri (7) kemān-ı benān meyānından kāh mis̲āl yazusında menzil itmişdür (8) ve kāh aqrān ve ems̲ālden qaṣabü's-sabaq behresini kapmışdur. Ve (9) bi'l-cümle midādnāmeleri tā sene 'aşere ve s̲elās̲emi'e tārīh̲ine (10) gelince ser-meh-vār-ı rūşenā-bah̲ş dīde-'i raqam-girān olmışdur (11) ve sevād-ı h̲āmeleri mānend-i 'anber-bār-ı cemāl şāhid-i kemā-

li sevādı (12) ẖaṭṭ u ẖāl muḥassenātına mā-ṣadaq bulmışdur.

Li-münşi'ihi

(13) Zihī sulṭān-ı iqlīm-i velāyet,
İder seyf ü qalemden ʿarż-ı ḥikmet.
(14) Elinde ẖāme mīzāb-ı hünerdür,
Aqan ol neyşekerden şehd-i terdür.
(15) Ne dem kim alsa rumḥ-ı cān-sitānın,
Döker rīg üstüne aʿdāsı qānın.
21a (1) Cevāhir naẓm ider baḥr-ı remelde,
Redīfin ol zemīn ister ecelde.
(2) Muḥaṣṣal ṣāḥib-i seyf ü qalemdür.
Anunla tīg u ẖāme muḥteremdür.
(3) Qaçan hengām ṭāʿatdan cüdādur,
Elinde yā qalem yāẖūd cidādur.
(4) Qalem ʿilm-i ledünnün maẓharıdur.
Midād ol bāb-ı fażlun Qanberidür.
(5) Qaçan-kim güfte-'i ʿālī ʿAlīdür,
Qalem qanber yāẖūd ẖaṭṭ-ı celīdür.
(6) Dem-i heycāda ammā Ẕū'l-fiqārı,
Fenā yazusınun ẖidmet-güzārı.
(7) Qalem *al-khaṭṭu bāqī* naqş ider cüst.
Olur tīg u sinān ol nükteden süst.
(8) ʿAdüvv qaniyle resm idüp gubārı,
Yazar al-ʿumru fānī Ẕū'l-fiqārı.

(9) Taḥqīq

Egerçi ki aṣḥāb-ı seyf ve erbāb-ı qalem (10) mā-beynini tefrīqde ve qanqısınun taqdīmi vācib idügini tedqīqde (11) ʿulemā-'i kāmilīn ve fużelā-'i rāsiẖīn *anāra'llāhu qulubahum bi-anwār* (12) *al-yaqīn* niçe niçe baḥs̱ ve münāzaʿa kılmışlardur. Niçesi *awwala mā halaqa'llāhu* (13) *al-qalam* naṣṣı ile qalemün taqdīmini ṣavāb görmüşlerdür. (14) Ve eks̱eri aṣḥāb-ı seyfün taqdīmine ẕāhib olup qaṭʿ-ı (15) nizāʿı maḥż-ı ṣevāb bilmişlerdür. Ve lākin bu ḥaqīr qalemün taqdīmini re'y-i 21b (1) münīr görüp evvelā ʿarş-ı berīn ve aḥkām-ı qażā ve qader sırlarına (2) menşe-

ʾi berterīn olan aʿlā-ʾi ʿiliyyīnde levḥ u qalem mevcūd (3) ve seyf-i muḥkem nābūd olduğı s̲āniyen dāimüʾl-evqāt küttāb (4) elinde seyf qaleme h̲idmetle taʿayyün bulduğı qalemün şerefiyyetini (5) ve ol şeref-i ḥays̲iyyetle taqaddümüni mūcib olan evleviyyetini (6) sevād-ı şekk-i ṣarīḥden beyāż-ı ṣaḥīḥ-i tercīḥe çıkarmışdur (7) diyü baḥs̲ eylerin. Ve eğer seyf qaleme h̲idmetkār değildür, nihāyet (8) muḥtāc-ı bāhirüʾl-iftiqārdur ve seyf h̲idmetine vāṣıl olmayınca (9) qalemün ʿilm ve fażl mezāyāsına intisābı mektūmuʾl-ʾās̲ārdur (10) dinülürse zülāl-i maʿrifet mīzābı qalem olmağla ve ḥadd-i z̲ātında (11) tīg eks̲eriyā ʿavām ve cühhāla taqarrüp şöhretin bulmağla yine ḥaqq-ı taqdīm (12) qalemündür diyü söylerin.

H̲uṣūṣan eks̲er fevāris-i şücʿān (13) ve dilāverān-ı heycā-gerān ki tīğa dest-resleri muqarrerdür (14) ve ammā qalem hünerinde yedleri müʾeyyed değil idügi cehl-i ṣırflarına (15) serīrdür. Pes anun gibi bī-ʿirfān ve fażāil-i z̲ātiyye 22a (1) vādīlerinde bī-nām u nişān olanlar aṣḥāb-ı kemālāt ve erbāb-ı (2) qalem nāmındaki hüner-verān-ı h̲uceste-ṣıfāt zümre-ʾi ḥamīdesinden (3) tercīḥ olunmak ṭarīq-ı ʿadāletden inḥirāfı belki ḥayf ve ẓulmle (4) ittiṣāfı müşʿar idügi ẓāhir ve ʿayāndur. Ve lākin her ehl-i qalem ve (5) merdüm-i ṣāḥib-raqam ki hem maʿrifet rütbesiyle z̲ī-şān (6) ve hem qılıç h̲idmetiyle müşārünileyh biʾl-benān ola ve qalemi hüneri mūcib (7) olduğı gibi şān-ı muh̲teremi dah̲ı şecāʿatını müstevcib idügi (8) ẓāhir ve nümāyān ola. Anun gibilerden mücerred ehl-i seyf olanları (9) taqdīm muvāfıq-ı ṭabʿ-ı selīm ve lāyıq-ı z̲ihn-i müstaqīm değil idügi (10) herkese h̲āṭır-nişāndur.

Veʾl-ḥāṣıl bu bābda selāṭīn ve h̲avāqīn (11) ve pādişāhān-ı ṣāḥib-temkīn baḥis̲den h̲āric olup (12) sāir nāṣ ve nüfūs-i bī-qıyās ḥakkında mükābere vāqiʿ (13) olsa ehl-i qalemün taqaddümi elyaq ve rağbet ve iḥtirāma liyāqatı (14) cānib-i ʾāh̲ardan eḥaqqdur. Ve illā bir ehl-i qalem pādişāh (15) ve bir ṣāḥib-i tīg-ı mıh̲z̲em şāhinşāh mā-beyninde mübāḥas̲a ve aʿrāż-ı 22b (1) z̲ātiyyelerinden evleviyyete müteʿalliq muḥādes̲e ṣudūr bulsa şecīʿ ve dilīr (2) olan şehriyār-ı ʿālem-gīr fetḥ ve tesh̲īr ḥuṣūṣunda ehl-i qalem ve debīr (3) olan tācdār-ı bī-naẓīrden mükerrem ve muqaddemliği ḥays̲iyetiyle muqaddem (4) idügi vāqiʿdür. Ve bu bābdaki qaṭʿ-ı nizāʿa tīg-ı ser-tīzi (5) naṣṣ-ı qāṭıʿdur. Eğerçi ki cürʾet-i sitīz-i bī-tedbīr-i dil-pezīr çokluk (6) netīce vermez ve yine reʾy-i münīr-i müstenīr h̲āme-ʾi ṣaḥāif-i mesīr ve leṭāif-i (7) semīr mezāyāsına müteferriʿ olup eğer tevārīh̲ ve ḥikāyāt (8) ve eğer tefāsīr ve eḥādīs̲e müteʿalliq nikāt elbette maʿrifet-i qırāʾatle (9) muqarrer olduğında kez̲ālik qırāʾat ve tilāvet dah̲ı şübhesiz (10) kitābetle taʿayyün bulduğında hiç kimse şekk ve reyb itmez.

Hemān (11) h̲ulāṣa-ʾi kelām ehl-i qalem ve hevelnāk olan emīr-i nām-verden (12) ṣāḥib-i şimşīr-i bī-bāk ve rāh-ı fetḥ ve tesh̲īrde cest ü çalāk (13) olan server rütbe-ʾi liyāqatda berter ve mertebe-ʾi emāretde āndan (14) bālāter idügi ṣafḥa-ʾi rūzgārda muḥarrerdür.

Nükte

Ve ammā meziyyet-i (15) fażl u qalemle kāmkār ve şecāʿat ve seyf-i muḥkemle ṣāḥib-i 23a (1) Z̲ūʾl-fiqār olan Eseduʾllāh-i nām-dār ve şīr-i yezdān-ı büzürg-vār (2) ḥażretleri ki ikisini de cāmiʿdür anlarun seyfi qaleminden (3) taqdīm ve tercīḥ qılınması gayr-ı vāqiʿdür. Bu temessükle ki fażāil ve kemālātına (4) ve ʿulūm-i ledünniyedeki qaṭʿ-ı merātib ve derecātına müteʿalliq (5) olan eḥādīs̲-i şerīfe şehāmet-i şāmilelerine müteferriʿ (6) olan nuṣūṣ-ı münīfeden ziyādedür. Evvelā *nāda ʿaliyyan maẓharu* (7) *al-ʿajāyeb* sırrındaki *maẓharu* lafẓı fażl-ı gālib-i qaleme ve mıṣrāʿ-ı (8) s̲ānīde *tajidahū ʿawnan laka fī al-nawāyib* remzindeki *ʿawn* (9) rātib-i seyf-i muḥkeme kez̲ālik *la fatā illā ʿAlī* ol ḥażretün z̲āt-ı (10) pākindeki ʿilm-i mübheme ve ʿaqabince *lā sayfa illā Z̲ūʾl-fiqār* kendülerün (11) ṣıfāt-ı nā-hevelnākındaki şecāʿat-i müdğama delālet itmekle vech-i (12) maqṣūd refʿ-i ḥicābla gül gibi güşāde ve tevcīh-i būd ü nā-būd (13) īżāḥ-ı bī-irtiyābla āmādedür ve biʾl-cümle ancak beyān-ı esbaqla (14) tīğın vech-i taqdīmi evfāqdur. Ve bu bābda bu denlü tafṣīlle (15) iktifāʾ müʾellife elyaqdur.

第二章

本章将围绕精通阿拉伯文书法六大字体的抄录者，尤其是被称为“七位大师”的杰出书法家进行论述。

基于历史发展时序，同时从逻辑关系考虑，抄录天启经典的书写者应该优先介绍，所以这一章被安排在库法体书法家之后。此外，鉴于应该优先呈现用于抄写尊贵的《古兰经》的书法字体，眷悬体书法家被安排在本章之后的第三章进行阐述。

在阿拔斯王朝哈里发穆格台迪尔·比拉·贾法尔·本·艾哈迈德（al-Muqtedir-bi'llāh Ca'fer bin Aḥmed）在位期间，即伊历300年（912—913），曼苏尔·哈拉吉（Manṣūr Ḥallāc）和巴格达的朱奈德·巴格达迪（Cüneyd Bağdādī）两位如启明星般的苏非学者脱离了人间俗世，灵魂得以与真主相聚，仙逝归真之时，流星陨落，星火点亮整个夜空，整个世界都映着火光。在伊历4世纪初（922—923），穆格台迪尔的宰相（vezīr）即秘书长（kātib-i müşīr）开始受到最高级别的赏识，他就是伊本·穆格莱，众书法家的伊玛目，抄录者的王子。他因把库法体改良修正得更加优美而著名。

大约一个世纪之后，在哈里发卡迪尔·比拉·艾哈迈德·本·伊斯哈格（Qadir-bi'llāh Aḥmed bin İsḥāq）在位期间，群星闪耀，当时毛拉纳·艾哈迈德·本·罕百里（Mevlānā Aḥmed bin Ḥanbel）是最受尊敬的伊玛目；艾卜·阿里·侯赛因，即伊本·西那（Ebū 'Alī Ḥüseyin bin Sīnā），则是引起世界轰动的智慧超群的医学家；阿里·本·希拉勒（'Alī bin Hilāl），又以伊本·拜沃卜（İbnü'l-Bavvāb）而闻名，成为抄录者的典范和饱学的书法家之领袖，他于伊历413年（1022—1023）在首都巴格达逝世，愿真主赐福他，让他升入天堂。他在书法发展方面的创新在于美化了书法的形式并将其阿拉伯化，发明了在字母上面标注元音符号和静符标志。

图2-1 《古兰经》书法帖
伊本·拜沃卜 1000—1001年 伊拉克巴格达 切斯特贝蒂图书馆（爱尔兰）

图2-2 图2-1的局部

在伊历600年（1204—1205）之后，书法家群体的“正向”、备受尊敬的抄录者之柱石、书法优美的大师、书写者的卫士，贾玛勒丁·雅古特（Cemāleʾd-dīn Yāqūt）出现了。伊历7世纪初，大谢赫伊本·阿拉比（ibn-i ʿArabī）和伊本·法利德（ibn-i Fārıż）相继辞世。伊历7世纪下半叶，在旭烈兀汗（Hulāgū）对巴格达的攻击之下，哈里发穆斯台绥木·比拉（Mustaʿṣım-biʾllāh）结束统治并殉道牺牲；阿卜杜勒·卡迪尔·盖拉尼（ʿAbdüʾl-Qādir Geylānī），一颗启明之星，伊拉克的谢赫之谢赫离世归真；苏丹桑贾尔（Sencer）和苏丹阿塔贝克·赞吉（Atabek Zengīn）也相继逝世；《发现者》的作者，著名学者马哈茂德·扎马赫沙里（Maḥmūd Zemaḥşerī）撒手人寰，而前文提到的贾玛勒丁·雅古特就生在这个时代。

贾玛勒丁·雅古特是一位追求完美的书写者和真理的探寻者。他画下的每一个点都像是点缀了青春少年的美丽面容，每一个弧度优美的字母“D（د）”都是产自家乡的书法笔留下的爱心锁。他本人也因其墨宝成为时代的美好点缀。尽管他作为哈里发穆斯台绥木的奴仆，出身低微，但后来声名斐然，成为书法大师中的苏丹。纪年铭文上有因为他逝世而作的诗句，如下：

贾玛勒丁·雅古特，是信仰之美，天才之首，
于伊历667年（1268）撒法尔月初五或初六清晨，
他脱离了俗世人寰，前往未见之地。

基于贾玛勒丁·雅古特对阿拉伯语的精通掌握，他在书法之外的其他艺术方面也有造诣并且创作了许多优美诗篇。以下的诗句足以说明他的文采，而且他用优美的书法记录自己的创作并落款“作者书”。

我开创的书法风格，
就算巴努·弗拉特部落的首领伊本·穆格莱也不能实现。
若说字迹映照心灵之窗，
我则写出所有书法点睛之笔。

——作者书

笔者见到的以下诗句，书法作品也是出自这位毛拉纳之手，通过落款中的“书者作”可以断定这是他的诗作。

我有多么想念，

每个清晨太阳重新点燃，

因你我才能听清看见！

看不到你的每一天，

时光于我皆虚度枉然。

——书者作

根据对罗姆地区书法大师以及受传统训练的抄录者的调查，贾玛勒丁大师的徒弟有如下几位。第一位是毛拉纳·阿尔衮·卡米勒（Mevlānā Argūn Kāmil）。在他所书写的字体中，正典体最为出众，他是这种风格的优秀的探索者。第二位是塞拉福的毛拉纳·阿卜杜拉（Mevlānāʿ Abduʾllāh Ṣayrafī），他在交错编织的誊抄体书法方面可谓称冠世界。第三位是毛拉纳·叶海亚·苏菲（Mevlānā Yaḥyā-yi Ṣūfī），众所周知，他书写的三一体书法世上无人能及。第四位是穆巴拉克·沙赫·素尤菲（Mübārek Ṣāh Suyūfī），他是当时书写芳典体最杰出的书法家。第五位是穆巴拉克·沙赫·古特比（Mübārek Ṣāh Quṭb），因书写誊抄体而远近闻名。就像塞拉福的阿卜杜拉，他也是书法鉴赏的行家，能够辨识珍品。第六位是毛拉纳·谢赫·艾哈迈德·苏赫拉瓦尔迪（Mevlānā Şeyh Aḥmed Sühreverdī），因大楷誊抄体而出名。他用六大字体所写的书法在世界各地都是格外受欢迎的收藏品。

图2-3　《古兰经》手稿
艾哈迈德·苏赫拉瓦尔迪、穆罕默德·伊本·艾柏克·伊本·阿卜杜拉　1307—1308年　大都会博物馆（美国）

图2-4　图2-3的局部

上文提到的塞拉福的毛拉纳·阿卜杜拉在苏丹侯赛因·拜哈拉（Ḥüseyin Bayqara）在位期间曾是宫廷书画家。当时，胜利的君主因在赫拉特城（Herev）修建米尔扎宗教学校而深受人民拥戴。在帖木儿王朝时期，赫拉特繁盛至极，这座米尔扎宗教学校堪比天房。宗教学校建筑的内外共有4000个房间，庭院中间流淌着来自安吉尔河（Cūy-i İncīr）的丰沛泉水，建筑的围墙上有喀山（kāşī）出产的天青石釉面瓷砖装饰，外部和边缘都有金饰，让人叹为观止。就算游历了天涯海角，人们也再难见到一座像这样宏伟、纯粹的建筑。实际上，从创世之初至今，独具慧眼的建筑师和天资不凡的工程师都很难建造一座与之同等规模的建筑。

有传说提到波斯国王苏丹穆罕默德·胡达班达（Muḥammed Hudābende）（1578—1587年在位）和他的宰相哈杰·萨勒曼（Hāce Selmān），还有他唯一的儿子米尔扎·哈姆宰（Mirzā Ḥamza）一起造访了米尔扎宗教学校，据说其中的工作坊可以容纳6000人。据他们在那里度过的几个月的观察，有500个房间常常满是工作的人们，只有极少一部分房间空着。

另外一个为人熟知的故事是，当苏丹侯赛因·拜哈拉兴建这座建筑并参与建造过程时，出现了建筑材料不足的问题。无法按时完工让苏丹很受打击，不知怎么面对子民。于是他放下身份虔敬地向创造了整个世界，也创造了宏伟天堂的真主祈祷。当继续施工的法令再度颁布时，挖掘地基那天，凭借着伟大真主的智慧与慷慨，人们竟然挖出了整整两罐金币。凭借这些珍宝，这座宏伟建筑才得以完工并展现于世人面前。

佳作由韵文结集，
包含数千联优美的诗联。
层层累积的坚实空间，
是奇迹创造，五彩斑斓。
字里行间如流水潺潺，
是文人雅士的天然甘泉。
愿真主赐福美妙的书法，
这至臻完美的艺术。
用艺术装点墙壁的大师，
愿他不会在岁月中尘封直到末日。
墙壁的图案，精心挑选；
似腰带闪闪，珠宝镶嵌。
正如哈菲兹把真主之言熟记心间，
他所保存的亦在保护他。
外表纷繁，好似费力编织的玫瑰花冠，
内里水到渠成，是穿越草地溪流涓涓。
这是举世无双的建筑，
愿建造者长寿永福。
作品与雄伟大厦相得益彰，
挥洒艺术在笔尖是他一技之长。
当君王下榻设立朝堂，

此处蓬荜生辉，好似属于胡斯洛王。

这宏伟建筑有赖神助，

因慷慨天赐而开花结果。

——笔者

散　文

在得到皇室的任命文书之后，书法大师，塞拉福的毛拉纳·阿卜杜拉开始在这所宗教学校任职。更准确地说，他带着一片热忱与奉献之心，从学校大门的右侧开始进行抄写《古兰经》的“开端章”工作，当他写到大门左侧的时候，他已经从头到尾抄完了整整一本《古兰经》。他通过大楷体铭文和活泼的书法风格展现出非常出色的艺术水准，人们惊叹其“妙哉”的喊声穿越了天际。以字母艾里甫（Alif，ا）作为衡量标准，他书写的铭文长达二十尺。故事的真实性由讲述者负责，笔者此处仅作记录。

简而言之，所谓的“七位大师”即雅古特大师和他的六名学生，但是据说这六名学生之一的艾哈迈德·苏赫拉瓦尔迪没有像其他人一样直接跟随雅古特学习，而且他并不像塞拉福的阿卜杜拉一样是鉴赏作品的内行，他收藏在珍宝盒里的墨宝与雅古特的书法无法相比，甚至还不如艺术市场上的珍品。尽管如此，在去朝觐的途中，雅古特造访了艾哈迈德·苏赫拉瓦尔迪居住的村庄。他下榻在苏赫拉瓦尔迪的工作坊附近，在看到苏赫拉瓦尔迪的学生们修剪芦苇笔的样子时说：“看来你们的老师还不赖，但奇怪的是他并没有好好修剪他的书法笔。”有一名聪明的学生马上出去找老师，并且告诉他工作坊里来了一位身份不明的书法家，这位书法家批判了他们修剪芦苇笔的方式。苏赫拉瓦尔迪稍作迟疑就得出结论，“这位干涉我风格的来访者一定是雅古特”，于是匆匆赶去他的工作坊。一见到这位神秘访客，他马上根据听说的相貌特征认出他就是毛拉纳·雅古特。就在那天，苏赫拉瓦尔迪学会了如何修剪芦苇笔并且用笔写出精致的线条。实际上是坚持不懈的训练和哈里发穆斯台绥木·比拉的关注让毛拉纳·雅古特得以发展才能，在书法方面有所精进直至完美。此后就有了哈里发用“穆斯台绥米”这个昵称书写的细微精妙的签名。

显然，书法家和艺术家在技艺方面追求进步，能力的锻炼，逐渐发掘的天赋，呕心沥血地付出宝贵的精力和时间，都是依靠统治者的提携赏赐或者宰相们的慷慨支持才能够实现。以下关于毛拉纳·贾玛勒丁·雅古特的故事就是这种论断的验证。

雅古特是阿拔斯王朝哈里发穆斯台绥木·比拉的奴隶，同时他也被任命为受人尊敬的顾问宰相。雅古特与主人签订了工作许可的合同，因而日夜工作完成书法任务。怀着被当时的哈里发赏识并支持赞助的期许，雅古特和他的学生们，也就是其他“六位大师”，一起日复一日不舍昼夜地工作，努力精进书法技艺，直到向哈里发献上一幅墨宝并得到他的赏赐。然而，哈里发穆斯台绥木并不吝惜对伊本·拜沃卜书法珍品的赞许，宣称那些字母像珍珠和红宝石一样精美，而雅古特写下的宝珠一般的行行字迹在他口中甚至不如陶器，他想通过这种方式来激励雅古特追求技艺的不断精进。

带着这份热情，毛拉纳·雅古特日夜不停地为迎合哈里发的喜好而努力。因为厌烦了听到夸赞伊本·拜沃卜字迹如宝石的言论，他内心难以平静，不断竞争以期获得哈里发的认可。直到有一天，雅古特在他书写的诗句后署上他老师伊本·拜沃卜的名字，而把他自己的名字签在另外一行，然后进献给了哈里发。哈里发没有意识到其中的把戏，依旧表现出对有着伊本·拜沃卜签名的作品的偏爱。雅古特难以克制内心极度的狂喜，立刻上前亲吻了哈里发的脚并且赞颂道：“感赞真主，哈里发陛下终于认可了他奴仆的书法！”当时，杰出的哈里发马上明白了雅古特的计谋，他并未表扬他的书法，而是惩罚了他。他唾骂雅古特：“你这是自贬身份！”过了数天，直至数月，哈里发对他再无嘉许，也不再像以前一样慷慨善良地给予他赏赐。

事实上，这次风波之后，雅古特的书法再无丝毫长进。欺骗和伪装只能阻碍渴求认可与赞赏之人的进步，心中的不平与竞争让他的前进步伐戛然而止。

若要书法闻名必得人品亦佳，

不专业的人尚不熟识雅古特的书法。

散 文

简而言之，值得尊敬的雅古特进一步完善和阐释了书法的美学和规则。笔者曾在一本阿拉伯语著作中读到“伊本·穆格莱是首位将库法体风格阿拉伯化的书法家，之后伊本·拜沃卜对其进行改良，再后来雅古特·穆斯台绥米将其完善并且规则化，列出所有的书写规则”。也就是说，伊本·穆格莱是公认的把库法体书法应用到阿拉伯字母书写体系的先锋，之后雅古特的老师阿里·本·希拉勒，即伊本·拜沃卜，进一步阐明和改进这种书法风格，但是让这种字体臻于完美并且最终确立书写规则的是贾玛勒丁·雅古特。他用如下押韵的词句阐释了书写的规则。

笔法（uṣūl）组合（terkīb）协调，定位（kurrās）基准（nisbet）和谐；

提笔（suʻūd）上行伸展（teşmīr），落笔（nüzūl）繁茂收尾（irsāl）。

——雅古特

图2–5 哈蒂拉诗集手稿

雅古特·穆斯台绥米（伊朗或伊拉克） 1283年 弗利尔美术馆（美国）

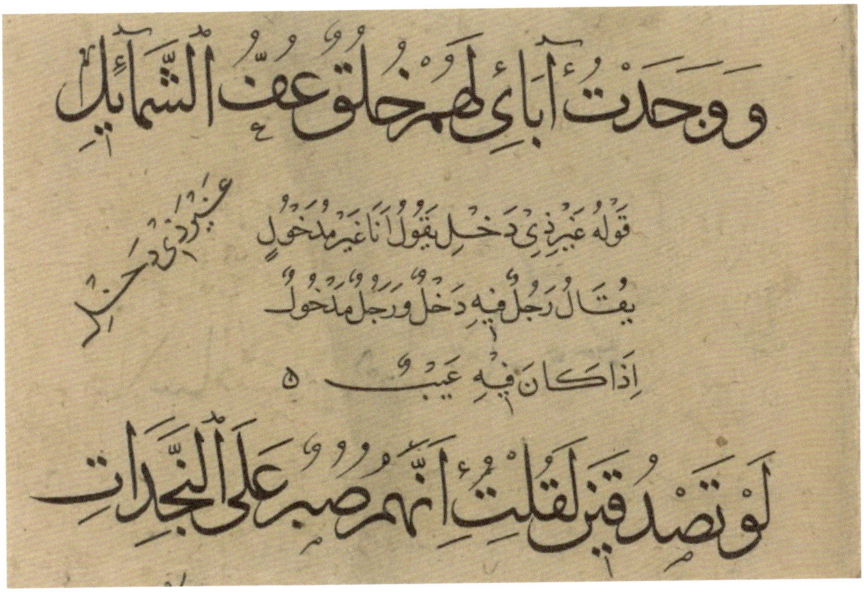

图2–6　图2–5的局部

也就是说，书法由诸多元素构成，包括单词的准则，单个字母之间的连接，单词在页面的基准线位置，还有字母之间的交相呼应。这几句口诀也意味着从书写艺术风格的角度，书法涉及上行提笔笔画和下行落笔笔画之间的张力与平衡，弯曲和延长的处理，以及为了合理安排空间向左或向右的延展变化。雅古特的阐释和伊本·穆格莱及伊本·拜沃卜定下的规则之间并不存在冲突对立，而是结合他的真实本领和实践经验作出的优秀诠释。

在《极点使命》（*Risāle-ʾi Quṭbiyye*）一书中，毛拉纳·贾玛勒丁·雅古特直接教授的学生包括毛拉纳·阿卜杜拉·阿尔衮（Mevlānā ʿAbduʾllāh Argūn），毛拉纳·纳赛尔丁·穆塔塔比卜（Monlā Nāṣreʾd-dīn Mutaṭabbib），毛拉纳·穆巴拉克·沙赫（Mevlānā Mübārek Şāh），呼罗珊的毛拉纳·优素福（Monlā Yūsuf Horasānī），米尔·哈伊代尔·坤达努维斯（Mīr Ḥaydar Künde-nüvīs）和谢赫·艾哈迈德·苏赫拉瓦尔迪。上述六位极具天赋的书法家和知名的抄录者，加上他们的老师，组成了人们常说的“七位大师”。但是更可靠的还是前文所述的版本。

除了前文提到的“七位大师”，还有很多非阿拉伯人的书法家，他们也都在书法艺术方面技艺精湛，在波斯、突厥的很多地方以及德莱木地区负有盛名。众人皆知，他们的卷轴作品也受到追捧，价值可抵数箱珍宝。

其中一位书法家是毛拉纳·阿卜杜拉·阿什帕兹（Mevlānā ʿAbduʾllāh Āşpez），赫拉特本地人。在波斯地区，他被认为是与雅古特同一级别的书法大师。他的确是一位受过系统训练的优秀书法家。另外一位是毛拉纳·马哈茂德·斯雅乌什（Mevlānā Maḥmūd Siyāvuşī），设拉子本地人。

易卜拉欣·沙赫·塔伊布（İbrāhīm Şāh Ṭayyib）也是一位技艺出众的书法家，有人说他的作品甚至优于阿什帕兹。另一位是科尔曼（Kirmān）的毛拉纳·阿萨都拉（Mevlānā Eseduʾllāh Kirmānī），是人如狮，笔如剑（双叉宝剑）的书法家。他是艾哈迈德·卡拉希萨热（Aḥmed Qaraḥiṣārī）的老师，也是波斯地区执笔之人的榜样。还有一位是毛拉纳·穆尔塔扎（Mevlānā Murtażā），他是阿尔衮·卡米勒的后裔，在众书法家中具有令人称赞的品质。另外是大马士革的毛拉纳·沙拉夫丁（Mevlānā Şerāfeʾd-dīn），书法家中的王子。

除了上述提到的这些书法家，大不里士的毛拉纳·阿里贝（Monlā ʿAlī Beg）是最宝贵的书法家和最受敬重的抄录者之一。他认可的学生包括毛拉纳·阿卜杜拉（Monlā ʿAbduʾllāh），是居住在大马士革的毛拉纳·阿噶（Monlā Ağa）的兄弟，他因用金线刺绣旗帜的才能而著名。大不里士的毛拉纳·阿喇贝（Monlā ʿAlā Beg Tebrīzī）是辨别六大风格书法大师的内行，也是沙赫·塔伊布的学生。他的学生包括格鲁吉亚的毛拉纳·优素福（Monlā Yūsuf），在奥斯曼帝国朝廷供职，并因其优美的书法而深受赏识。愿他长寿永福，笔下书法日益精进。

布哈拉（Buhār）的巴奇·穆罕默德（Bāqī Muḥammed Buhārī）也是因技艺高超而著名的书法大师。毛拉纳·哈吉·马克苏德（Monlā Ḥācı Maqṣūd）擅长书写彩色笔体，他更是使用行书体的书法家中最著名的人。毛拉纳·艾哈迈德（Mevlānā Aḥmed Rūmī）虽然生于罗姆地区，然而定居在波斯并被王子拜宋豁儿·米尔扎（Bāysunqur

Mīrzā）任命为书法家。

上述人物都是优秀的书法家，在他们的时代有幸得到王公贵胄的赏识。

此外，罗姆地区的书法家也有他们自己认可的“七位大师”，第一位是阿马西亚（Amāsya）的毛拉纳·谢赫·哈姆杜拉（Mevlānā Şeyh Ḥamduʾllāh Amāsī）。第二位是他天资聪慧的儿子，毛拉纳·戴德·切莱比（Mevlānā Dede Çelebī），也被尊称为“谢赫扎德”，意为谢赫之子，生来就继承了其父的才华。第三位是阿马西亚的贾莱德之子穆赫依丁（Celāl oğlı Muhyeʾd-dīn）。第四位是他的弟弟阿马西亚的毛拉纳·贾玛勒（Mevlānā Cemāl），这兄弟二人被称为“贾莱勒和贾玛勒”，以下是表现他们二人书法细腻精妙的诗句。

书法享誉世界的是贾莱勒之子，
大楷誊抄体的书法无人能及。
誊抄体在他笔下臻于完美，
正如阿里的库法体如入化境。
他虽是今生奉献于书法，
然而这缘分早自约期。
其弟贾玛勒的书法，
也在伊斯法罕和吉利备受推崇。

第五位是毛拉纳·艾哈迈德·卡拉希萨热（Monlā Aḥmed Qaraḥiṣārī），罗姆地区著名的书法家，以下诗句是对他书法的歌颂。

他在书法领域举足轻重，
卡拉希萨热是书法之荣。

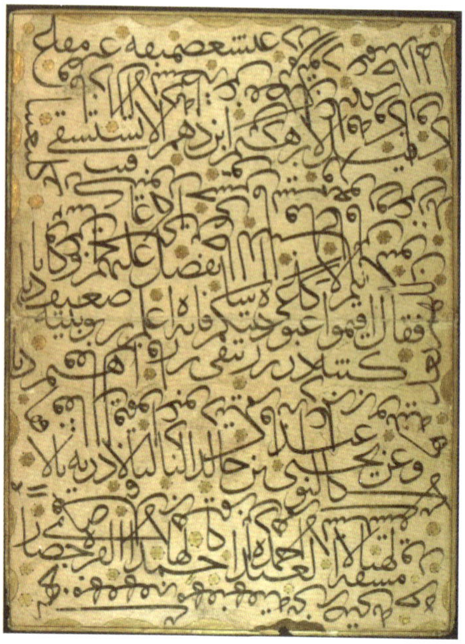

图2–7　书法练习稿

艾哈迈德·卡拉希萨热

16世纪　萨基普·萨班哲博物馆（土耳其）

图2-8　图2–7的局部

第六位是阿马西亚的阿卜杜拉（ʿAbduʾllāh），他是贾莱勒和贾玛勒的外甥。第七位是沙尔巴奇佐德·毛拉纳·易卜拉欣（Şerbetci-zāde Mevlānā İbrāhīm），他是布尔萨（Bursa）人，也有人说他来自埃迪尔内（Edirne）。这些都是具有天赋的珍贵的书法家和艺术家。

上文提到的谢赫·哈姆杜拉在苏丹巴耶济德（Bāyezid），苏丹穆罕默德之子在位期间（1481—1512）来到罗姆地区，他的薪酬是每天30枚阿克切（Aqçe）[1]。他是苏丹巴耶济德的知己密友，陪伴苏丹左右，甚至遭到宰相的嫉妒。他于苏丹塞利姆二世，即埃及的征服者在位期间逝世。人们对他的尊敬超越了其他罗姆地区的书法家，他们作有如下诗句：

自从哈姆杜拉——谢赫之子的书法一出，

雅古特的书法就踪迹全无。

罗姆地区的“七位大师”之中，大多数在苏丹苏莱曼（Süleymān）在位期间仍然在世。卡拉希萨热和其他人都以每日50或60枚阿克切的薪酬被聘用于朝廷。

在他们之后是毛拉纳·寇谢·穆赫依丁（Mevlānā Köşe Muhyeʾd-dīn），是与谢赫佐德和阿尔衮·卡米勒一支这些最后的大师同时代的书法家。还有克里米亚的毛拉纳·阿卜杜拉，被人称为“塔塔尔”。据说他曾向谢赫佐德学习誊抄体，并根据传统的“七位大师”留下的书法尺牍模板研习了三一体和芳典体。在苏丹苏莱曼、苏丹塞利姆二世和当今君王苏丹穆拉德三世在位期间，他一直是首都伊斯坦布尔的书法家之首，也是为朝廷服务的书法家中最著名出众的。另外一位是托钵僧切莱比（Dervīş Çelebī），上述的戴德·切莱比（谢赫佐德）之子，他也被人称为“谢赫佐德”。前文提到的毛拉纳·阿卜杜拉·塔塔尔也与他们处于同一时代。

① 音译为“阿克切”，字面意思为“小白”，是奥斯曼帝国银币的土耳其语名称。

在罗姆地区的书法家之中还有一位来自加里波利（Gelibolı）的毛拉纳·卡提布·侯萨姆（Mevlānā Kātib Ḥüsām），所有书法风格他都能够驾驭，尤其是铭文三一体，只有极少数人能与他比肩。另外一位是毛拉纳·哈桑（Monlā Ḥasan），被人称为"卡拉希萨热之奴"，也是有福运的书法家。他书写的三一体虽然赶不上其老师的水平，但也算是优秀。还有来自维泽（Vize）的拉瓦尼·穆斯利赫丁（Revānī Muṣliḥiʾd-dīn），他是加拉塔宫的书法教师，也是前文提到的克里米亚的毛拉纳·阿卜杜拉的徒弟。

除了他们，还有斯科普里（Üskūb）的达伍德（Dāvud Üskūbī），马拉什（Marʿaş）的卡提布·哈伊尔丁（Kātib Hayreʾd-dīn Marʿaşī），埃迪尔内的马哈茂德·切莱比（Maḥmūd Çelebī），定居在萨拉热窝（Bosna-sarāyı）的毛拉纳·阿卜杜勒·拉赫曼（Monlā ʿAbduʾr-Raḥmān），以及在宫廷任职的当时最著名的书法家之一毛拉纳·努里（Monlā Nūrī）。"金笔"侯萨姆（Ḥüsām Zerīn-qalem）也是任职朝廷的受尊敬的书法家。还有马尼萨（Maʿnisā）的托钵僧迪瓦内·麦米（Dīvāne Memī），他是当时受到认可的书写六大字体的大师。虽然身为托钵僧他有时仪容不太整洁，但他的书法作品总是在洁白的纸张上显得干净无瑕。还有一位是谢赫佐德的学生毛拉纳·舒克卢拉·哈利法（Mevlānā Şükrulʾlāh Halīfe），他也是优秀的书法家。托钵僧阿卜杜拉·切莱比（Dervīş ʿAbduʾllāh Çelebī），（克里米亚或阿马西亚的）阿卜杜拉的学生，也写得一手不错的书法。

波斯地区的书法家之中包括帖木儿汗（Timūr Gürkān）的后代、沙鲁克汗之子、有着高贵血统的波斯王子易卜拉欣（İbrāhīm Sulṭān bin Şāh-Ruh Hān），他于伊历817年（1414—1415）继任苏丹，统治波斯地区。他在诗歌、书法和财政管理方面非常上心，也具有出众的才能。有一次，他仿效雅古特·穆斯台绥米的书法书写了一联诗句之后又签上了雅古特的名字，并把这幅作品送到了巴扎市场。由于他书法精妙，竟无人怀疑这幅作品并非出自雅古特之手。因大家确信这是雅古特的墨宝，这幅模仿品被视若珍宝，被一位顾客以大量金银买走了。当时有多少人争相抢购这幅绝美的书法作品啊！这备受尊崇、完美无瑕的书法又是多么令人赞叹啊！珠宝一般的字母与雅古特的书法难辨彼此，而整体的形态又不失奇珍异宝的光彩内涵。苏丹易卜拉欣于伊历834年（1430—1431）逝世。

除他以外，波斯地区还有一位在六大字体方面极具天赋的书法家，毛拉纳·沙姆斯丁·扎希尔（Monlā Şemseʾd-dīn Ẓāhīr），他在艺术方面无人匹敌。还有他聪慧的学生，设拉子的毛拉纳·贾玛勒丁·侯赛因·法哈尔（Mevlānā Cemāleʾd-dīn Ḥüseyin Fehhār），是最出挑的或者说最受苏丹青睐的波斯地区书法家。他的书法也在其他地区备受欢迎，并且启发了各地的书法家争相效仿。

简而言之，优美的书法是一种美德，为拥有它的人带来荣光。书法艺术也是一条通向高贵和名望的道路，只要不是其人因道德败坏或沉迷麻醉品而臭名昭著，它将引领追随者走向荣耀显赫的地位。还有一些人，尽管他们也写得一手好字，但却陷于贫困，并因抱怨时运不济而出名。有人说“这种艺术是高贵的，有着精微妙义，心智薄弱之人无法理解，只有最幸运的人才能通晓”，他们认为书法有对于技艺的高超要求，性情脾气有缺陷的人无法把握其光彩的特质并修炼到高级境界。然而那些人为了表达对贫苦和不为人所识的愤懑还专门作诗。他们说：

别以为是书写让我快乐欣喜，
又没有人肯慷慨解囊如哈提姆·泰伊（al-Hātim al-Ṭāʾī）。
我只需要一件事，
把“书”上的点搬到“运”字。

也就是说，书法并没有带领“我”走向幸福，在这个时代没有人像哈提姆·泰伊一样善良慷慨，也没人能享有赞助者的津贴支持。“我”的双手挣不到分文，在贫苦之中甚至无法继续书写诗句，于是用一个文字游戏作比，希望把“书法（haṭṭ，خط）”这个单词中的字母“h（خ）”的点搬到字母“ṭ（ط）”上面，把字母“ṭ（ط）”变成字母“ẓ（ظ）”，“书法”这个词也就因此变成了“运气（ḥaẓẓ，حظ）”，这样一来，通过书法“我”可以寻到“我”所需的运气，让愿望变为现实。简而言之，这首诗的作者抱怨书法并没有带给他应得的名气，让他过上幸福的生活，若他像其他人一样，胸无大志，及时享乐，也许能够得偿所愿。这种抱怨很明显有夸张不得志的成分。熟练掌握书法的人变得贫穷困苦可不是一件容易事。现如今很多书法家仅仅每日的薪酬就是好几袋金银。

Ammā *faṣl-ı s̲ānī* ki şeş qalemde 23b (1) māhir olan nüssāh̲ān-ı cihān, h̲uṣūṣān, "üstādān-ı sebʿa" ʿünvānı ile (2) iştihār bulan h̲oş-nüvīsān zikrindedür. Zamān ḥasebi ile, (3) h̲aṭṭ-ı kūfī yazanlardan teʾh̲īri vācib lā-siyemmā küttāb-ı vaḥy (4) evvel faṣılda merqūm olmağla anlarun taqdīmi münāsib olduğı (5) gibi, faṣl-ı s̲ālis̲de mesṭūr olacak nestaʿlīq-nüvīslerden dah̲ı (6) bunlarun evvel z̲ikr olunması ehemm ve Furqān-ı ʿaẓīm kitābetine mah̲ṣūṣ (7) olan aqlāmun taqdīmī evceb ve elzem olmağla bu minvāl-i (8) bī-mis̲āl ih̲tiyār olundı.

Fe-lā-cerem, tārīh̲-i hicret-i fah̲r-ı (9) ʿālem *ṣallāʾllāhu ʿalayhi wa sallam* ki üç yüze yetişdi, h̲ulefā-ʾi (10) ʿAbbāsiyyeden al-Muqtedir-biʾllāh Caʿfer bin Aḥmedün zamān-ı h̲ilāfetinde (11) ve quṭbuʾl-vāṣılīn Manṣūr Ḥallācun dār-ı fenādan beqādā-rına (12) rıḥletinde ve ol maqūle irtifāʿ-i şānla qaṣr-ı h̲uld-i berīne (13) vuṣlatında, ʿaleʾl-h̲uṣūṣ quṭbüʾl-ʾāfāq Cüneyd Bağdādī (14) ḥażretlerinün lāhūt ʿālemine müsā-feretinde ki mā-sivā h̲armanı (15) yandı ṭutışdı ve cümle kāināta külh̲an mis̲āli āteşler düşdi. 24a (1) Dördünci miʾe qarn-ı evvelinün s̲ülüs̲-i evvelinde mezbūr Muqtedirün vezīri (2) yaʿnī kātib-i müşīri, imāmüʾl-h̲aṭṭāṭīn, hümāmüʾn-nüssāh̲īn (3) İbn Muqle kemāl-i şüyūʿla ẓāhir oldı ve kūfī h̲aṭṭı ʿArabiyyete (4) naql idüp, leṭāfet-i qalemi iştihār buldı.

Beʿdehū yüz seneye (5) qarīb zamān mürūrı ve h̲ulefādan Qadir-biʾllāh Aḥ-med bin İsḥāqun (6) ẓuhūrı ʾes̲nālarında ve eʾimme-ʾi kibārdan imām-ı ecell-i mü-beccel Mevlānā (7) Aḥmed bin Ḥanbel ve reʾīs-i ah̲ẓaq-ı aʿqal Ebū ʿAlī Ḥüseyin bin Sīnā (8) şöhretiyle maʿrūf olan ḥakīm-i ʿalīm refīʿüʾl-maḥall eṭrāf-ı (9) ʿāleme velveleler ṣalduğı qarn-ı laṭıf ve rūzgār-ı şerīf (10) ḥādis̲ātınun ʾes̲nālarında muq-tedā-yı küttāb ve pīşvā-yı h̲aṭṭāṭīn-i (11) maʿārif-cenāb ʿAlī bin Hilāl el-müştehir bi-ibnüʾl-Bavvāb (12) ẓuhūr eyledi ve sene s̲elās̲e ʿaşere ve erbaʿamiʾe tārīh̲inde dārüʾl-h̲ilāfe-i (13) Bağdādda vefāt eyledi. *Raḥmatuʾllāhi taʿālā wa askanahu fī jannat* (14) *al-aʿlā*. Ḥaqqā ki taḥsīn-i h̲aṭṭ ve taʿrīb ü teskīn-i nüqaṭ anlarun (15) ih̲-tirāʿ-i h̲aṣṣı oldı.

Gıbbe z̲ālik tārīh̲-i hicret ki sittemiʾeden 24b (1) tecāvüz itdi, qıble-ʾi qabīle-ʾi küttāb, ʿumde-ʾi nüssāh̲ān-ı mübeccel-i (2) küttāb, ṣāḥib-i ḥüsnüʾl-h̲aṭṭ, ṣāhid-i müşāhid-i muh̲aṭṭaṭ H̲āce (3) Cemāleʾd-dīn Yāqūt ẓuhūr eyledi. Ve şeyh̲-i ekber ibn-i ʿArabī (4) ḥażretlerinün vefātı ve ibn-i Fārıżun riḥleti vāqıʿātı (5) sebʿamiʾe-nün qarn-ı evvelinde vuqūʿ buldı. Ve h̲ulefādan (6) Mustaʿṣım-biʾllāhun h̲ilāfeti ve niçe yıldan ṣonra şehādeti (7) ve Hulāgūnun h̲urūc-ı fetreti ve Āl-i ʿAbbāsun inqirāż-ı devlet (8) ve saʿādeti, ʿaleʾl-h̲uṣūṣ, quṭbüʾl-ʾāfāq şeyh̲üʾş-şüyūh̲-i (9) ʿIrāq, ʿAbdüʾl-Qādir Geylānī ḥażretlerinün melekūt ʿālemine müsāfereti (10) ve selāṭīn-i māżiyeden Sulṭān Sencerün ve Atabek Zengīnün (11) ʿālem-i baqāyā naql ü ḥareketi ve fużelādan ṣāḥib-i *Keşşāf* (12) Maḥmūd Zemaḥşerīnün ve sābıqüʾẕ-ẕikr Cemāleʾd-dīn Yāqūtun vāqıʿa-ʾi (13) pür-muṣībeti ol miʾenün qarn-ı s̲ānīsinde şüyūʿ buldı.

(14) El-ḥaqq bir kātib-i muṭlaq ve muḥaqqıq-ı muḥaqqaq idi ki her noqṭa-ʾi (15) cerīdesi h̲āl-i çehre-ʾi şāhid-raqam ve her dāl-i pīçīdesi 25a (1) zülf-i mergūl-i nigār-qalem-i Ḥabeşiyyüʾl-aṣl iken sevād-ı midād behresiyle (2) h̲āl-i çehre-ʾi ʾeyyām oldı ve Mustaʿṣıma müşterā bir bende-ʾi mercūḥ (3) uʾn-nesl iken "sulṭān-ı erbāb-ı qalem" ʿünvānıyla necm-i Müşterī (4) gibi şöhret buldı. Ḥattā vefātına bu maqūle bir tārīh̲-i maṭbūʿ (5) dah̲ı dinildi.

Naẓm

Yāghūt jamāl-e dīn shāh-e ahl-e honar.
(6) Dar ṣobḥ-e khamīs-o-sādes-e shahr-e Ṣafar,
Fī sabʿa-o-settīn būd-o-settamiʾa,
(7) Kaz dār-e fanā be-ākherat kard safar.

Ḥüsn-i kitābetden gayrı (8) sāir maʿārifden dah̲ı ercmend ve ʿilm-i ʿArabiyyete mübtenī naẓm-ı laṭīf (9) meziyyetinden dah̲ı behre-mend olup quvvet-i rāsih̲asını iʿlāmen (10) bu maqūle bir qıṭʿa dah̲ı naẓm itmişdür ve kendülerün h̲aṭṭı ve *li-muḥarririhi* (11) qaydınun rabṭı ile mażbūṭ bulunmışdur.

Li-münşiʾihiʾl-marqūm

(12) Wa qad abdaʿtu khaṭṭan lam tanalhu
Sarātu banī al-Furāti wa lā ibn-i Muqla.
(13) Fa-in kānat khuṭūṭ al-nāsi ʿaynan
Fa-khaṭṭi fī ʿuyūn al-khaṭṭi muqla.

(14) Ve bu qıṭʿa dah̲ı Mevlānā-yı mezbūr h̲aṭṭı ile h̲uṣūṣen *li-nāmiqihi* qaydınun (15) żabṭı ile müşāhede olunmışdur.

Ve min naẓmihiʾl-merqūm

25b (1) Tajaddada al-shamsu shawqi kullama ṭalʿat
İla maḥyaki yā samʿi wa yā baṣari.
(2) Likulli yawmin maḍā min lā araka bihi
Qultu muḥtasiban mā fihi min ʿumri.

(3) Ve mezbūr Ḫāce Cemāle᾿d-dīnün üstādān-ı Rūm ve nüssāḫān-ı (4) maʿā-rif-rüsūm taḥqīq üzre şākirdleri evvelā Mevlānā (5) Argūn Kāmildür ki muḥaqqaq-da muḥaqqıq-ı mümtāz idi ve sāir (6) qalemlerine nisbetle ol qalemi ser-᾿efrāz idi. S̱āniyen Mevlānā (7) ʿAbdu᾿llāh Ṣayrafīdür ki kitābet-i nesḫ nescinde pehlivān-ı ʿālem (8) idi. S̱ālis̱en Mevlānā Yaḥyā-yi Ṣūfī idi ki s̱ülüs̱ (9) yazmada rubʿ-i mes-kūnda naẓīri yoğduğı müsellem idi. Rābiʿan (10) Mübārekşāh Suyūfi idi ki ḫaṭṭ-ı reyḥānīde ser-āmed-i rūzgār idi. (11) Ḫāmisen Mübārekşāh (Quṭb) idi ki nesh yaz-mada şöhre-᾿i (12) dār ü diyār idi ve ʿAbdu᾿llāh Ṣayrafī gibi naqqād-ı cevāhir-nis̱ār (13) idi. Sādisen Mevlānā Şeyḫ Aḥmed Sühreverdī idi (14) ki nesḫ-i celīde celī-lü᾿l-miqdār ve şeş qalemi heft iqlīmde (15) ve cihāt-ı sittede yādigār-ı bāhirü᾿l-iʿti-bār idi.

Pes 26a (1) sābıqü᾿z̲-z̲ikr Monlā ʿAbdu᾿llāh Ṣayrafī ki magfūrunleh Sulṭān (2) Ḥüseyin Bayqaranun rūzgār-ı devletinde, yaʿnī ki ḫoş-nüvīsliğe (3) müteʿalliq kitābeti ḫidmetinde idi. İttifāq, pādişāh-ı manṣūr ol (4) ᾿es̱nālarda mānend-i Beyt-i maʿmūr şehr-i Herīde Medrese-᾿i Mirzā dimekle meşhūr, (5) derūnı ve bīrūnı ṭa-baqātı dört bin bāb ḥucurāta (6) maḥṣūr ve miyān-ı sāḥası Cūy-i İncīr nām nehr-i firāvānla magmūr (7) ve cümle dīvārları ẓavāhir ve ḥavāşī lāciverd ve ṭılādan (8) münaqqaş kāşī tezyīn-i leṭāfet-nişānla maqbūl-i cumhūr oldukdan (9) gayrı sey-yāḥān-ı maʿmūre-᾿i ʿālem ve sebbāḥān-ı sevāḥil-i heft- (10) yemm müttefiqlerdür ki rū-yı zemīnde ẓāhir ve kemmiyyetde ol maqūle (11) ʿālī ʿimāret vāqiʿ olmış de-ğildür. Ve miʿmār-ı ʿaql-ı güzīn (12) ve mühendis-i ṭabʿ-ı dūr-bīn binā-yı semāvāt ve arżın ᾿īcād olunalı (13) anun gibi bünyān ve bünyāda qudret bulmuş değildür.

Rivāyet (14) iderler ki, ʿAcem şāhı Sulṭān Muḥammed Ḫudābende ve vezīri Ḫāce (15) Selmān ve ferzend-i ferīdi Mirzā Ḥamza bir tārīḫde ol medreseye 26b (1) konmuşlar ve cümlesinün kār-ḫāneleri ki altı bin (2) miqdārı nüfūsı müştemil imiş, niçe aylar cemīʿan anda (3) temekkün qılmışlar yine vaqt-i cest ü cūde beşyüz miq-dārı (4) ḥucurātun baʿżısını ḫālī ve ᾿eks̱erīni erbāb-ı şugulle mālī (5) bulmuşlar.

Bu daḫı meşhūrdur ki, mezbūr Sulṭān Ḥüseyin ol (6) bināya mübāşeret ve nıṣfı miqdārınun ʿimāretine ṣarf-ı (7) qudret itdükde, ittifāq ḫazīnesi nihāyet bulur. (8) İtmāmiyle muḥaṣṣalü᾿l-merām olmaduğına dār ü diyārı ḫalkından (9) maḥcūb ve şermende olur. Fe-lā-cerem, bennā-yı binā-yı rū-yı (10) zemīn ve miʿmār-ı dolāb-ı çerḫ-i berīn cenāb-ı niʿme᾿l-me᾿ābına (11) ʿarż-ı tażarrūʿ-ı ʿubūdiyyet-qarīn idüp irtesi (12) yine temel qazdırmağa fermān-ı berterīn ṣudūr itdükde, (13) bī-hikmet-i yezdān-ı zīʾl-iḥsān, ol rūz-i fīrūzda (14) hemān iki küp filori defīne ẓāhir ve nümāyān (15) olur ki itmām-ı binā ve iḥtişām-ı inşā ol hazīne ile 27a (1) taḥaqquq ve taʿayyün bulur.

Naẓm

Mesnevi-i li-münşiʾihi

(2) Döndi bir hoş kitāba ol inşā,

(3) Niçe bin beyt-i hāṣṣı şāmil ola.

(4) Ḥücrelerle yā ol zemīn-i metīn

(5) Bir şütür-ḥücre naẓmıdur rengīn.

(6) Cūy-i baḥr selīsīdür anun.

(7) ʿAyn-i ṭabʿīdür ehl-i ʿirfānun.

(8) Ṣān-ı bināyı komuşdur ol eseri.

(9) Qalem endāzesiyledür hüneri.

(10) Şeh konup ki anda eyledi dīvān,

(11) Döndi dīvān-ı Husreve o hemān.

(12) Bu binā himmete ināendür.

(13) Luṭf-ı ṭabʿile iʿtilādandur.

(14) *Nesr*

Pes, Mevlānā Ṣayrafī-ʾi ṣāḥib-qalem, ber mūcib-i (15) fermān-ı ʿālişān-ı muḥterem, ol medrese-ʾi ʿulyānun bāb-ı 27b (1) efāżıl-meʾābından başlar. Yaʿnī ki kemāl-i ihlāṣla *Fātiḥa-ʾi* (2) şerīfe resmine cānib-i yemīnden ibtidā ider. Ṭaraf-ı yesārı (3) gāyetine gelince cümle-ʾi kelāmʾullāh kitābetini hatm eyler ve biʾl-cümle (4) Furqān-ı ʿaẓīmi başdan başa resm ve imlā, huṣūṣān, celī (5) ve müncelī ve bedāyiʿ-i ṣanāyiʿle müteḥallī bir gūne ḥüsn-i haṭṭ hüveydā (6) kıldı ki, "Aḥsenet!" ṣadāları tā ʿayyuqa irdi. (7) Ve bir elifi be-ṭarīqüʾl-mesāḥa tahmīn olundukda ṭūlen yiğirmi (8) zirāʿa yakīn bulundı. *Al-ʿuhdatu ʿalā rāwīhā la ʿalā ḥāwīhā.*

(9) Bārekeʾllāhu bu haṭṭ-ı muʿcize-kār,

Bir kerāmetdürür kemāl-i ʾāsār.

(10) Resmini hāk-rīz iden üstād,

Hāk-rīz olmasun ilāʾl-mīʿād.

(11) Naqş-ı dīvarıdur o ṭurfe-nigār,

Bir miyān-bend āverine cevher-dār.

(12) Nitekim ḥāfıẓ-ı kelām-ı İlāhī,

Ḥāfıẓ olmış anı kelāmu᾿llāh.

(13) Ẓāhiri sübḥa naẓmuhā kelāl.

Bāṭını ravżā nehrühā selsāl.

(14) *Laysa fī al-kāināti thānīhā*

ʿAmara᾿llāhu bayta bānīhā.

(15) Muḥaṣṣal-ı kelām müttefiq-i ʿaliyye-i nüssāẖān-ı be-nāmdur ki 28a (1) "üstādān-ı sebʿa" didükleri bu zümre-᾿i mergūbedür, üstād (2) Yāqūtla altı nefer tilmīẕi ʿidādda dāẖil olmak üzre maḥsūbedür. (3) Eğerçi ki Aḥmed Sühreverdī sāirleri gibi mütelemmiẕ değil idügi (4) ve zamānında cevāhir-i ḥurūfunı derc-i dürcinde Yāqūtun le᾿ālī ẖuṭūṭuna (5) muqābil ṭutup Ṣayrafī gibi dükkān-ı teslīmde naqqād-ı ṭabʿ-ı (6) selīm olmaduğı şāyiʿdür. Ve lākin, Mevlānā Yāqūt ḥacc-ı (7) şerīfe giderken Aḥmed Sühreverdī mütemekkin olduğı şehre (8) geldi ḥattā kitā-bet-ẖānesi civārında konup şākirdlerinün (9) aqlāmı qaṭʿına naẓar kılup, "Üstādınuz kem kātib değilmüş, (10) fe-ammā ʿacebdür ki qalemini cezmī kullanup muḥarref qaṭʿ eylemesine (11) rāgıb değilmüş" didükde qābil şākirdlerden biri derḥāl (12) üstādına varur, bir kātib gelüp qalemleri qaṭʿına daẖl (13) eyledüğin bildirür. Sühreverdī daẖı bir miqdār taḥayyür ider, "Benüm ẖaṭṭuma (14) daẖl eyleyen meğer ki Yāqūt ola" diyü tefekkür ider. Bilā te᾿ẖīr (15) kitābetẖānesine gelür. Gördüği gibi ʿalāyim-i mesmūʿasından 28b (1) Monlā Yāqūt idüğini bilür. Fe-lā-cerem qaṭʿ-ı qalem ve neẓāket-i raqam (2) semtini ol rūz-i muḥteremde taʿallüm kılur.

Fe-ammā, Mevlānā Yāqūtun (3) taḥṣīl-i biżāʿat ve tekmīl-i yerāʿat ve berāʿat itmesine (4) baʿiṯ, sābıqü᾿ẕ-ẕikr Mustaʿṣım-bi᾿llāhun terbiyet ve iltifātı (5) olmışdur. Ve ketebesinde "Mustaʿṣımī" nisbetiyle ẕikr olunan (6) nükte-᾿i laṭīfe ṯübūt ve ẓuhūr bulmışdur.

Ḫafī olmaya ki zümre-᾿i (7) ehl-i ʿirfān ve fırqa-᾿i hüner-verān ṣanʿatlarında mahārete gūşiş (8) ve izdiyād-ı qudretlerinde cell-i himmete verziş eylemek ve rūz- (9) be-rūz tekmīl-i biżāʿatle bürūz idüp, evqāt-ı bā-berekātını (10) cidd ü cehdle teveggule ṣarf itmek, yā iltifāt-ı şehriyārān-ı (11) keṯīrü᾿l-iḥsānla veyāẖūd rağbet-i bī-gāyet-i vüzerā-i zī-şānla (12) muqarrer idügi ve bu müddeʿāyı iṯbāta Monlā Cemāle᾿d-dīn Yāqūtun (13) bu ḥikāyeti şāhid-i ṣadāqat-semīrdür.

Yaʿnī müşārünileyh Yāqūt ki (14) ẖulefā-᾿i ʿAbbāsiyyeden Mustaʿṣım-bi᾿l-lāhun vezīr-i müşīri meṯābesinde (15) ʿabd-i maqbūli idi, fe-ammā, şeb ü rūz hoş-nüvīslik 29a (1) hidmetine gūşişle güyāki berr-i kitābete kesilmiş kulı idi. Fe-lā-cerem, (2) haṭṭāṭ-ı mūmā-ileyh-i muhterem, halīfe-ʾi zamānun ʿaṭāya-yı rağbet-(3) nüvīdine, ve ātīüʾz-zikr şākirdleri ki üstādān-ı sittedür, (4) muʿallimleri gibi riʿāyete maẓhar düşmek ümīdine ṣubḥ u şām qaṭʿ-ı (5) merātib ve şühūr u eyyām üslūb-i kitābetde taḥṣīl-i ʿizz-i rātib (6) kılmağla gün olmazdı ki Mevlānā Yāqūt-i leʾālī-kitābet (7) pādişāhına haṭṭ göstermiyeydi ve ay geçmezdi-ki ol māh-ı burc-ı hilāfet (8) ana bezl-i cevāiz ve ʿavāid itmeyeydi. Ve illā İbn Bavvābun cevher-i (9) ḥurūfını elbette laʿl ü yāqūt gibi tercīḥden ve kitābet-i Yāqūtun (10) dürer-i gurer maṣnūfını pila ü hazef mesābesinde naqışla taṣrīḥden (11) ferāgat itmezdi tā ki günden güne teraqqīsi ziyāde ve hoş- (12) nüvīslik āb-ı ḥayātı sevād-ı midādında izdiyādla āmāde (13) olaydı.

Pes, Mevlānā Yāqūt ol gayretle rūzān ve şebān (14) halīfenün cevāhir-i iḥsānına harīdār olurdı ve laʿl-i yāqūtından (15) ʿayyān, istiḥsān-ı cevāhir-feşānına şūr ve şağbını bedīdar kılurdı. 29b (1) Tā ol zamāna dek ki, bir gün mezbūr Cemāl(eʾd-dīn) kendinün bir qıṭʿasına (2) üstādı ketebesin taḥrīr ve diğer saṭrına Yāqūt nāmını tasṭīr (3) idüp halīfeye ʿarż eyledi. Ol dahı bu ḥīleden gāfil (4) bulunmağla yine İbn Bavvāb ketebesiyle olan haṭṭı tercīḥe (5) müteʿalliq söz söyledi. Fīʾl-ḥāl mūmāi-leyh Yāqūt kemāl-i behcet (6) ve sürūrından mebhūt olup halīfenün hāk-i pāyuna (7) yüz urdı. "Li-llāhiʾl-ḥamd ki halīfe-ʾi zamān ben bendenün haṭṭını (8) pesend buyurdı!" diyü duʿālar itdi ṭurdı. Ve lākin, halīfe-ʾi (9) ʿālişān, Yāqūtun ḥīlesini izʿān itdügi gibi, ʾāferīn (10) yerine nefrīn ve "Kendü kendüne gadr eyledün" diyü teşnīʿ-i (11) şemātet-qarīn idüp niçe şühūr u eyyām ne taḥsīn ü iḥsān (12) itdi ve ne sābıqdaki iltifāt ve riʿāyetini müşʿir, nüvāzişini (13) ʿayān itdi.

Fīʾl-vāqiʿ ol ḥīleden ṣonra Yāqūtun qaleminde (14) izdiyād bulunmadı ve miqdār-ı ḥarf kitābet-i hoş-raqamında (15) teraqqī müşāhede olunmadı. Ḥaqqā ki rağbet-i ṭalebdeki tedennī 30a (1) ṭālibün teraqqīsine māniʿdür ve şūr ve şağbdaki teraqqī kātibün (2) telaqqīsine naṣṣ-ı qāṭıʿdur.

Naẓm

Kāmelī bāyad ke dar-yābad ʾuṣūl-e khaṭṭ rā.

(3) Var na har nāgheṣ nadānad shīve-ye Yāghūt chīst.

Nesr

(4) Muḥaṣṣal-ı kelām muḥassenāt-ı haṭṭı itmām ve qavāʿid ü fevāidini

(5) ifhām, Mevlānā Yāqūt-ı vācibü'l-a'ẓām cenābından (6) ṣudūra gelüp kütüb-i 'Arabiyyeden birinde mesṭūr ve bu ḥaqīre (7) manẓūr olmışdur ki *awwala man naqala al-khaṭṭ al-kūfī ilā ṭarīqat* (8) *al-'arabiyyati Ibn-i Muqla thumma jā'a Ibn al-Bawwāb wa zāda fī ta'rīb* (9) *al-khaṭṭi thumma jā'a Yāqūt al-Musta'ṣimī al-khaṭṭāṭ wa khatama fī al-khaṭṭi wa akmalahū* (10) *wa adraja fī al-bayti jamī'a qawānīnihi* ya'nī kūfī kitābeti tagyīr (11) ve imlā-'i 'Arabiyyete naql-i dil-pezīr iden İbn Muqledür. Ammā i'rābını (12) ve ba'żı muḥassināt-ı müsteṭābını ziyāde eyleyen Yāqūtun üstādı (13) 'Alī bin Hilāldür ki şöhreti İbn Bavvābladur. Ve lākin fenn-i h̲aṭṭı (14) tekmīl ve h̲aṭṭāṭlık qavā'idini h̲atm ve taḥṣīl ve cemī'-i qavānīnini (15) ve h̲oş-nüvīslik āyīnini bir beyt-i 'Arabī ile tefhīm, bī-'adīl 30b (1) Cemāle'd-dīn Yāqūtundur ki ol dürer-i qavā'idi ve manẓūm olan (2) ferāid-i fevāidi bu vechle naẓm itmişlerdür.

Li-nāẓmihi'l-Yāqūt

(3) 'Uṣūlun wa tarkībun kurrāsun wa nisbatun

(4) Ṣu'ūdun wa tashmīrun wa nuzūlun wa irsālun.

(5) Ya'nī ki, kitābet ol nesnelerden kināyetdür ki 'uṣūl-i kelimāt (6) ve terkīb-i müfredāt ve kürsihā-'i suṭūr-ı ṣafaḥāt ve nisbet-i maqālāt (7) ṣanāyi'ini şāmildür ve yine üslūb-i taḥrīrde pestden (8) vālāya ve vālādan peste çekmeleri ve kıvırmak ṣūretinde (9) çeküp çevirmeleri ve ṣu'ūd muqābili nüzūlleri ve kāh şimāl (10) ve kāh yemīne irsāl üslūbunda vaż'-ı ma'qulleri müştemildür (11) dimek olur. Ve lafẓ-ı h̲aṭṭāṭ İbn Muqlenün ve İbn Bavvābun (12) vaṣıflarına dāh̲il olmayup Mevlānā Yāqūt medāyiḥine (13) maṣrūf olduğında mahāretini is̲bāt nüktesi taḥaqquq bulur.

(14) Fe-ammā, Mevlānā Cemāle'd-dīn Yāqūtun bī-vāsıṭa şākirdleri (15) Mevlānā 'Abdu'llāh Argūn ve Monlā Nāṣre'd-dīn Mutaṭabbib 31a (1) ve Mevlānā Mübārekşāh ve Monlā Yūsuf H̲orasānī (2) ve Mīr Ḥaydar Künde-nüvīs ve Şeyh̲ Aḥmed Sühreverdī (3) ki altı nefer h̲aṭṭāṭ-ı hüner-ver ve nüssāh̲ān-ı nāmverdür ki üstādlarıyla (4) "üstādān-ı seb'a" didükleri bunlardur diyü *Risāle-'i Quṭbiyye*de (5) yazılmışdur. Ammā eṣaḥḥı yukaruda beyān olunmışdur.

Ve z̲ikr olunan (6) üstādān-ı seb'adan gayrı niçe 'Acem üstādları vardur ki (7) her biri ḥüsn-i h̲aṭṭdan behre-ver ve memālik-i 'Acem ve eqlālīm-i Türk (8) ve Deylemde nām-ver idükleri ve derclerinün dürc-i cevāhir gibi (9) rağbet ve revācı muqarrerdür.

İmdi ol zümreden biri (10) Mevlānā 'Abdu'llāh Āşpezdür ki Herevīdür ve diyār-ı ʿAcemde Mevlānā (11) Yāqūta muqābil ṭutulmışdur. El-ḥaqq üstād-ı ʿālim ve ẖoş-nüvīs (12) idügi müsellemdür. Biri daẖı Mevlānā Maḥmūd Siyāvuşīdür ki Şīrāzīdür.

(13) Ve biri İbrāhīm Şāh Ṭayyibdür ki küttābun mümtāzıdur (14) ve baʿżılar qavlınce Āşpeze gālibdür. Biri daẖı ẖāme-i Ẕūʾl-fiqārınun (15) şīr-merdānı Mevlānā Eseduʾllāh Kirmānīdür. Ātīüʾẕ-ẕikr Qaraḥiṣārīnün 31b (1) üstādıdur ve ʾesātize-ʾi Aʿcāmun hüner-ver bāhirüʾr-reşādıdur. (2) Ve biri daẖı Mevlānā Murtażādur ki Argūn Kāmil neslindendür. (3) Yaʿnī ki küttābun merdumān-ı memdūḥüʾl-aṣlındandur. Ve biri daẖı (4) Mevlānā Şerāfeʾd-dīn-i Şāmīdür ki ẖaṭṭāṭlarun humāmıdur. (5) Bunlardan gayrı hoş-nüvīslerün mīr-i gevher-rīzi //ve nüssāẖān-ı ẖaṭṭāṭīnün üstād-ı ʿazīzi (Monlā ʿAlī Beg), Tebrīzī ve anun maqbūl şākirdlerinden / Şām-ı Şerīfde mütemekkin, ẖuṣūṣān bayraq tāftesinün zer-ḥalle resminde mahāreti /müteʿayyin Monlā Ağa qarındaşı (Monlā ʿAbduʾllāh) ve ʾesātize-ʾi şeş qalemün bī-qarine-ʾi ṣāḥib-temīzi// Monlā (6) ʿAlā Beg Tebrīzī ki Ṭayyib Şāha muqalliddür. // Ve bunun şākirdlerinden Gürcīüʾl-aṣl / (Monlā Yūsuf) daẖı vardur ki, qalem-i nezāketiyle, lā-siyemmā, Dīvān-ı / Hümāyūn kitābetiyle maqbūl-i emāciddür. Ve muaʿmmer olursa, izdiyād-ı / qalemine irtifāʿ rütbesi müsāʿiddür //.

Ve memdūḥüʾl-qalem (7) ve maṭbūʿüʾr-raqam olanlarun üstād-ı nām-dārı Bāqī (8) Muḥammed Buẖārī, ve renge-nüvīslerün nām-veri, ẖuṣūṣān rıqāʿ (9) yazanlarun eşheri Monlā Ḥācı Maqṣūd ve Rūmī iken (10) vilāyet-i ʿAcemde mütemekkin ve şehzāde-ʾi nām-dār Bāysunqur Mīrzānun (11) ẖaṭṭāṭlığı rütbesiyle müteʿayyin Mevlānā Aḥmed Rūmīdür ki (12) bu cümlenün her biri ẖoş-nüvīslerdür ve zamānlarındaki (13) aṣḥāb-ı saʿādete enīsler ve meclis-i iltifātlarına celīslerdür.

(14) Gıbbe zālik, vilāyet-i Rūm ẖaṭṭāṭlarınun daẖı üstādān-ı (15) sebʿası vardur ki evvelā Mevlānā Şeyẖ Ḥamduʾllāh Amāsīdür. 32a (1) İkinci, anun veled-i reşīdi ve ferzend-i hünermend-saʿīdi (2) Mevlānā Dede Çelebīdür ki Şeyẖ-zāde dimekle maʿrūf ve babası (3) rütbesiyle mevṣūfdur. Üçünci, Celāl oğlı Muhyeʾd-dīn (4) Amāsī ve dördünci, birāder-i kih-teri Mevlānā Cemāl Amāsīdür ki (5) Celāl ve Cemāl şöhretiyle meşhūrlardur. Ḫaṭṭları kemāl-i nezāket kemāliyle (6) meẕkūrlardur ki anlarun vaṣfında dimişlerdür:

Naẓm

(7) Celāl oğlı ki ẖaṭṭāṭ-ı cihāndur
Naẓīri gelmedi nesẖ-i celīde.

(8) Anā h̲atm oldı bu nesh̲-i celī bil.

Nitekim kūfī h̲atm oldı ʿAlīde.

(9) Eğerçi cidd ü cehd itmiş ve lākin

Ṣunulmışdur ana Qālū-belīde.

(10) Qarındaşı Cemālün h̲aṭṭı dah̲ı

Teberrükdür Ṣifāhān u Gilīde.

(11) Beşinci, Monlā Aḥmed Qaraḥiṣārīdür. Rūmīlerün üstād-ı nām-dārıdur.

(12) Ve vaṣfında bu maqūle bir maṭlaʿ şuʿarāʾdan birinün yādigārıdur.

Naẓm

(13) H̲aṭṭ-ı h̲ūbb içre beyāża çıkarup kendʾözini,

(14) Yazınun Qaraḥiṣārīdür agardan yüzini.

(15) Altıncı, ʿAbduʾllāh Amāsīdür ki Celāl ve Cemāl 32b (1) ṭāyılarıdur. Yedinci, Şerbetci-zāde Mevlānā İbrāhīmdür ki Bursavīdür (2) ve baʿżılar qavlince Edirnevīdür. Pes bu zümrenün her biri (3) her biri üstād-ı nām-ver ve hüner-ver-i pākīze-gevherdür.

Ammā mezbūr (4) Şeyh̲ Ḥamduʾllāh Sulṭān Bāyezid H̲ān bin Sulṭān Muḥammed H̲ān (5) zamānında Rūma gelüp arpalık zeʿāmetle otuz aqçe yevmiyye (6) vaẓīfeye mutaṣarrıf olup, h̲uṣūṣān merḥūm Sulṭān Bāyezīd (7) H̲ānun muṣāḥib-i muḥarremi ve vüzerāsına maḥsūd olan qarīn-i (8) muḥteremi idi. Mıṣr fātiḥi Sulṭān Selīm H̲ān zamānında (9) vefāt eyledi ve biʾl-cümle h̲aṭṭāṭān-ı Rūmda ana olan riʿāyet (10) gayrılara olmamışdur // ve anun ḥakkında dimişlerdür:

Beyt /

Şeyh̲ oğlı Ḥamdī h̲aṭṭı tā kim ẓuhūr buldı,/

ʿĀlemde bu muḥaqqaq nesh̲ oldı h̲aṭṭ-ı Yāqūt//.

Ve eks̲erī Sulṭān Süleymān H̲ān (11) Gāzī ʿaṣrına yetişüp, eğer Qaraḥiṣārī ve eğer gayrı, on beş (12) ve on altışar aqçe vaẓīfeye mutaṣarrıf olmışlardur.

Bunlardan ṣonra (13) Mevlānā Köşe Muhyeʾd-dīn ki Şeyh̲-zādenün muʿāṣırı (14) ve Argūn Kāmil neslinün üstād-ı müteah̲h̲iridür. Ve Mevlānā ʿAbduʾllāh (15) Qırīmīdür ki "Tatar" dimekle meşhūr, qalem-i nesh̲i Şeyh̲-zādeden 33a (1) ve s̲ülüs̲ ve reyḥānī ve gayrı sebʿa-ʾi qadīme qıṭʿalarından meşq ve telemmüzle (2) mez̲kūrdur. Ve Sulṭān Süleymān H̲ān ve Sulṭān Selīm H̲ān (3) ve pādişāhımuz Sulṭān Murād H̲ān zamānlarında pāyitah̲t (4) küttābınun serveri ve muvaẓẓaf-ı nīk-i nefs nām-veri olmışdur. (5) Bir dah̲ı mezbūr Dede Çelebīnün oğlı Dervīş Çelebīdür ki

(6) ol dahı Şeyh-zāde nāmı ile eşherdür. Sābıqü'z-zikr Monlā (7) 'Abdu'llāh Tātār anlara yetişmişdür.

Bir dahı Gelibolılı Mevlānā Kātib (8) Ḥüsāmdur ki her qalemde māhir, huṣūṣān sülüs-ı celīde naẓīri (9) nādir üstāddur. Ve biri Monlā Ḥasandur ki "Qarahiṣārī (10) Qulı" dimekle meşhūr bār-i ṣāddur. Sülüsı üstādına berāber değilse, (11) kemter dahı değildür. Ve biri Revānī Muṣliḥi'd-dīndür ki Vizelüdür. (12) Galaṭa-sarāyınun haṭṭāṭ-ı mu'allimi ve sābıqü'z-zikr Mevlānā 'Abdu'llāhun (13) şākird-i mükerremidür.

Bunlardan mā'adā Dāvud Üskūbī ve Kātib (14) Hayre'd-dīn Mar'aşī ve Edirneli Maḥmūd Çelebī (15) ve Bosna-sarāyında sākin Monlā 'Abdu'r-Raḥmān ve Dīvān-ı 33b (1) 'Ālī kātiblerinden Monlā Nūrīdür ki bu 'aṣrun (2) meşhūrıdur. Ve Ḥüsām Zerīn-qalemdür ki oldahı kātib-i dīvān-ı (3) muḥteremdür. Ve Ma'nisālu Dīvāne Memīdür ki şeş qalemde 'aṣrınun (4) müsellemidür. Nihāyet neẓāfetle muqayyed değildür ve ṣafḥa-'i sepīdi (5) vesah ve çirkden mücerred değildür. (Ba'dehū Şeyhzāde şākirdi Mevlānā Şükrul'lāh Halīfedür ki hoş-nüvīsdür). Bir dahı 'Abdu'llāh şākirdi (6) Dervīş Çelebīdür ki haṭṭı bed değildür.

Ammā Timūr Gürkān (7) nesilden ve 'Acem şehzādelerinün memdūḥü'l-aşlından (8) İbrāhīm Sulṭān bin Şāh-Ruh Hān ki sene seb'a 'aşara (9) ve semānemī'e tārīhinde mülk-i Fārs salṭanatıyla mevsūm ve fenn-i (10) şi'r ve ḥüsn-i haṭṭ ve qānun-i defter haṭṭına müte'alliq hünerlerde rütbe-'i (11) rātibesi ve re'āyā-perverliğe mütealliq mertebe-'i 'āliye-'i gāliyesi ma'lūm (12) oldukdan mā'adā zamānında Yāqūt Musta'ṣımī haṭṭından (13) naqlle bir qıṭ'a yazdı ve kendi ketebesiyle müzeyyel idüp (14) bazāra gönderdi. Leṭāfet-i haṭṭından kimesne hilāf iḥtimālin (15) virmedi. "Haṭṭ-ı Yāqūtdur" diyü veznince cevāhire kıymet olur 34a (1) zer ü sīmle herīdārına virildi. Zihī ḥüsn-i haṭṭ-ı mergūb (2) ve kitābet-i maqbūl-ı nā-ma'yūb ki cevāhir-i ḥurūfı müfredāt-ı (3) Yāqūtdan farq olunmadı ve zevāhir-i ẓurūfı ma'ānī-'i la'l ü yāqūtdan (4) hālī bulunmadı. *Laqad kānat wafātuhu fī sana arba'a wa thalathīn* (5) *wa thamānamī'a.*

Bunlardan mā'adā nüssāhān-ı 'Acemden ve şeş qalemde mahāret (6) taḥṣīl iden küttāb-ı nāzik-raqamdan biri dahı Monlā (7) Şemse'd-dīn Ẓāhīrdür ki fenninde müsellem-i lā-naẓīrdür. Ve yine mezbūrun (8) şākird-i maqbūlı ve tilmīz-i ma'qūl-ı nā-medhūli Mevlānā Cemāle'd-dīn (9) Ḥüseyin Fehhārdur ki Şīrāzīdür. Huṣūṣān hoş-nüvīsān-ı (10) 'Acemün mümtāzı, belki sulṭān-ı ser-firāzıdur. Haṭṭına her diyārda (11) küllī rağbet ve reviş-i rūşenine nüssāẖān-ı // cihāndan // taqlīd ve muvāfaqat (12) muqarrerdür.

Veʾl-ḥāṣıl ḥüsn-i ẖaṭṭ bir meziyyetdür ki aṣḥābına şeref- (13) bahş-ı bī-minnetdür. Ve ṣanʿat-ı kitābet bir ṭarīqat-ı rūşen- (14) nebāhatdür ki erbābına bāʿis̱-i ʿizz ü rifʿatdür, meğer ki sū-ʾi ẖulqla (15) meẕmūm-i enām ola veyāẖūd ibtilā-ʾi berş ve afyon ve benğle 34b (1) bed-nām ola, ve baʿżılar ki, ḥüsn-i ẖaṭṭları muqarrer iken faqr ü fāqaya müptelā (2) olmışlardur ve dāimā rūzgārun ʿadem-i müsāʿadesinden şikāyetle (3) iştihār bulmışlardur. Ḥattā *inna hādhihi al-ṣināʿata jalīlatu al-miqdāri* (4) *ʿaẓīmatu al-iftikhāri daqīqatu al-maʿnā lā yafhamuhā dhū fahmin bihi saqīm* (5) *wa lā yantaqīhā illā dhū khaṭṭin ʿaẓīm* diyü kitābetün rütbe-ʾi rātibe idügini (6) ve şeref ve mezīyyetini ṭabʿ-i selīm aṣḥābı olmayanlar fehm (7) itmedügini beyān itmişlerdür. Ve lākin yine şikāyet-i faqr ü fāqalarını (8) rivāyet yüzinden dimişlerdür.

Lā tasabanna bi anna al-khaṭṭu yusʿiduni

(9) Wa lā samaḥati kaffi al-Ḫātim al-Ṭāʾī.

Bal innama ana muḥtājun li waḥidatin

(10) Li naqli nuqṭati hadhā al-ḥai li al-ṭāi.

Yaʿnī, siz ẓann eylemenüz (11) ki ḥüsn-i ẖaṭṭ beni saʿādete vāṣıl eyleye, maʿa haẕā bir zamānda (12) olam ki Ḫātim-i Ṭāyīnün avcunda luṭf ve kerem naqdī olmaya (13) ve kimse anun saẖāvetinden menfaʿat ve behre bulmaya. Belki (14) ben bir devirdeyün ki bir aqçeye elim irişmez ve şiddet-i iḥtiyācum (15) ḥālinde bir qıṭʿaya dest-i qudretim yetişmez tā ki ol qıṭʿa ile 35a (1) ki noqṭa resmindedür lafẓ-ı ẖaṭṭdağı *ẖā*ʾnun noqṭasını giderüm (2) yine ẖaṭṭ kelimesindeki *ṭā*ʾya virem ki ẖaṭṭ-ı maḥż-ı ḥaẓẓ ola ve ol (3) ẖaṭṭla nefsimün muqteżāsı vücūd bula. Muḥaṣṣal-ı kelām "Ḥüsn-i (4) ẖaṭṭ beni bir şöhre ile behre-mend eylemedi ki anunla bir ḥaẓẓa vāṣıl (5) olam ve ben-de sāirler gibi ẖaṭṭ muqābelesinde ḥaẓẓ eyleyüp (6) gönlüm murādını bulam" dimekdür. Eğerçi ki, şikāyetde mübālağa (7) muqarrerdür ve ẖaṭṭa mālik olanun ol mertebede faqr ü fāqası (8) gayr-ı müyesserdür. Ve zamānedeki kātibler ki vardur rūzmerre (9) ʿāʾideleri hemyān hemyān sīm ü zerdür.

第三章

本章记述了那些因笔头功夫而声名赫赫的书法家，他们擅长书写优美的誊悬体——即誊抄体和悬体相结合而成的字体风格。

在生于伊历802年（1399—1400），卒于伊历837年（1433—1434）的王子拜宋豁儿在位期间，这位仁慈的君主鼓励发展真正的诗歌，他对朝廷中的文人墨客施以恩赐，并且让书法家们用优美的书写加以表现，从而让民众免于精神上的贫瘠。据说他在位的繁荣时期，40位极具天赋的书法家在一座学校和一个天国般的工作坊里为他效力，这两个令人愉悦的地方宛如天堂，让画廊的画师们也艳羡不已。

下文将详述来自大不里士的毛拉纳·贾法尔（Mevlānā Caʿfer Tebrīzī），毛拉纳·阿卜杜拉，大不里士的米尔·阿里之子的学生，像一座无尽的宝藏，他们是这40位书法家中无可挑剔的大师。众所周知，被选中的书法家都是那个时代的佼佼者，他们的芦苇笔就像雨后春笋般在拜宋豁儿仁慈的花园中繁茂生长，笔下完美的书法字迹代表了那个世纪书法家之辉煌。顺应时势，誊悬体书法、烫金、书籍修订、插图绘制、描金和装帧等技艺也都繁荣发展。

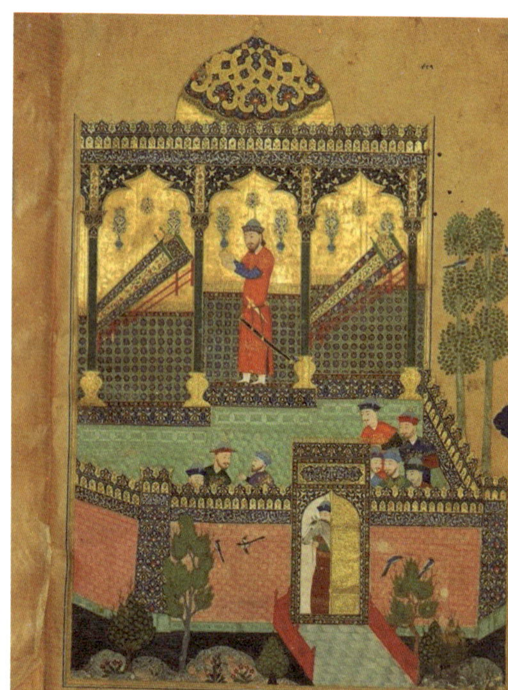

图3-1 列王纪 1430年
帖木儿王子拜宋豁儿委托细密画画家所作

一些书籍中记载了这些名士之中光荣的书法家的姓名、头衔、技艺、个人经历以及笔名，其中包括《君王国土纪事》（*Tezkire-ʾi Devletşāhī*）、阿里·希尔·纳瓦依（Mīr ʿAlīşīr Nevāyī）所著的《群英荟萃》（*Mecālisüʾn-Nefāyis-i*），以及最近的《高贵杰作》（*Tuḥfe-ʾi Sāmī*）。由于这些参考资料年代久远，在记述他们的师承脉络以及所受训练的过程方面难免会有不准确之处。以下列出的就是这些被选中的受人尊崇的书法家：赫拉特的毛拉纳·哈菲兹·阿里（Mevlānā Ḥāfıẓ ʿAlī-i Herevī）；喀山的沙姆斯丁·穆罕默德（Şemseʾd-dīn Muḥammed），笔名纳瓦依；毛拉纳·穆罕默德（Mevlānā Muḥammed），阿斯塔拉巴德（Esterābād）的苏丹穆罕默德之子；尼沙泊尔（Nīşāpūr）的米尔·苏尼（Mīr Şunʿī）；亚兹德（Yezd）的毛拉纳·邵基（Mevlānā Şevqī-ʾi Yezdī）；土尔巴特（Türbet）的哈菲兹·巴巴江（Ḥāfıẓ Bābācān）和他的兄弟毛拉纳·法伊兹（Monlā Feyżī）。此外，还有毛拉纳·希哈比（Monlā Şihābī），加兹温（Qazvīn）的毛拉纳·阿卜杜拉（Mevlānā ʿAbduʾllāh Qazvīnī），大不里士的毛拉纳·阿什齐（Mevlānā ʿĀşıqī-ʾi Tebrīzī），毛拉纳·阿亚提·马克塔布达尔（Monlā ʾĀyetī-ʾi Mektebdār），大不里士的毛拉纳·纳兹齐（Monlā Nāzikī-ʾi Tebrīzī），同样来自大不里士的毛拉纳·易卜拉欣（Monlā İbrāhīm Tebrīzī），另外一位来自阿斯塔拉巴德的毛拉纳·易卜拉欣（Monlā İbrāhīm Esterābādī），毛拉纳·伊斯玛仪·那加提（Monlā İsmāʿīl Necātī），古什温（Guşvān）的都斯特·穆罕默德（Dust Muḥammed Guşvānī），来自赫拉特善吹芦笛的穆希布·阿里（Muḥibb ʿAlī-ʾi Nāyī-ʾi Herevī）和阿斯塔拉巴德的毛拉纳·霍加·马哈茂德（Mevlānā Hāce Maḥmūd Esterābādī）。

这些书法家的廉正气节就像他们笔下坚定不移的誊悬体，而充沛的活力让他们出口成章，文韵天成，实际上在上述书籍的记载中，他们的书法和文采都是非常出众的。鉴于上述书法家大多与大不里士的毛拉纳·贾法尔处于同一时代，而且沿袭大不里士的米尔·阿里在他们之前已经确立的书法规则，加上一些资料的支持，可以明确的是，他们中大多是大不里士的米尔·阿里的学生，还有一部分曾间接向他学习过书法技艺。

这组书法家中有一位是喀山的毛拉纳·江（Monlā Cān Kāşī），他因为优美的书法和独创的书法风格而闻名世界，为文人墨客所铭记。他发明的书法风格是在两页纸上分别用黑色和另一种颜色书写，完成之后将两页纸重叠，借助光影字迹才会完全显现。

另外一位重要的书法家是毛拉纳·希尔·阿里（Mevlānā Şīr ʿAlī），纳瓦依在《群英荟萃》一书中表示毛拉纳·希尔·阿里笔下的眷悬体太过优美，将他的才华淋漓尽致地展现出来，以至当时的书法家无一人能够跟随他的脚步，效仿他的笔迹。纳瓦依在书中进一步阐释了希尔·阿里娴熟的书法技艺，他偏爱使用一种他人无法模仿的风格，是一位在工作方面一丝不苟的书法家，有着开明的心境，是苏非主义的拥护者，也是爱好解谜之人。

《米拉特古》（*Millet-gū*）是希尔·阿里所作的谜语，也是他聪慧天资的证明。在《米拉特古》的标题中写道：

我们谈及你，你说起我们；

优雅的圆柏，曼舞的眉梢。

散　文

另外一位书写眷悬体的大师是毛拉纳·卡提比·穆罕默德·塔尔什兹（Mevlānā Kātibī Muḥammed Terşīzī），他热情吟诗，书写原创精品，与饱学之士为伍，谈话严谨而口才出众，笔下文字因他而显得分外赏心悦目。他来到尼沙泊尔练习眷悬体，他的书法达到了极其精妙的境界，甚至可以与天堂最高一层的笔和书写板比肩，所以才被授予本义为“书写者”的“卡提比”的尊称。他本人也因优美的书法而被载入史册。当他的书法艺术受到下文将提及的尼沙泊尔的毛拉纳·希米（Monlā Sīmī）的侮辱时，他备受打击并向他所服务的埃米尔·谢赫·易卜拉欣·席尔瓦沙（Emīr Şeyh İbrāhīm Şirvānşāh）请辞。尽管被百般恳求挽留，卡提比还是离开并前往伊斯法罕（İşfahān）

加入真理追寻者的首领，土耳其导师霍加·赛因丁（Hāce Ṣāyine᾽d-dīn）的托钵僧修道院。在那里他一心研习书法，笔尖几乎从未离开纸张。与此同时，他也成为苏非主义的拥护者，苏非诗歌蕴藏的妙义哲思像生命之泉一样浇灌着他。卡提比于伊历839年（1435—1436）流行的一场瘟疫中逝世并长眠于阿斯塔拉巴德。这里有必要引用一首他创作并书写的诗歌来表现他的诙谐文采和书法造诣。

月亮啊！不要越过天国的帷幕，
但愿苏丹留在宫中亭阁，
这世界耳中充斥着为爱的啼哭，
卡提比，用你的笔问明那声自何处。

——卡提比

散 文

以下是关于尼沙泊尔的毛拉纳·希米，他是细心鉴赏书法作品价值的行家，也是因笔下字字珠玑而日进斗金的书法大师。他居住在马什哈德，在书写六大字体、背诵颂诗、谜语艺术和纸张上色、描金、烫金以及书籍修订方面都颇具才华，受到世界认可。他是时代之荣耀，凭借他的出众品质成为那片福地的导师。他的学生毛拉纳·阿卜杜勒·哈伊（Mevlānā ʿAbdü᾽l-Ḥayy）因为独具特色的公文体书法和装饰画艺术而受到青睐。

据传有一次毛拉纳·希米根据王子阿喇·道乌来（Şehzāde ʿAlā᾽ü᾽d-devle）的命令创作一本包括3000联诗的寓言书，他仅仅用一个昼夜就完成了，而且工作期间食欲大增，即便吃下二十几磅的食物和蜜饯果脯也消化如常。在马什哈德的人们围观他时，他还调侃自己是炼金术士（sīmī），在锣鼓号角齐鸣的喧嚣之中于湿拓背板上签下自己的绰号。他的确像是一位炼金术士异人，准确无误地写了3000联诗。以下谜语就是他的创作，谜底不详。

那月亮在黎明时分到檐下说："你此生已近终点，

因你生命的太阳已到屋檐边缘。"

另外一位书写誊悬体的大师是萨卜泽瓦尔（Sebzevār）的阿米尔·沙希（Emīr Şāhī Sebzevārī），他是与文字打交道之人的首领，是书法家中的苏丹。他多才多艺，作诗富有文采，擅音律尤其是弹奏弦乐，特别是对于书法、描金、插画艺术的娴熟掌握和精微之处的敏锐觉察，让他深受拜宋豁儿·米尔扎的赏识。他生动活泼的诗歌创作风格在以下动人诗句中有所体现。

的确，

书法家的存在让琥珀的颜色不再，

身形让挺拔如圆柏的大楷体汗颜。

胡须在你上唇的投影似淘气小楷，

雅古特的书法确是如此清晰明白。

——阿米尔·沙希

毛拉纳·赛伊德·贾莱勒·本·阿兹德（Mevlānā Seyyid Celāl bin ʿAżd）也是书写誊悬体的书法家。他在自己创作并以优美笔法书写的绝句（鲁拜）中展示的美德，归功于阿米尔·穆罕默德·穆扎法尔（Emīr Muḥammed Muẓaffer）对他在诗律和书法方面的培育，还有他本身天资非凡，因此得到了苏丹拜宋豁儿的青睐与赞赏。以下就是他的绝句诗：

顽石变成红宝石只需四点，

纯净天性，本质精华，天资和苍穹烈日之考验，

前三者我已具备，

装点宇宙的炎日啊，独需你的试炼。

——毛拉纳·赛伊德·贾莱勒·本·阿兹德

萨卜泽瓦尔的霍加·马哈茂德（Hāce Maḥmūd Sebzevārī）也是一位擅长誊悬体的书法家。他笔下的六种字体让遍地芦苇笔的书法园地增光添彩，通过手中笔直坚挺的芦苇笔展示出他的才华，也让含苞初放的书法艺术与书写规则成长为苍松翠柏。在创作数字诗行时，他写下了如下的纪年铭文，明确提出了他在书法方面的贡献的同时，也将他作诗的天赋展露无遗。

我用六种字迹书写之日，

即是六种书体确立之时。

——霍加·马哈茂德

另外一位专攻誊悬体的书法家是尼沙泊尔的毛拉纳·叶海亚·斯巴克（Mevlānā Yaḥyā-yi Sībek Nīşābūrī）。他在苏丹沙鲁赫·米尔扎（Şāhruh Mīrzā）在位时期崭露头角，在这位杰出苏丹的治下，他的书法尽显峥嵘。

接下来这位是往昔书法大师的启明者，后辈书法家的明智向导，他就是大不里士的毛拉纳·米尔·阿里，誊悬体书写规则的确立者。他的名字在前文有所提及，许多书法家都曾直接或间接地向他学习。为了避免这些直接教授的学生与直属老师不详的学生混淆师承脉络，笔者认为行文至此有必要再详述米尔·阿里。

大不里士的毛拉纳·米尔·阿里是最著名、最杰出、最辉煌的书法大师。所有为了使誊悬体的风格区分并超越六大字体而作出的修正的尝试、完善的努力，都是出自米尔·阿里之手。就像后文将详述的马什哈德的毛拉纳·苏丹阿里（Mevlānā Sulṭān ʿAlī-

ʾi Meşhedī）被称为“书法家的正向”，米尔·阿里被人尊称为“书法家的领袖”。

毛拉纳·阿卜杜拉是米尔·阿里最有名的学生之一，也是继承米尔·阿里才华的亲生儿子，其有力的书法印证了自己的出众地位和无可辩驳的优秀。毛拉纳·阿卜杜拉以效仿其天才父亲的书法而著称，并以坚实的技艺基础屹立于众书法家中，他笔下的每一行字都彰显了他的卓越智慧。

毛拉纳·阿卜杜拉的其中一名天才学生是大不里士的毛拉纳·贾法尔。在往昔的众多书法大师中，他的优美书法总是被争相效仿。据说他曾在前文提到的拜宋豁儿·米尔扎开设的学校中任书法导师，也在其图书馆中担任要职，当时有很多书法家为拜宋豁儿服务。

在毛拉纳·贾法尔的学生之中最出名者当数毛拉纳·爱资哈尔（Mevlānā Aẓher），新一代芦苇笔杆中最具希望、下笔无误、宝藏般的书法家，据说他也是来自大不里士。他那春苗一样的芦苇笔让书法艺术的园地变成了硕果累累的森林。他的笔法比他老师的笔法更加稳重优美，字体优雅卓绝，而作品的整洁程度更是无人能及。

与他同时代的还有盖因（Qāyin）的毛拉纳·苏丹·阿里，他的书法受到很多人称赞，但也有反对的声音。在伊历861年（1456—1457），征服大片领土并使之繁荣的苏丹侯赛因·贝卡拉（Ḥüseyin Bayqara）继位，他德才兼备，慷慨赞助创作诗歌和韵文的文人墨客。在他的仁德恩赐之下，才子和饱学之士开创了新的纪元。更重要的是，他宣称最具智慧的米尔·阿里·希尔·纳瓦依时常不辞辛劳地鼓励文人和平民在知识的征途上不断前行，勇于探索，并热切地盼望着他们的进步。这也正是优秀书法家们发展书法成熟的时机，日复一日，他们的笔迹和书法作品愈发令人欢欣。《群英荟萃》中记载，当时在宫廷宴会上，苏丹·阿里从诗人毛拉纳·阿卜杜勒·拉赫曼·贾米（Mevlānā ʿAbduʾr-Raḥmān Cāmī）的高脚杯中仅仅啜饮一口就醉了。这位诗人当时坐在聚会的苏非学者正中间，他在有关教法和宗教的集会讨论中是天启真理的杰出代言人。在苏非主义的追随者之中，苏丹·阿里是一片气泡升腾的海洋，发现了至理名言的秘密，“他是知道的”，他也是完全奉献于主道的忠仆，把所有时间都用于创作书写文学作品。据说有一次有人向他求字，由于他以自己的书法为傲，他要求书写一联诗的酬金足够书写一整本书。因为获得大量的财富对于托钵僧来说是难以想象甚至是腐败的，所以笔者窃以为他这种出价畸高的方式是为了误导和吓退别人，这样就没有人会找他抄书，通过这种圆滑机智的方式他就能把所有的时间精力都用来为毛拉纳·贾米工作。又或者他的初衷不是为了让自己的书法作品受到欢迎，而是要强调书法独到的益处以及修行和学习对自身的意义。无论如何，他都是一位技艺娴熟的书法家，他所作的诗文也都风格雅致。

爱啊！点燃了荣耀与名声，

无论贵贱，寄众生于消逝的风。

图3–2　高贵杰作　24.3 cm × 15.4 cm
毛拉纳·阿卜杜勒·拉赫曼·贾米
1485—1490年　大都会博物馆（美国）

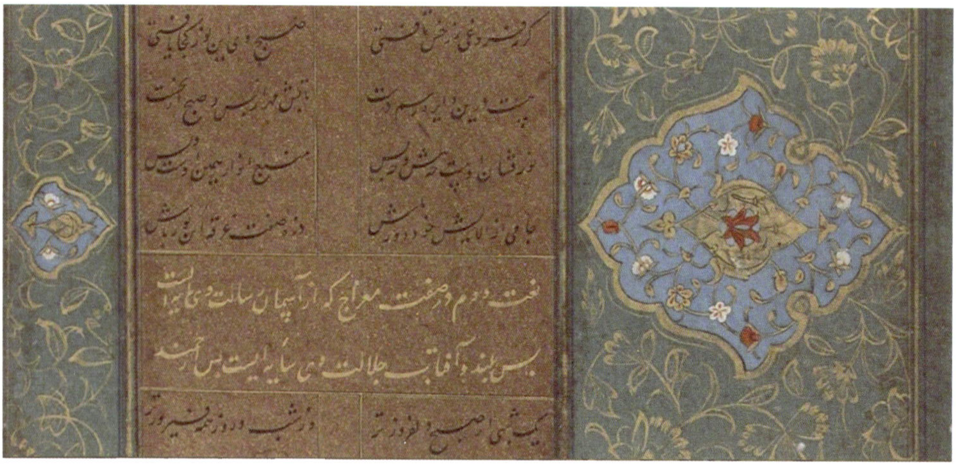

图3–3　图3–2的局部

大不里士的米尔·阿里的另一名学生是谢赫扎德·普拉尼（Şeyh-zāde-ʾi Pūrānī），谢赫·艾卜·赛义德·普拉尼（Şeyh Ebū Saʿīd Pūrānī）的后代，他从两位前辈那里继承了高贵的身份血统。作为一个修容精致的年轻人，他完美无瑕的书法就已达到那些领头的书法家和大师也难以达到的极高水准。他的诗文风格有一种天然的细腻灵巧，从中能感受到他微蹙的眉头所表现的成熟与成就。如今他的作品中仅有少部分诗歌得以完整保存下来，以下就是其一。

天下无人如我忧你之忧，

无人如此困窘悲愁。

我也希望诉出哀苦，

只是无人，唉，感同身受。

大不里士的米尔·阿里的另一名学生是毛拉纳·哈菲兹·福塔（Monlā Ḥāfıẓ Futa），他也是当时出众的书法家，是大多数书法家的荣耀。与此同时，他自己培养的学生中也有著名的书法家，其中名气最盛的是毛拉纳·米尔·侯赛因·侯赛尼（Monlā Mīr Ḥüseyin-i Ḥüseynī），其书法造诣甚至可与米尔·阿里比肩。他的字迹中透着清新的感觉，妙笔生花，像是芦苇笔上长出的春苗，和米尔·阿里的书法有相同的水准。米尔·侯赛因·侯赛尼的另外一名学生是布哈拉的穆罕默德·纳赛尔（Muḥammed Nāṣır Buhārī），他是当时公认的布哈拉最负盛名的书法家，年轻面庞上美丽的紫罗兰色的胡须就像他笔下的字迹一样优美，都是他内在美好品质的表现。

这组书法家中的先锋是马什哈德的苏丹阿里，他是苏丹侯赛因·贝卡拉在位时期书法家的光荣模范。众所周知，他被人称为“书法家的正向”，根据马什哈德当地人的传述，在过去的书法家中他是享有真主恩赐天赋的苏丹。他的优秀书法要归功于他的老师毛拉纳·爱资哈尔的培育。苏丹阿里的书法墨色温润，像黑暗之中封藏的永生之泉，人们称赞他的笔是为天园中枣椰树所荫蔽赐福的。他的确是书法大师中的苏丹，也见证了书法家们的成就。从他的艺术创作中可以看出他是世界范围内书法家们的领袖，在艺术之路上，他成为几代优秀书法家们的楷模。据说有一次苏丹侯赛因·贝卡拉要求他完成一项光荣的使命，于是对他说“请为我设计一座让人铭记的墓碑”，苏丹阿里回复道：“尽管有命令就要相应地去执行，但是完成这样的任务需要足够的时间才可以。”仁慈的君王开玩笑说：“我也不会激动到那么快就过世，所以不会催你赶工的。”于是，苏丹阿里设计了有着高低起伏的浮雕，隐隐约约的纹饰的墓碑，上面装饰着精致的工艺花纹和无与伦比的书法写就的“开端章”，让人望之目眩的同时也不禁心生敬畏，仿佛去世的是他们自己。根据商人和朝觐者的传述，墓碑铭文那精妙的艺术水准也无疑出自毛拉纳·苏丹阿里的笔法。

苏丹阿里的老师，大宰相米尔·阿里·希尔·纳瓦依是热爱学习者之中的雄狮领袖，高雅诗人们的保护者，在他所著的《群英荟萃》一书中记载了苏丹阿里不仅书法出众，也具有优秀品德，为人善良，平易近人，与大众关系和谐。米尔·阿里·希尔·纳瓦依尤其强调了苏丹阿里的博学多识以及超越常人的作诗才华。苏丹阿里最终活了63岁，以下节选的优美诗句让人不禁感叹他宝刀不老，即使衰老或者颤抖也不会掩盖天才下笔的优雅。

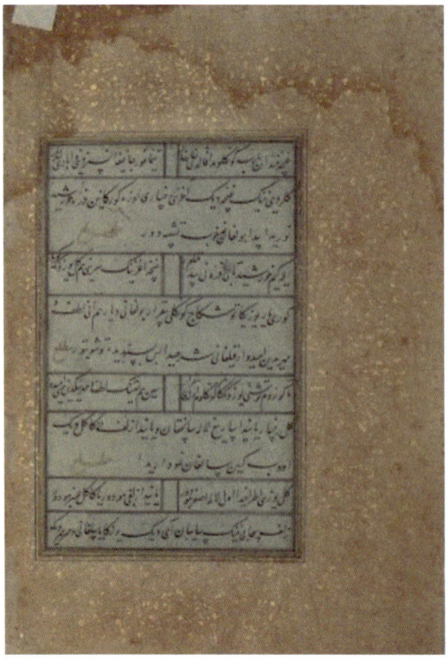

图3-4 阿里·希尔·纳瓦依创作的手稿 14.9 cm × 10.2 cm
阿里·希尔·纳瓦依 16世纪早期
大都会博物馆（美国）

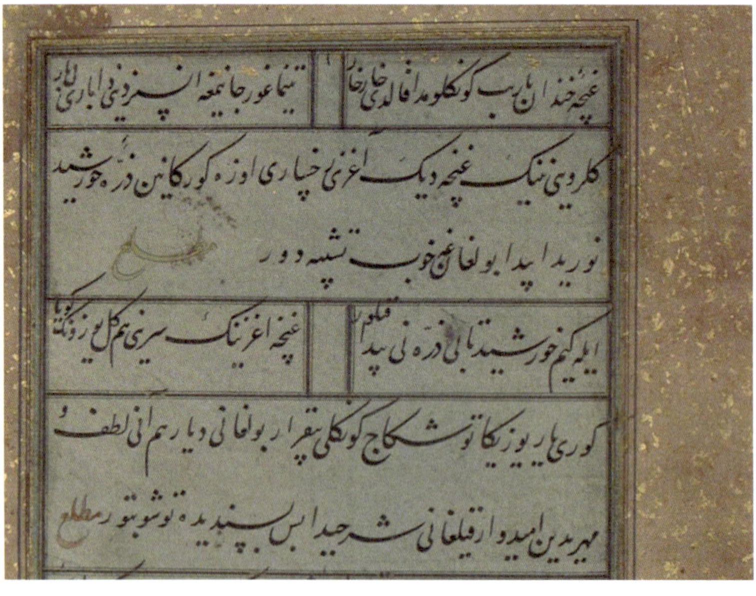

图3-5 图3-4的局部

我已过花甲之年，

但金笔青春如前，

大小楷皆能写就。

——主之仆，苏丹阿里

据说毛拉纳・阿卜杜勒・拉赫曼・贾米非常欣赏苏丹阿里的书法，非常渴望能够拥有一本自己创作并由苏丹阿里优美书法写就的优雅诗集。但据纳瓦依的记载，他把这份仁慈善行留给了名为阿卜杜勒・萨玛德（ʿAbduʾṣ-Ṣamed）的书法家，他按照要求抄录了一本无与伦比的贾米诗集。但不幸的是，书中有多数书写者不可避免的一些笔误瑕疵。当贾米看出这优美的字里行间抄录者细微如尘的修正痕迹时，他脆弱的心灵被深深伤害了，以下诗句就是他因此而作的。

书法家中优秀者也不能幸免，
用优美字迹把我的诗文装点。
但笔下偶有纰漏，
时而把字母增减。
我亲手修改，
按本心意愿。
无论他对我的诗做了什么，
我都不会迁就不管。

——毛拉纳・阿卜杜勒・拉赫曼・贾米

马什哈德的苏丹阿里还有一名学生，名为毛拉纳・穆罕默德・伊布里希米（Mevlānā Muḥammed İbrīşimī），他手中的芦苇笔在天赋和完善的园地中成长，让他获得了“大师”的称号。他的纸页好像先知登霄时骑乘的神兽布拉克（Burāq）一样光辉照人，他的黑墨就像他的容颜一般温润，亦如他温柔高贵的手娴熟掌握书法奥义。他书写的尺牍作品在公众之中备受欢迎，长者和年轻一代都甚是欣赏。

另外一名学生是苏丹穆罕默德・汗丹（Muḥammed Handān），他写得一手漂亮书法，手指就像长在书法园地中一般。他的笔墨在书法的花园中像是春日绽放的番红花，又似怒放的红玫瑰，为天才之地的墨水瓶添上一抹朱砂色；而他笔下的黑墨正如那花园中日夜流淌的甘泉。

还有一名学生是苏丹穆罕默德·努尔（Muḥammed Nūr），他的书法纸正如他的名字散发纯净之光，他的优雅笔迹也印证了那句“光上加光”[①]。除此之外，他塑造的每一个字母“h（ه）”都像是照耀知识天堂的太阳；他书写的每一联诗句都像用光合成的一座天房。尽管他的墨汁漆黑如夜，亦如他的才能在耕种初期尚未破土的蛰伏，他笔下的每根线条都像是启迪人书写的光辉。

另一名学生是阿拉丁·穆罕默德·拉扎伊（ʿAlāʾd-dīn Muḥammed Rezeʾi），他如奇迹般灵动的手指是走进书法之门的钥匙。他的书法笔像顶梁柱，支撑起他所书写的优美章节，也成为了优秀书法的衡量标准。除此之外，他指南针一般精准的手指塑造的每一个字母“h（هـ）”都成为知识大门的金色门环，每一个字母“k（ك）”都像大卫的艺术。

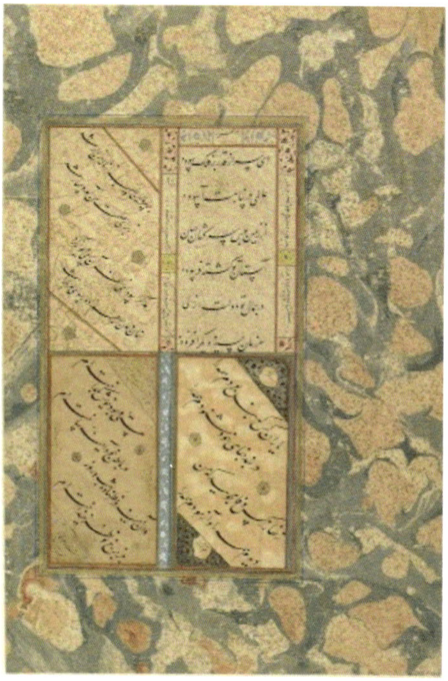

图3-6　书法创作
苏丹穆罕默德·努尔、苏丹马哈茂德、马什哈德的苏丹阿里、沙赫·穆罕默德（伊朗）
16世纪　赛克勒美术馆（美国）

① 古兰经［M］. 马坚，译. 北京：中国社会科学出版社，1981：178.

图3–7　图3–6的局部

马什哈德的苏丹阿里还有一名学生是尼沙泊尔的毛拉纳·阿布迪（Mevlānā ʿAbdī-ʾi Nīşābūrī），是后文将提及的尼沙泊尔的书法大师沙赫·马哈茂德·尼加德（Şāh Maḥmūd Nijādı Nīşābūrī）的舅舅。他也许还在尼沙泊尔教授书法，可以确定的是他从苏丹阿里那里受到良好的教育。总之，毛拉纳·阿布迪是一位著名的书法家，得益于在马什哈德的训练，他优美的字迹受到推崇。他是一位执笔的大师，笔下的字迹美丽且有风格。

还有一名苏丹阿里的学生是尼沙泊尔的沙赫·马哈茂德·尼加德，他是沙赫·伊斯玛仪·本·谢赫·哈伊代尔（Şāh İsmāʿīl bin Şeyh Ḥaydar）在位期间的杰出书法家。他的书法有一种光辉奢华且令人赞赏的风格。因为苏丹塞利姆一世（Selīm Hān）打败沙赫·伊斯玛仪的查尔迪兰战役，所以有了以下的双关语诗句。

命运早已在上天的工坊写就，
在哈塔伊纹饰中画着伊斯里米藤蔓。

据说因为战争，沙赫·伊斯玛仪最先做的是把令人尊敬的书法家沙赫·马哈茂德·尼加德和技艺无双的人像画师凯末尔丁·白扎德（Üstād Bihzād）大师藏进山洞避难。“谁知道飞黄腾达和被杀身亡哪个先降临，波斯地区已经陷入战乱之灾，也许会成为有如神助的罗姆地区苏丹塞利姆汗的猎物。”他说完就离开山洞，奔赴战场。后来当沙赫·伊斯玛仪战败归来时，他做的第一件事就是查看安顿两位艺术家的地方，看到他俩安然无恙，他从内心深处感恩全能的真主。由此我们就能明白沙赫·马哈茂德是多么受宠，以至一代君王把保护他视作比保卫领土和财富更为重要的事。这桩轶事对理智之人和王子贵族来说非常关键，稍作类推他们就能看出保护有知识之人的重要性。

图3-8　埃米尔胡斯罗的五首诗对开本
凯末尔丁·白扎德（阿富汗赫拉特）
1496年　赛克勒美术馆（美国）

图3-9　图3-8的局部

还有一名学生是穆罕默德·卡希姆·沙迪沙（Muḥammed Qāsım Şādīşāh）。据说他是福星高照的书法家，有着快活的天性。在求知的道路上，他用优雅的书法踏实地前进。据说在既定的命运篇章里，凡人和圣贤哲人均被赋予了各自独特的知识与智慧配额，而卡希姆的命运则是与书法结缘，“他们是尊贵的，是记录的”[①]，卡希姆的职业生涯在书写板上写就，注定贡献杰出的书法作品。

另外一名学生是喀山的米尔·西巴图拉（Mīr Hibetuʾllāh Kāşānī）。他的书法笔有着如阿里的双叉剑般的奇迹力量，笔尖字迹的细腻又好似英俊青年光洁面颊上的美髯一样高贵。他笔下纸页的光彩像喀山的琉璃瓷砖装点着他书写的大厦，他描绘的线条就是这些瓷砖上盛开的花田。

还有一名学生是呼罗珊（Horasān）的毛拉纳·鲁斯塔姆·阿里（Monlā Rüstem ʿAlī）。他显赫的名字是对他在艺术方面无人匹敌的双重见证。他墨瓶中带钩的书法笔好像让他成为了第二个大英雄鲁斯塔姆，他笔尖分叉的芦苇笔让他宛如手握阿里的双叉剑，使他成为书法家之王。

另外一名学生是毛拉纳·基亚斯丁·穆扎希布（Monlā Gıyāseʾd-dīn Müzehhib）。据说他来自波斯地区，书法规整优美，是一位有着高贵天赋又娴熟掌握书法艺术的书法家。

还有梅尔夫（Mervistān）的毛拉纳·穆罕默德·梅夫斯塔尼（Monlā Muḥammed Mervistānī），他是一位书法受到公众认可，尺牍作品让众人渴求的优秀书法家。

另外，毛拉纳·马克苏德·阿里（Monlā Maqṣūd ʿAlī）尽管有着突厥血统，但他的书法质量很出众。

还有毛拉纳·贾莱勒丁·马哈茂德（Monlā Celāleʾd-dīn Maḥmūd），就像罗姆地区的书法家中有贾莱勒和贾玛勒，波斯地区书写悬体的书法家把贾莱勒丁也视作同等重要的人物。

另外一位是毛拉纳·宰因丁·马哈茂德（Mevlānā Zeyneʾd-dīn Maḥmūd），人如其

---

① 古兰经［M］. 马坚，译. 北京：中国社会科学出版社，1981：310.

名，他也是书法艺术原则的装点者，在手执芦苇笔的人中非常出众。他是高产的书法家，也因其出色的教学和为人而身负盛名。因为他聪慧的头脑和精准的手法，他的书法艺术风格声名远播。

还有一位屹立于芦苇笔之林的书法家是毛拉纳·皮尔·阿里·贾米（Monlā Pīr ʿAlī-ʾi Cāmī），也是马什哈德的毛拉纳·苏丹阿里的学生。他在诗行之间的巧妙处理以及描绘的每个字母都有让人感到甘美的清新面貌。前文提到的毛拉纳·阿卜杜勒·拉赫曼·贾米是美德之地的领袖，这位阿里·贾米则是书写方面的领袖。据记载，毛拉纳·米尔·阿里曾经称赞过这位书法家，说道："当我注视他书写的独立形式的字母'ʿAyn（ع）'时，流下了艳羡的泪水，他笔下优雅的书写让我的星辰为之黯然。"可见米尔·阿里是阿里·贾米的书法进入高级境界的见证人，阿里·贾米的确有着完美无瑕的书法。

苏丹阿里还有一名学生是米尔·谢赫·努尔丁·普拉尼（Mīr Şeyh Nūreʾd-dīn Pūrānī），马什哈德的毛拉纳·阿里高贵的儿子。他是伊朗（mālik-i İrān）和图兰地区（Tūrān）书写者的领袖，不仅因为他写得一手令人赞叹的书法，也因他是科学方面的大师。

另一名学生是马什哈德的毛拉纳·阿卜杜勒·瓦希德（Mevlānā ʿAbdüʾl-Vāḥid Meşhedī）。他曾到访奥斯曼帝国的首都君士坦丁堡（Qusṭanṭıniyye），并深受朝廷之中苏丹苏莱曼的赞赏和重视，在这位万王之王的治下晋升到高贵的地位，于是便留在了罗姆地区。他笔下的字迹向苏丹苏莱曼统治期间的书法家们展示了他的马什哈德出身以及从马什哈德的米尔·阿里处所承袭的传统。

此外，马什哈德的萨比兹·阿里（Sebz ʿAlī-ʾi Meşhedī）也是马什哈德的阿里的学生中如众星中的木星一样卓越超群的书法家。

最后提及的这两名学生都曾经直接跟随马什哈德的苏丹阿里本人学习。还有一些学生曾经间接受教于他，其中包括米尔·胡比·侯赛因（Mīr Hūbī-i Ḥüseynī），他也在苏丹苏莱曼在位后期来到帝国首都君士坦丁堡，并受聘为皇室抄录《列王纪》

（*Şahnāme*），君王的仁慈赏赐让他十分满足。据传米尔・胡比虽然未曾与马什哈德的米尔・阿里见面，但在他的陵墓得到了一支由他修剪过的芦苇笔，并且用其日夜练习，算是受到米尔・阿里精神上的指引。

另外一名间接学艺的学生是毛拉纳・阿里・里达（Monlā ʿAlī Rıżā），世界书法家中的佼佼者。他的笔下的每一个词句都让人无从批判，优美的书法线条令人赏心悦目。

还有米尔扎・马哈茂德・卡提布（Mīrzā Maḥmūd Kātib），上述的毛拉纳・阿里・里达的学生，他在《艺术家的史诗事迹》创作期间于布哈拉逝世。有可靠的资料表明在他成果丰硕的那些年，马哈茂德・卡提布的书法因其清新、优雅、细腻的风格而近乎完美。

毛拉纳・穆罕默德・汗丹（Mevlānā Muḥammed Handān）的学生们在郁金香般青春面颊上有着清新的轮廓光彩，玫瑰般的双唇，紫罗兰色的须发，这些得意门生让他的学校成为天才的花园。他在这个书法园地中悉心教授合乎正道、准确无误的书写笔法，让花园成为天园。他桃李遍天下，他的学生们也大都成为书法教师，培养了很多大师级的学生。

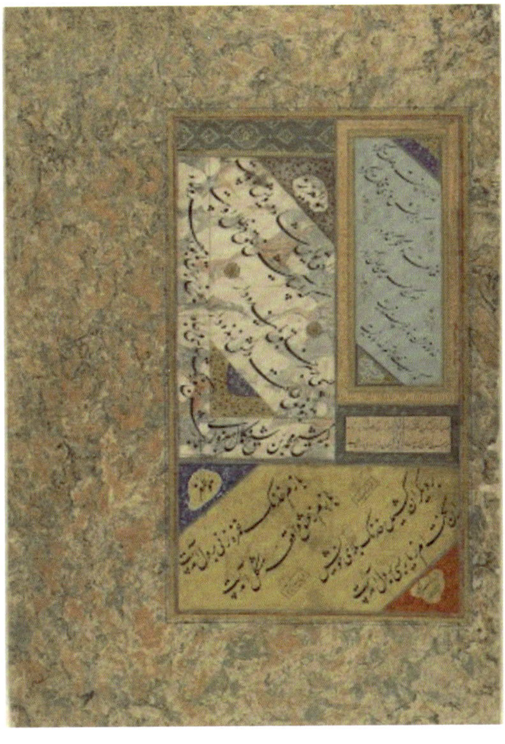

图3-10　书法拼贴页

艾哈迈德・侯赛尼、沙赫・马哈茂德、谢赫・穆罕默德・本・谢赫・凯末尔

16世纪　赛克勒美术馆（美国）

这群书法家之中，在《艺术家的史诗事迹》创作期间仍在世的有设拉子的毛拉纳・亚力（Mevlānā Yārī-ʾi Şīrāzī），他以承袭了他老师的才华而著称。现如今他沿着前辈的足迹发展，其书法也成为书法家之中的楷模。他是毛拉纳・穆罕默德・汗丹的学生之中的荣光，有美好品德，又擅诗文。

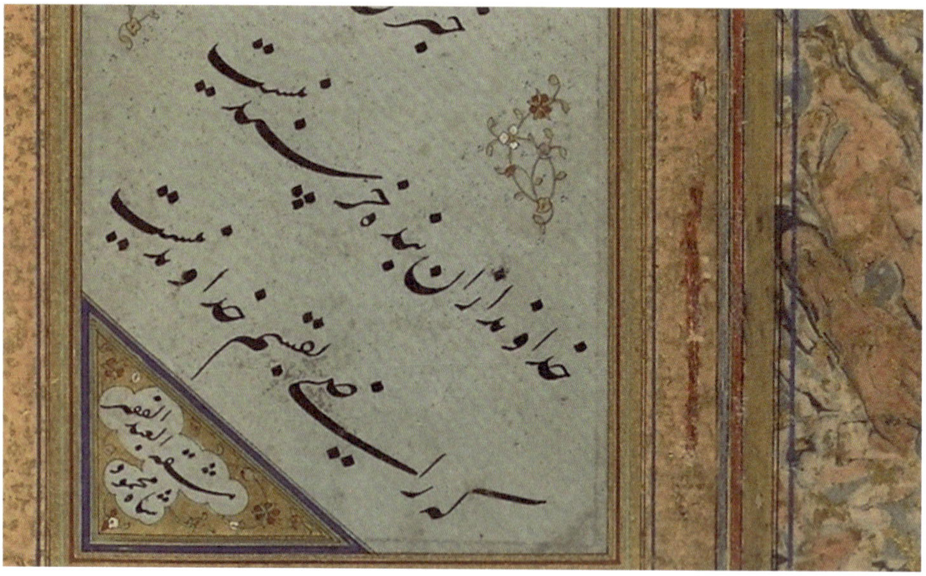

图3–11　图3–10的局部

另外一名是尼沙泊尔的毛拉纳·沙赫·马哈茂德·尼加德，他也是一位技艺高超的大师。很奇妙的是，他以米尔·阿里的风格书写，并幸运地得到当时的沙赫·伊斯玛仪的青睐。他也因为被任命抄写《列王纪》而出名。他是一位杰出的书法家，出众的才华在他教授的学生身上也有所体现。

其中一位是尼沙泊尔的毛拉纳·塞利姆（Mevlānā Selīm Nīşābūrī），在伊历990年（1582—1583）与世长辞，并且自信地在他的额头，也是他未知的书写板上写下了“除他的本体外，万物都要毁灭”[1]。亚兹德的毛拉纳·古特比丁提到他完美无瑕的品质，包括书写彩色字体的技能，书写的技法和书法的优美，并且以如下言论而出名，“优秀的笔迹是降临于他高贵人格的迹象，彩色书法是展示塞利姆健全品质的无尽宝藏”“唯带着一颗纯洁的心来见真主者，（得其裨益）”。[2]

另外一名沙赫·马哈茂德·尼加德的学生是大不里士的毛拉纳·哈吉·穆罕默德（Mevlānā Ḥācı Muḥammed Tebrīzī）。他在如今已端坐天园的苏丹苏莱曼在位时期受到

① 古兰经［M］. 马坚，译. 北京：中国社会科学出版社，1981：200.
② 同①186.

赏识，来到罗姆地区并定居在布尔萨，每日的薪酬有足足40枚银币。他心境清明的书法和水星般的文字在人们之中广为流传。沙赫·马哈茂德的学生还有很多，在此除了上述几位著名的书法家就不做赘述了。

相似地，穆罕默德·卡希姆·沙迪沙的两名学生，他们都人如其名，分别是有识之人的酒杯、沉迷醉酒的毛拉纳·阿依什（Mevlānā ʿAyşī）和用优美的书法启迪鼓舞人心的毛拉纳·穆赫依（Mevlānā Muḥyī）。在书法的均衡和精心程度上阿依什的字迹甚至比他的老师更受欢迎。穆赫依的书法透着清新之气，也比他老师的书法更让人赏心悦目。如今在呼罗珊地区，没有书法家能超过穆赫依，许多人都曾见证他的高超技艺。

穆罕默德·卡希姆大师的另外一名受到广泛认可的学生是土尔巴特的苏丹马哈茂德（Maḥmūd Türbetī），他的水平接近后文将详述的毛拉纳·杜里（Monlā Dūrī）。在创作这部专著期间，笔者听闻他言谈举止真诚，但是书法技艺与毛拉纳·穆赫依无法相比。穆赫依的确是位绝对完美无瑕的书法家。从孕育书法笔的芦苇初生之时开始，墨汁流淌如泉，纸页上的书写因优美的字母和紫罗兰的装饰变得容光焕发，奇迹一般的穆赫依，人如其名，是书法家中的支撑者，他的书法像是维系生命的甘美泉水。他印证了“你怎样使已死的大地复活”[①]。他坚定地行进在书法艺术的道路上，尽管年迈依旧紧握书法笔，专注追求书法的完美。他不停地用芦苇笔写下象征墨水瓶的字母“n（ن）”，并且强调书法的要旨在于“字母‘alif（أ）’要和‘nūn（ن）’在一起”，正是验证了“努奈。以笔和他们所写的盟誓”[②]，还有著名的说法：凭借不识字的先知的荣光，若是没有他，笔和书写也不会被创造。

另外一名学生是巴哈热兹（Bāharz）的毛拉纳·穆罕默德·侯赛因（Monlā Muḥammed Ḥüseyin Bāharzī），是书法家中的勇者，也是在天赋的道路上探索的旅人。有些人说穆罕默德·侯赛因和土尔巴特的苏丹马哈茂德都是沙赫·马哈茂德的学生，

---

① 古兰经［M］. 马坚，译. 北京：中国社会科学出版社，1981：206-207.
② 同①293.

还有人说他们曾受教于穆罕默德·汗丹。实际上，据说穆罕默德·侯赛因是研习了沙赫·马哈茂德和沙迪沙之子，卡希姆大师的书法样稿。土尔巴特的苏丹马哈茂德则是沙赫·马哈茂德一人热情教授的学生。

前文提到的以尽心竭力的创作风格在书法家之中闻名的书法家，喀山的米尔·西巴图拉也培养了优秀而著名的学生。这些人中最有名望和天赋的是阿米尔·穆伊兹丁·穆罕默德（Emīr Muʿizzeʾd-dīn Muḥammed），是同时代书法家中的佼佼者。他曾跟随米尔·西巴图拉本人学习书法，这样一来，也算得上间接承袭了马什哈德的苏丹阿里的精神教导和书风余韵。后文将提及的德莱木的毛拉纳·马利克（Mevlānā Mālik Deylemī）认为，阿米尔·穆伊兹丁是同时代书法家中的佼佼者。他提到在伊拉克没有书法家能与他相比，而且他培养的书法方面的好苗子就像他书写所用的芦苇笔一样众多。大约在伊历990年之前一两年，他奉主命“你应当喜悦地，被喜悦地归于你的主”[①]归真了。他被冠以“先生”的尊号，“他们是尊贵的，是记录的，他们知道你们的一切行为”[②]，他成为了天园的居民。据说他的书法赏心悦目，受到极高的赞赏，他的尺牍作品在清新之中有着珍宝般的精致，他是一位虔敬可嘉的王子，是在信仰和书法方面都有荣光的同代书法家之模范。

呼罗珊的毛拉纳·鲁斯塔姆·阿里也有技艺高超的学生，其中一位是他文采斐然的儿子穆希布·阿里（Muḥibb ʿAlī）。从单幅作品中很容易看出他书法的力道，但当他书写大篇幅的诗行时，若是细看能感觉到字里行间有些混乱。尽管身为书法大师之子，他的书法水平劣于许多书法家，但是他写的还是比少数书法家要强。

在马什哈德的苏丹阿里的学生中，还有一位让芦苇笔在知识与技艺的园地繁荣生长的书法大师毛拉纳·宰因丁·马哈茂德（Monlā Zeyneʾd-dīn Maḥmūd）。他是在世界范围内出众的书法家。更重要的是，他是书法家中的苏丹，赫拉特的毛拉纳·米尔·阿里

---

① 古兰经［M］. 马坚，译. 北京：中国社会科学出版社，1981：315.
② 同①310.

的老师，米尔·阿里曾被人称赞“以一当千”。在《高贵杰作》中有记载，有天赋的米尔·阿里，这位世界书法家之王的确出生在赫拉特，而长于马什哈德这片福地，他有高贵的品级和天使般的虔敬。除此之外，书中还提到他曾于伊历945年（1538—1539）跟随马什哈德的苏丹阿里学习。由于呼罗珊地区的崛起与改革，他移居中亚河中地区，在那里他的视力因年龄衰老而受损。但是苏丹阿里还是在公正的苏丹侯赛因·贝卡拉统治期间声名显赫。米尔·阿里于伊历957年（1550—1551）撒手人寰前往永生乐土，大约也就是《高贵杰作》一书的创作期间。据一些人传述，纪年铭文上记录的“米尔·阿里逝世”是在伊历951年（1544—1545）年末。这样的话，可以推断毛拉纳·米尔·阿里一定曾跟随马什哈德的苏丹阿里本人学习书法。与《圣训》中“一般我的人民能活六十到七十岁”相对应来看，他的确是长寿有福之人。然而根据《极点使命》一书的记载，米尔·阿里曾跟随毛拉纳·苏丹阿里的学生毛拉纳·宰因丁·马哈茂德本人学习，只是与马什哈德的苏丹阿里有间接的师徒关系，这似乎更为准确而难以反驳。但无论事实如何，在书法方面，米尔·阿里的确可以算是领袖和执笔的大师，就像他的名字阿里和他

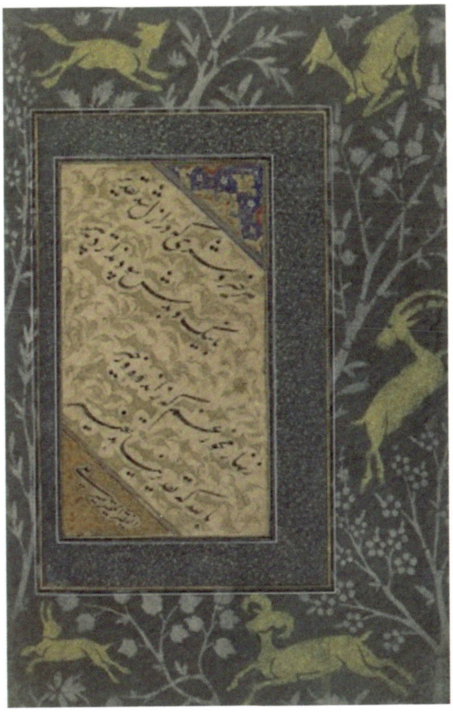

图3–12　书法创作
米尔·阿里（伊朗）　16世纪
赛克勒美术馆（美国）

图3–13　图3–12的局部

那分叉的芦苇笔传说，他可以说是继承了双叉剑的持有者伊玛目阿里一样在书法方面的王者之位。他的芦苇笔是长在知识园地的挺拔圆柏，他书信诗文中的墨水是流淌在修辞与韵律井中的奇妙甘泉，若用它们书写三一体，就呈现出雅古特的字迹般的美丽书法；若是书写芳典体，每一行文字都像郁金香花瓣上满溢的紫色一样曼舞浮动。

总之，赫拉特的米尔·阿里是手握金笔的书法家中的苏丹，是有着奇迹般书法之人的领袖。若是伊本·穆格莱听到他书法中墨汁如明澈的眼中漆黑的瞳仁，字迹如泪水流淌的话，他的眼中也会泛起酸楚的泪，直至双眼红似朱砂。尽管如此，他还是会倾尽珠玉珍宝给米尔·阿里。

芦苇笔雕琢的书法宛如一行行佩剑，

他确是精通挥剑运笔。

和他相比，伊本·拜沃卜不过是门卫，

手中的笔也只能算棒槌。

他的创作有月色般美好，就像雅古特，

一位书写印度风格的阿比西尼亚奴仆。

若是阿尔衮看到这神奇书法，

定会怒气冲冲无法美人之美。

——笔者

散 文

总之，米尔·阿里是有才华的书法家中的领袖，但在他所处的时代，也不乏针对他的书法的批判者和竞争者。其中一位就是前文提到的穆罕默德·卡希姆·沙迪沙，马什哈德的苏丹阿里的学生之一。他还创作了如下诗句来讽刺米尔·阿里因年迈而听力减退，头脑思想也随之衰弱。

声称作品与高雅为伍，

虚荣则早已盗走慧根。

他的书法成无本之木，

往昔他人训诫皆不闻。

——穆罕默德·卡希姆·沙迪沙

米尔·阿里知道之后还屈尊回应，在尺牍中创作了如下诗句：

沙迪沙那儿子惹人厌烦，

像父亲一样失了恩宠体面。

他不知变通的书法让人无法喜欢，

但愿有人向他转达或者让他转行别干。

——米尔·阿里

简而言之，米尔·阿里是荣誉加身的书法之王，超越所有的书法大师，也是真主忠仆中有品级者。几乎所有书法家都熟知优美书法的纷繁复杂，相比于马什哈德的苏丹阿里，也都更青睐米尔·阿里的书法和技艺，尤其是尺牍作品。他们明确地表达了这种偏好，说道："他书写时沉稳有力的劲道和清新的书法风格超过了苏丹阿里。"然而，很多如雅古特一样著名的书法家和鉴赏行家都强调，马什哈德的苏丹阿里才有超越米尔·阿里的更好的品级和更值得尊敬的地位，就像礼拜的正向，他才是书法家的方向，而其他人则是低估了他书法中稳固坚实的明晰和优美精致的细节。他们说"米尔·阿里实际上不过是苏丹阿里学生的学徒"，从而坚称苏丹阿里更为优秀。而在笔者所在的时代，那些有钱而又慷慨的人挥霍财富，如克罗索斯，用大把金银和奴仆换取各式各样的书法作品，他们当时用5000到6000枚银币换得米尔·阿里的一幅尺牍作品，而只愿为马什哈德的苏丹阿里写就的有两行诗的尺牍作品支付400到500枚银币。不知道问题是单纯出自那些收藏者偏好米尔·阿里的作品，还是因为他的尺牍作品真的更优秀。笔者窃以为，米尔·阿里和马什哈德的苏丹阿里都在他们各自的道路上前进并且成为大师级别的杰出书法家。

建　议

斥责！百般的斥责送给那些外行又有钱的傻瓜，也送给富裕者中狂热追求收藏书法和尺牍作品的人！他们大多是放荡的执笔之人，即印证了格言"所有书写者都是无知的"懒惰的书写者，这些天性病态无知的人一般被委派到宝库当职员或是收税官员。尽管这些人中也一定会有受过教育或是有天分的人，但大多数还是愚蠢笨拙之人。毫无疑问，如果这些懒惰职员用重金买来单页尺牍并装订成册页的花费是来自腐败的贿赂，就像他们的暴富也是通过收受贿赂，这就成了一代代苏丹们国库的支出经费，而他们也印证了那句："愿真主诅咒那些行贿受贿之人！"如果他们所花费的是努力挣来的血汗钱或者正道继承的财富，则体现了尊贵《古兰经》中所说的"真主的确不喜爱过分的人”[1]。实际上，他们缺乏欣赏书法的品位，在他们的收藏中那些写得不佳的尺牍作品比占卜者书写的那些老幼皆识、有才学之人亦能懂得的符语还多。

轶 事

在书法家中有一些人是因堕落腐化而臭名昭著的，凭着某某之子的身份就不学无术，所受教育也不足以看管图书或从事书写，他们就像空空如也的纸页，黑色的墨也是用于算术，像宫中匠人一样胸无点墨。他们的文凭只是草草挥就的文书，主要还是依靠他们父辈的名望得来。他们从书中得来的收益也因为疯狂购买书法作品而日渐缩水。有些新晋的绘画热爱者把在漆黑夜里画下的速写卖给这些人，告诉他们这是大师摩尼（Mānī）创作的铅笔画。除了从不知名的书写者中购买冒签米尔·阿里之名的书法作品，这些无知的人见到什么都买，还花重金将这些尺牍装订成册，每年挥霍高达数千第纳尔。相应地，一些画家和贩子也把手头的作品无论好坏都卖给这些愚蠢之人，他们为买这些掏空了腰包，一本册页就要花费40到50枚弗罗林。还有一些心怀不轨者，染指书籍修订、描金、烫金这些专业领域，把质量上乘的尺牍作品毁成了赝品一样不规则的诗行。更有甚者，有心术不正之人制造一些诗歌碎片组成的书籍，他们在每一页角上用页边注的形式写上并不通顺的诗句，把册页中的每幅尺牍都分成了四个部分，隔开原本相连的半行诗又武断地修补在一起。这样一来，这些心中没有信义道德的人消耗了大量书籍修订者的精力来粘贴修补作品。很少有人能够做到在制作拼贴册页时不破坏诗联的形式或内涵，或者不把完整的诗歌撕成几部分，他们的所作所为就像有些人做的补丁披肩一样。

愿他的诗歌大厦变成断壁残垣，
是他使得真主的天房零落四散。

① 古兰经［M］. 马坚，译. 北京：中国社会科学出版社，1981：71.

风卷残云之后的美味甜点，

残羹剩渣被他拼成什锦饭。

在赫拉特的毛拉纳·米尔·阿里的学生之中，有些人直接跟随他本人学习，而另外一些则是间接地临写米尔·阿里的笔迹自学。

第一位就是他真正的后代，他天资不凡的儿子米尔·穆罕默德·巴奇尔（Mīr Muḥammed Bāqır），他的书法水平鲜有人能及。他的书法作品体现出一句格言，“虎父无犬子”。

第二位是霍加·马哈茂德·伊斯哈格·希哈比（Hāce Maḥmūd İsḥāq Şihābī），书法天堂中的太阳，文字世界中回转的月亮。他的每一行文采飞扬的诗句都像是夜空中的大熊星座，他笔下每一个润墨写就的点都具有“盖德尔”夜夜空闪烁的繁星一样的力量。

第三位是马什哈德的米尔·赛伊德·艾哈迈德（Mīr Seyyid Aḥmed Meşhedī），书法家的无尽宝藏，杰出书法家的王子首领，也是过去作家们所依靠的抄录者。

第四位是布哈拉的米尔·侯赛因·库伦吉（Mīr Ḥüseyin Külüngī-i Buhārī），他手中的书法笔像是长枪，在书法领域他像是全副武装的将军，他也是描绘战争场景的天才画师中勇猛的雄狮。

第五位是布哈尔兹（Bāharz）的毛拉纳·阿卜杜勒·哈利格（Mevlānā ʿAbdüʾl-Hālıq Bāharzī），世界范围内值得称赞的书法家。第六位是布哈拉的米尔·哈伊代尔·侯赛尼（Mīr Ḥaydār el-Ḥüseynī Buhārī），被人冠以“大不里兹”的头衔，是闻名东方和西方的芦苇笔执笔者。第七位是德莱木的毛拉纳·马利克，当代最著名的书法大师，也是最受尊敬的作家，有着优美字迹的执笔先知优素福（Yūsuf）般的人物，也是最有荣光的有才华之人。第八位是毛拉纳·穆因丁·穆罕默德·谢里非（Mevlānā Muʿīneʾd-dīn Muḥammed Şerīfī），一位值得赞颂的优秀书法家。第九位是布哈拉的米尔·穆罕默德·马苏姆·侯赛尼（Mīr Muḥammed Maʿṣūm Ḥüseynī Buhārī），他是米尔·阿里的学生中的荣耀。他优美的书法受到贵族要人和平民群众以及著名书法家一致的称赞。他大约于伊历970年（1562—1563）在国王开设的学校附近的居所痛苦离世。

第十位是撒马尔罕的米尔·穆罕默德（Mīr Muḥammed Semerqandī），他在米尔·阿里的学生之中也很出名，是一位传奇般的书法大师，也是创作尺牍作品的杰出作家。他曾与毛拉纳·米尔·穆罕默德·马苏姆一同创作。但是在天才的竞技场上，米尔·马苏姆凭芦苇笔获得了奖旗，将米尔·穆罕默德甩在了后面。

第十一位是布哈拉的毛拉纳·哈吉·米拉克（Monlā Ḥācı Mīrek Buhārī），是他所在的时代的杰出书法家，也是布哈拉的作家之中的荣耀。他以“穆罕默德·艾敏（Muḥammed Emīn）”的称号出名，手中的芦苇笔写下了修辞优美的文字。

第十二位是米尔·杜里，书法大师之王，他笔下的一联联诗句垒砌成了文人墨客世界中的大厦。他成长于赫拉特，有着皇室血统，被尊称为赫拉特的苏丹巴耶济德。据说他于伊历986年（1578—1579）溺水而亡，至慈的主用水吞噬了他的灵魂，至恕的主用深邃大海将他如珍珠般呵护。此外，他的笔名“杜里”，原义为“超然”，也印证了他的诗意天性与他作为米尔·阿里的爱徒受人尊敬的文采典范。据说这位大师曾在他创作的尺牍作品上落款“毛拉纳·苏丹巴耶济德即杜里书”。

第十三位是克什米尔（Keşmīr）的毛拉纳·穆罕默德·侯赛因（Mevlānā Muḥammed Ḥüseyin Keşmīrī），他比米尔·阿里的许多学生都更加出名，也位列杰出书法家榜单之首。他在书法家中庄严如同政治家，也因优秀的字迹而深受尊崇。

第十四位是布哈拉的苏丹马哈茂德（Sulṭān Maḥmūd Buhārī）。他诗文书法俱佳，是位有才华的书法家，他的装帧插画艺术比书法更加优秀。

第十五位是霍加·马哈茂德·斯亚乌沙尼（Hāce Maḥmūd Siyavuşānī）。他优美的书法证明了他的确曾跟随米尔·阿里学习。

第十六位是毛拉纳·哈姆杜拉·哈勒哈利（Mevlānā Ḥamduʾllāh Halhālī），他是位披着长长饰带的受人敬仰的书法家。第十七位是毛拉纳·卡希姆·阿里（Monlā Qāsım ʿAlī），他大小楷都能驾驭。第十八位是毛拉纳·皮尔·穆罕默德（Mevlānā Pīr Muḥammed），最为成熟也最为幸运的书法家。第十九位是毛拉纳·伊斯玛仪（Mevlānā İsmāʿīl），一位极具天赋、同行中无人能及的书法家。第二十位是布哈拉的米尔·查拉玛（Mīr Çeleme-ʾi Buhārī），书写之海中的明珠，手握芦苇笔的后辈战士中的首领，书法家大军中的王子，时代的精英和典范。

上述提及的书法家大多是直接跟随赫拉特的米尔·阿里本人学习。但据有些人传述，德莱木的马利克和哈勒哈利并非生于米尔·阿里的时代，只是照着他的尺牍作品练习。在这些学生之中，米尔·穆罕默德·巴奇尔，霍加·马哈茂德·希哈比，米尔·赛伊德·艾哈迈德，布哈拉的米尔·侯赛因，当然还有德莱木的马利克，布哈拉的米尔·哈伊代尔，尤其是封印的书法先生米尔·查拉玛，是七位最有天赋且光彩四射的书法名家，像七颗明亮的行星。他们的书法美在于干净利落的笔法，让人不禁联想起七片大洋。特别是米尔·查拉玛，他在波斯地区尤其受欢迎，他的尺牍作品与珍宝一起放在篷车里进献皇室。［他还有个名字是米尔·伊斯坎达尔（Mīr İskender），但更广为流传的还是米尔·查拉玛。］

据传闻在他的老师米尔·阿里的时代，米尔·查拉玛成为闻名遐迩的书法领袖，他的老师米尔·阿里甚至允许他在尺牍作品上署自己的名字。他认可米尔·查拉玛的出色书法，并且说："你的书法造诣已经达到了我的境界。"但是傲慢又缺少教养的米尔·查拉玛并没有理解老师话语中的称赞之意，而是当面对老师说："你以为你是谁，我会稀罕用你的签名？"于是米尔·阿里咒骂了他，此后不久米尔·查拉玛就双目失明了。看来他老师"射出的箭"得到了上天的回应。

还有一位名为米尔·谢赫·科尔曼尼一世（Mīr Şeyh-i Evvel Kirmānī）的书法家，据说也是赫拉特的米尔·阿里的学生，但不能完全确定。他是擅长书写誊抄体和誊悬体的书法家，在印度领地的首都坎大哈（Qandihār）任职于国王胡马雍·沙赫（Hümāyūn

Şāh）的父亲巴布尔·米尔扎（Bābür Mīrzā）门下并且备受尊敬。他是在光荣之路上前进的旅人，受人尊敬的托钵僧，献身书法的忠仆，是一位把收到的美好祈祷祝愿都馈赠给当地穷苦之人的圣贤。在生命的后期，他得益于早前在米尔·阿里处受到的培育，依靠优美的书法名利双收。

还有米尔·谢赫·科尔曼尼二世（Mīr Şeyh Sānī-i Kirmānī），是毛拉纳·穆赫依丁的极具天赋的学生，米尔·谢赫·科尔曼尼一世之子。他在他父亲那里习得了誊抄体，据说他的誊悬体书法师从米尔·阿里。有些人声称他不是米尔·阿里的学生，理由是他生于巴布尔·米尔扎统治时期，与米尔·阿里时间不符合。生于米尔·阿里时期之前的还有科尔曼的毛拉纳·阿萨杜拉（Mevlānā Esedu'llāh Kirmānī），由于他们的后期与米尔·阿里前期似乎有交集，这种推测看起来也无从辩驳。无论如何，他们两人的书法技艺都很优秀，且为人谦虚，因而成为了公认的书法大师。

这个群体中还有一位是伊斯法罕（İşfahānī）的毛拉纳·巴巴·沙赫（Mevlānā Bābā Şāh），他是当时卓越的书法家，据说有着与马什哈德的苏丹阿里相匹敌的高超技艺。他实际上曾跟随马什哈德的米尔·赛伊德·艾哈迈德学习书法，尤其是通过临摹尺牍作品和他抄录的书籍。现在已经是伊历995年，毛拉纳·巴巴·沙赫作为老一辈书法家能在书坛活跃至今，堪称奇迹般的存在。伊斯法罕的书法家的确是公认有能力，可以与往昔大师相提并论的。也许人们会欣赏他胜于过往的大部分书法家，因为他超绝优秀的书法技艺。愿他能像过去的书法大师们一样享有长寿与长久的尊崇。他足以膺受书法家大军中领袖与优秀书法家的王中王的称号。他的出众还在于被任命为马什哈德的苏丹阿里以及赫拉特的米尔·阿里服务。他为人友善谦和，在书法中是当仁不让的赢家。他的优美书法像是真主赐予的与生俱来的才华。他的书法作品在伊斯法罕备受欢迎，也让呼罗珊地区的人们极度赞赏，一度使得巴巴·沙赫成为首个受到如此优待的书法家。自墨水瓶被誉为知识之源泉，芦苇笔被尊为文学之鼻祖以来，世间尚未诞生能与巴巴·沙赫比肩的杰出之才，任何高度的赞美对他而言都不过分。

前文所述的米尔·阿里的学生们也培养了他们自己的优秀学生。这些学生大多属于优秀的书法家，有着受人尊敬的书法技艺。其中包括沙赫·侯赛因·希哈比（Şāh Ḥüseyin Şihābī），是霍加·马哈茂德·伊斯哈格·希哈比的卓越的学生，也是他的同族宗亲。就像他作品中的落款署名“希哈比”字面意思是“闪耀的”一样，这笔名中蕴藏着他的书法美丽光辉的秘密。对于他的老师霍加·马哈茂德来说，光芒是由天堂降下，让他的书写能够匹配《古兰经》里面“天启的光辉”章节。这师徒二人都来自巴尔赫（Belh）。

另外一名米尔·阿里的学生是毛拉纳·穆罕默德·萨利赫（Monlā Muḥāmmed Ṣāliḥ），察合台君王阿卜杜拉（ʿAbduʾllāh）和伊斯坎达尔（İskender）在位期间的书法家，他于本书创作期间逝世。还有毛拉纳·穆罕默德·艾敏（Monlā Muḥammed Emīn），米尔·阿里的后代米尔·穆罕默德·巴奇尔的学生，他的书法同样令人赏心悦目。

据说另外一名学生是毛拉纳·穆罕默德·穆赫辛（Mevlānā Muḥammed Muḥsīn），他是希哈比的门徒之一，他使用的漆黑的墨水像是从书法天堂的太阳传来的一束光。他是赫拉特生人，在这片繁华之地周围成长发展。

还有马什哈德的米尔·赛伊德·艾哈迈德，从生在东方的他的名字中“赛伊德”这个光荣的头衔，就能看出他印证了“真主的确能使太阳从东方升起”[1]，而且他培养的优秀学生数目也多如繁星。

最出众的一名学生要数毛拉纳·哈桑·阿里（Monlā Ḥasan ʿAlī），他因为忠实于其老师的书法风格而深受爱戴。大小楷字体他都能书写。当其他面容如花的青年还不停在练习中犯错时，青春年少的他已经走在了完善书法的正路上。实际上，如果他的笔法没有那么让人甘之如饴，有关他老师米尔·赛伊德·艾哈迈德的故事也就不会那么精彩。如果他的书法没有获得像哈桑·卡拉希萨热（Ḥasan Qaraḥiṣārī）一样的欢迎，优秀

① 古兰经［M］. 马坚，译. 北京：中国社会科学出版社，1981：20.

的书法家们也不会称赞他的书法“妙哉”。更重要的是，他细微地改进了老师的笔法，也因此成就书法的奇迹。

另外一名是马什哈德的穆罕默德·拉希姆（Muḥammed Raḥīm Meşhedī），他的尺牍作品在近期才出名，书法方面的天资在伊历990年左右开始显现。实际上，当笔者到达巴格达时，还收获了几幅他书写的尺牍作品。当笔者打听他的出身背景并就他在书法方面的表现询问当地收藏作品的行家时，他们说：“他在赛伊德·艾哈迈德那里接受了良好的教育，而且形成了自己的风格，他退休后在马什哈德隐居了十年，潜心钻研书法艺术。让人心急的是，就算对于书法充满激情创作，他也从不将自己的书法作品展示给他人。直到他的芦苇笔已经能够写出完美干脆的线条字迹之后，他才揭开自己尺牍作品的面纱，出售给热衷于他作品的人。”

另外一名是毛拉纳·卡尼伊（Mevlānā Qāniʿī），他是一位天生的托钵僧，也是神秘主义道路的追随者，人如其名，能够维持生活的一箪食一瓢饮就让他很满足了。尽管他在马什哈德崭露头角，跟随米尔·赛伊德·艾哈迈德学习，在才智和能力上都有所成长，他的事业是在大马士革时达到高峰，直到他退休寻求更安宁的生活。他是一位受到广泛好评的优秀书法家。

还有很多人跟随苏丹阿里的得意门生，德莱木的毛拉纳·马利克学习书法，他是众书法家中像先知优素福一样杰出的领袖，他的学生们也有幸欣赏他书法中的优雅风韵并向他学习。在他的学生中最著名的书法家典范是大不里士的毛拉纳·穆罕默德·侯赛因（Mevlānā Muḥammed Ḥüseyin Tebrīzī），新生代书法家之中的奇珍异宝。早期毛拉纳·穆罕默德·侯赛因时常模仿之前提到的毛拉纳·伊斯玛仪、米尔·哈伊代尔或者马什哈德的赛伊德·艾哈迈德的笔迹。在跟随毛拉纳·马利克接受正统的教育之后，他专心研习毛拉纳·马利克的书法并为他服务。正是因为这位“马利克”大师的培养，他才成为了书法大师之中的王者“马利克”。简而言之，毛拉纳·穆罕默德·侯赛因在书法生涯的黎明时期就像是东西两地初升的旭日。据说在培育未来一代，传承教授书法艺术的阶段，他的书法风格已经发展成熟，如日中天，所有人都对他的书法怀以崇敬之情，而对于优秀的书法家来说，不能欣赏他的书法是一种耻辱，甚至会被人视为看不懂书法连写的无知之人。

类似地，在毛拉纳·马利克的学生之中还有得到真主襄助的马什哈德的毛拉纳·沙赫·穆罕默德（Mevlānā Şāh Muḥammed Meşhedī），他是书写彩色书体的著名书法家，还有优秀的书法家毛拉纳·阿依什（Monlā ʿAyşī）。在本书创作期间，毛拉纳·阿依什依然身体康健并为君王效力服务。他们的确都是展现了老师毛拉纳·马利克高超技艺的罕见的优秀书法家。

另外一名是亚兹德的毛拉纳·古特比丁·穆罕默德。他出生在亚兹德镇，成长于美丽的都城巴格达，并在过去的二十年一直定居于此，这是他收获名望和赞誉的地方。在伊历994年（1585—1586），当笔者被任命在巴格达的宝库工作时，古特比丁的书法也达到了成熟的境界，我们相伴数月之久，他有无限令人欣赏的美德。他的托钵僧生涯也令人尊敬，正如其名，他的名声响彻四方，其谦逊的美德是永恒天堂中的轴心。若以星盘作比，他如天空中的太阳一样，是个周游世界的旅人，而他的轨迹和同时代的人相比又遗世独立，好似书法中的一点。他的样貌似书法纸张，干净整洁、容光焕发。他是优秀的书法家，也是鉴赏书法精品的行家，其品行和他手中的芦苇笔一样，都如圆柏般正直挺拔。若是他能有幸得到皇室的青睐，哪怕是贵族大臣对他表示出优于其他书法家的欣赏，他也就能够有机会真正展示他是书法艺术的极点，书法家中的楷模了。

贯穿毛拉纳·古特比丁的书法生涯，他在四位书法大师的监督指导之下完成了许多书法作品。首先，他曾跟随突厥大师马克苏德·阿里学习。其次，他也曾领受米尔·西巴图拉的学生阿米尔·穆伊兹丁·穆罕默德对他的启迪和教诲。再次，他曾为德莱木的毛拉纳·马利克服务。最后，众所周知，他也曾接受布哈拉的米尔·哈伊代尔的训练。因此，他可以被计入这四位大师中任意一位的学生，而且他也以马什哈德的阿里和米尔·阿里的门徒身份为人所熟知。但是根据他的名声、才能和书法风格以及与毛拉纳·马利克的密切关系，把他算作马利克的学生似乎更为合适。由于他来自伊拉克，有人推测他也是穆伊兹丁的学生。

前文所述的毛拉纳·古特比丁也培养了有才华的学生。其中最有名的是巴格达的米尔·穆斯塔法（Mīr Muṣṭafā-ʾi Bağdādī），他是一位丰富多产的书法家。

阿米尔·穆伊兹丁·穆罕默德门下也有很多技艺高超的著名书法家。最出众的是毛拉纳·穆罕默德·塔奇·穆尔瓦里德（Mevlānā Muḥammed Taqī-i Mürvārīd），他常隐去尊贵的毛拉纳头衔和身为毛拉纳·希哈比丁·阿卜杜拉·穆尔瓦里德之子的身份，被简称为穆罕默德·塔奇·穆尔瓦里德。穆尔瓦里德这个姓氏原义为“珍珠”，表明了他家族如珍宝一般的高贵血统。因此可以确认，他尊贵的为人也与他身为毛拉纳·阿卜杜拉·拜亚尼（Mevlānā ʿAbduʾllāh Beyānī）家族后裔相关。

另外是毛拉纳·穆扎法尔·阿里（Monlā Muẓaffer ʿAlī），他擅长书写大楷、小楷体；还有伊斯法罕的优秀书法家毛拉纳·希达亚图拉（Monlā Hidāyetuʾllāh İṣfahānī）及卡提比·马赫迪·库里（Kātib Mehdī Qulī）。这几位都曾接受阿米尔·穆伊兹丁的指导，是掌握优雅的书写规则的优秀书法家。

还有一名阿米尔·穆伊兹丁的学生是伊利奇·易卜拉欣（İlçi İbrāhīm），他曾是库姆（Qum）的前一任大汗，于伊历999年（1582—1583）以波斯国王穆罕默德·胡达班达的使节身份来到苏丹穆拉德，即塞利姆汗之子的繁荣国土。在苏丹穆拉德的治下，易卜拉欣把阿米尔·穆伊兹丁请到宫殿百般优待，当他光荣地成为穆伊兹丁的学生时甚是欣喜。尽管他所受的教育让他做大汗绰绰有余，并且终其一生没有放弃对书法学习的热情，但土库曼出身让他在书法方面难于精进。他可能都没有好好写过一幅尺牍，除了页面上的描金装饰，他也不会把镀金用在别处。更有甚者，他曾在作品上落款时用“书”。这些露怯的事迹让他变得声名狼藉，他用自己的双手证明了自己的无知。人们看到他的作品都不禁感慨他浪费烫金、页面装帧过度奢华，让人遗憾。人们明白对于这种有瑕疵的书法作品，落款上写“书”可谓疯狂之举，于是说道：“但愿他的笔能荒废掉，这样他就应了那句谚语‘疯人有狂笔’，至少有道德之人能从这种折磨人的作品中解放了。”他用“书写就是为了明晰”的谚语回应这种批评，但是他在作品中落款“书”的行为的确表明他并不明智。

大不里士的毛拉纳·穆罕默德·侯赛因，后辈书法家中的首领，也培养了许多学生。无论这些学生出身高贵与否，他们大多习得了标准的书法技艺，成为优秀的书法家。这群学生也都是品德高尚的文雅之士，与其他书法家相处得很和谐，其中比较著名的是毛拉纳·穆罕默德·谢里夫（Mevlānā Muḥammed Şerīf）和比赫布迪·沙辛沙希（Bih-būd-i Şāhinşāhī），他们两人的书法技艺都很高超。还有一位是沙赫·塔赫玛斯普（Şāh Ṭahmāsb），他因优美的笔法而受到国王的青睐，在宫廷效力。

这群书法家中最著名的是毛拉纳·穆罕默德·里达（Monlā Muḥammed Rıżā），在大不里士的书法家中是独具天赋的一位。他笔下书法的优雅和干脆利落在所有辈分的书法家中广为流传。更重要的是，各地的圣贤之士、书法鉴赏行家都熟知他的书法作品质量上乘，和他的老师非常接近，而且他与饱学之士为伍，学问修养甚至超过了他的许多前辈。总之，他是有着优秀品质且声名远扬的书法家。尽管他热爱漆黑的墨色，他在白纸上的书写却很有限，据说他有时一个多月才创作一幅写有两联诗的尺牍作品，以作品稀少而著称。事实上，在他青年时期他临摹的书籍也很有限。然而，在伊历994年，毛拉纳·穆罕默德·里达因一些贵族要人的荫庇来到帝国之都君士坦丁堡，在这些贵族之中，最重要的一位是被赐福的毛拉纳·萨阿德丁，他是学者中的王子、有德之人的榜样、拜达维一样的大师、扎马赫沙里一样的诵经者、声名显赫的教法学者，是享有真主恩赐才华的老者、苏丹穆拉德三世的导师。穆罕默德·里达在萨阿德丁那里得到了慷慨的款待，凭借贵人的赏识，穆罕默德·里达本人也如他的书法笔一样在书法家中出名了。此外，通过其他许多看重穆罕默德·里达才能的赞助者，他享受到了荣耀的地位和特权。日复一日，热衷于收集书法作品的诗人、智者以及诚挚的托钵僧都以多如繁星的银币向他换取书法佳作。得益于他们对他的尺牍作品的浓厚兴趣和高度评价，他的书法艺术光芒四射，犹如白昼，人们竞相购买他那宛如含苞待放玫瑰般美好的大小楷新作，年复一年，他那卓越的书法造诣逐渐汇聚成一片举世无双的玫瑰盛景般的艺术天地。

在米尔·阿里的学生之中，前文所述的克什米尔的穆罕默德·侯赛因也培养了一位名为达尔维什·侯赛因（Dervīş Ḥüseyin Keşmīrī）的克什米尔学生。他的书法让人赏心悦目，就像哈桑·卡拉希萨热，而他笔下墨色的线条就像青年面庞上的胡须一样让人欢欣。

前文所述的书法家卡尼伊也有一名来自罗姆地区名为达尔维什·胡萨姆（Dervīş Ḥüsām）的学生。据托钵僧称他为“波斯纳维（Bosnavī）”来判断，他应该是来自波斯尼亚。他擅长书写誊抄体和悬体风格，也掌握了成为优秀书法家的关键：优雅与干脆。因为他主要在大马士革接受训练，所以人如其名，大马士革产的一种宝剑就名为胡萨姆，他那分叉的书法笔就像阿里的双叉宝剑。胡萨姆是一位合格的托钵僧、走在贫穷之路的旅人。他具备美德，满足地把一切托靠真主。更重要的是，作为真主谦逊的仆人，他全心致力于品德修行。黄发垂髫都祝愿他能够长寿永福，书法日益精进。如今在罗姆地区已经鲜有如此受人尊敬的波斯地区书法大师。

近些年逝世的书法大师有毛拉纳·卡希姆（Monlā Qāsım），还有另外一位是寇莱·卡希姆（Köle Qāsım），本书中暂无有关他们的详细记载。

附 录

为人审慎的书法大师，誊悬体书法规则的奠定者，大不里士的米尔·阿里和追随他学习的书法家们都遵循着相似的发展轨迹。在睿智而有远见卓识的人们看来，执意区分书法家师从苏丹阿里或米尔·阿里两位大师之差别其实并不重要，总之，他们都行进在这两位大师开拓的通向完美书法的道路上。

在伊历860年（1455—1456）和伊历880年（1475—1476），出现了一位来自花剌子模（Harezm）的毛拉纳·阿卜杜勒·拉赫曼（Mevlānā ʿAbduʾr-Raḥmān Harezmī）。

他因为白羊部落的苏丹叶尔孤白（Yaʿqūb）的赏识而著名，是书法家和文雅之士中的圣贤。另外一位著名的书法家是拉赫曼的长子，毛拉纳·阿卜杜勒·拉希姆·阿尼斯（Mevlānā ʿAbduʾr-Raḥīm Enīsī），一位因为创新风格在当时出名的书法家；还有拉赫曼的小儿子，毛拉纳·阿尼斯的弟弟，技艺高超的毛拉纳·阿卜杜勒·凯利姆·帕迪沙（Mevlānā ʿAbdüʾl-Kerīm Pādişāh），他有时会在作品中落款“神书之”，有时又署名“阿卜杜勒·凯利姆”或者“帕迪沙”，更常用的则是“神助之人书”。这位父亲和他两位精通书法的儿子规范了早期的书法风格，并且一字一字地按照他们的愿望完善了老一辈书法大师的风格。他们的成就之高使得当时都城设拉子的书法家都认真地模仿他们的风格，其优美雅致甚至胜过了前辈。但也有一些人出于嫉妒乖张，称他们为伪善之人而自绝于书法家之流，“违背经典的人，确已陷于长远的反对中”[1]。这些人使得书法家美好的团结变为丑恶的纷争。无论如何，这种书法风格以“阿尼斯风格”闻名，并以其清新优雅而著称。

如果说后来书法家在风格上的转变始自毛拉纳·阿卜杜勒·拉赫曼，那这种革新就是在其子阿尼斯的芦苇笔下臻于完美的，因此这种风格被冠以阿尼斯之名。父亲声名显赫，阿尼斯也因为这种风格的艺术性而声名远扬。简而言之，在《高贵杰作》一书中也提到，最先对旧风格做出改变的是毛拉纳·阿卜杜勒·拉赫曼，将其完善的是毛拉纳·阿尼斯，而第三位是效仿他们的杰出的毛拉纳·阿卜杜勒·凯利姆·帕迪沙。他们与马什哈德的苏丹阿里处于同一时代，在书法才能方面成为了苏丹阿里的对手。毛拉纳·阿尼斯的诗歌也令人赏心悦目，以下就是出自他的诗作：

睫毛挡不住受苦之人的泪珠，

木料亦无法让阿姆河的进程受阻。

---

① 古兰经［M］. 马坚，译. 北京：中国社会科学出版社，1981：13.

然而阿卜杜勒·凯利姆·帕迪沙由于有些失去理智，在他的作品上有时署名“帕迪沙”，有时又署名“长颈鹿”，而且用狮子般的傲慢对待高位者，用大象般的蛮力对待普通人。他常常无所适从，既不愿屈尊书写，又不想为人奴役。最后，他转而制作书法用品，包括双层纸、抛光纸、修笔工具和芦苇笔。人们又开始说：“你是帕迪沙啊！你的珍宝天赋在于创作尺牍作品啊！你要写书法啊！”在众人的殷切期望下，他又开始书法创作，人们也得以收藏他的作品。他是一位品德出众的书法家，喜欢用韵律创作诗文。以下就是他的诗作：

我把你安放瞳仁以藏于众生，

怎知就算如此你亦在众人中。

——阿卜杜勒·凯利姆·帕迪沙

毛拉纳·阿尼斯对于自己的作品过于苛求，总是不厌其烦地推敲修改。而阿卜杜勒·凯利姆则是因下笔一气呵成而著名。据说有一天他们二人各自带来一幅尺牍作品并展示给苏丹叶尔孤白，当苏丹叶尔孤白满心欢喜地热情迎接阿尼斯并给他更丰厚的赏赐和爱戴时，毛拉纳·阿卜杜勒·凯利姆终于被激怒了。他说道，“我们带来的尺牍作品不洁净，需要给它们沐浴一下”，于是就当着苏丹的面把两幅作品浸在池子里。当苏丹叶尔孤白重新仔细审视两幅作品时，他发现阿尼斯的书法中有多处涂改的痕迹，但另外一幅尺牍作品上的字迹就像宝剑上的金色标记，一气呵成，于是他不禁称赞喝彩。阿尼斯顿时困惑又羞愧，而阿卜杜勒·凯利姆凭借着笔尖字迹一挥而就的才能而声名远扬。

毛拉纳·阿尼斯培养了文采出众的与他水准相当的优秀学生。其中包括布哈拉的米尔·阿兹德（Mīr ʿAżd Buhārī）。在当时的波斯人中，他的装饰画水平像后文将提到的设拉子的毛拉·雅里（Monlā Yāri-ʾi Şīrāzī）一样著名，而他的自觉性甚至在很大程度上超过了雅里。他的确是书写阿尼斯风格的书法家中的佼佼者。如果他只对少数人来说是大师，那么他也可以算是大多数人的楷模。总之，他的书法即使没有到超绝的境界，也是公认的深受欢迎。

另外一位在阿尼斯的培训和见证之下书法得到提升的是毛拉纳·阿里·苏丹（Monlā ʿAlī-i Sulṭān）。他先前在苏丹苏莱曼（愿主赐福他）在位期间来到罗姆地区，当时文人墨客充满喜悦的心像是一座百花齐放的玫瑰园，得益于苏丹的仁慈与慷慨，书法家们手中的芦苇笔像是湿地边的芦苇丛一样繁茂。他定居在帝国的首都伊斯坦布尔，更具体地说是在艾卜·艾尤比·安萨里（Ḥażret-i Ebū Eyyūb Enṣārī）所居住的高贵地区。由于他在帝国朝廷身居高位，所以成为了书法家之中的著名人物。

还有科尔曼的毛拉纳·阿萨杜拉，书法家中执笔如握剑的勇士；以及科尔曼的毛拉纳·穆罕默德（Mevlānā Muḥammed Kirmānī），有着令人称赞品质的优秀书法家。他们两人都是杰出的书法家，有幸跟随阿尼斯学习，他们成为了阿尼斯的陪伴者。尽管有人说科尔曼的穆罕默德接受的是阿卜杜勒·凯利姆·帕迪沙的培养，但他书写的是阿尼斯风格，从精神层面他承袭的是阿尼斯的传统，也应该算是阿尼斯的学生。

还有来自罗姆地区的毛拉纳·努维斯（Monlā Nüvīsī），他通过临摹学习毛拉纳·阿尼斯的尺牍作品而成为了书法家。他在大马士革居住直到生命走到尽头，凭借税收职员每日100枚阿克切的薪酬，过着优渥的退休隐居生活。他住在伍麦叶清真寺附近，是一位虔诚的信士，每日五次礼拜和周五的聚礼都在清真寺完成。他也是一位受到内行尊敬的文人。除此之外，他在修行方面也如手中的芦苇笔一样正直，其他领域的学识也不输他在书法艺术方面的优秀表现。当有一些不悦之事发生在希尔凡（Şirvān）的优秀诗人毛拉纳·哈里米（Mevlānā Ḥalīmī-i Şirvānī）和他之间时，毛拉纳·努维斯创作了写有以下诗句的美丽尺牍作品来表达他受伤的情绪。

他本是在大马士革无价的努维斯，

为何津贴被减至以日为计。

这报酬确与他不相适，

书法家优秀如他应从千倍算起。

——毛拉纳·努维斯

毛拉纳·努维斯大约于伊历975年（1567—1568）过世。

另外一位是米尔·穆斯塔法（Mīr Muṣṭafā），毛拉纳·阿里·苏丹的学生，他也是阿瓦德（ʿAvvād）的哥哥。像先知穆罕默德一样，他也被称为穆斯塔法。尽管他和阿瓦德兄弟二人都是优秀的书法家，但在书法方面还是米尔·穆斯塔法更为出色，而他弟弟正如其名“阿瓦德”则更擅长演奏乌德琴。此外，阿瓦德学习书法要比他哥哥早，穆斯塔法因为入行晚，所以他的名字总是与弟弟相关。虽然兄弟二人的书法和文采都很优秀，却因时运不济过着漂泊不定的生活。米尔·穆斯塔法甚至还曾参与希尔凡的战役，后来留在常胜将军奥斯曼帕夏元帅军中效力，最后以所赐封地的财政官员身份辞世。也有人说他在与达吉斯坦（Ṭāgistān）的战役中牺牲。尽管人们传述米尔·穆斯塔法是书法家卡希姆·阿里（Qāsım ʿAlī）即米尔·阿里的追随者的徒弟，但是这位卡希姆·阿里的身份以及他是否真的来到过罗姆地区已经无从考证。有些人根据他在作品中署名“米里”就猜测他也许与米尔·阿里有关系，这是不实的。

Ammā *faṣl-ı* (10) *s̲ālis̲* ki h̲aṭṭ-ı nesh̲le h̲aṭṭ-ı taʿlīqden mürekkeb olan qalemde (11) yaʿnī nestaʿlīq nāmındaki kitābet-i h̲oş-raqamda h̲āmeleri (12) gibi müşārünileyh biʾl-benām olan debīrān-ı h̲oş-nüvīsāndur (13) ki ḥicret-i nebeviyyeden sene is̲nā ve s̲emānemiʾe tārīh̲inde vücūda (14) gelan şehzāde Bāysunqur H̲ān ki vefātı sene sebʿa ve s̲elās̲īne (15) ve s̲emānemiʾe tārīh̲inde vāqiʿ olmışdur zamān-ı salṭanatında 35b (1) naẓm-ı pāke revāc ve h̲oş-nüvīsāna ḥüsn-i h̲aṭṭla ibtihāc ve kemāl-i (2) rağbet-i şehriyārīden aṣḥāb-ı kemālāta nihāyet-i cāh u celālle (3) h̲alkdan defʿ-i iḥtiyāc muqarrer olmışdı. Ḥattā ḥikāyet (4) olınur ki, zamān-ı devletinde kırk nefer h̲oş-nüvīs-i (5) hüner-verdür reşk-i nigāristān olan kitābh̲āne-ʾi cennet- (6) nişān ve debistān-ı behişt-iştihār-ı nüzhet-mekān (7) h̲idmetinde cemʿ olmışlar idi.

Ve ʾātīüʾz̲-z̲ikr Mevlānā Caʿfer (8) Tebrīzī ki Monlā ʿAbduʾllāh bin Mīr ʿAlī-ʾi Tebrīzī şākirdidür, (9) ol cümlenün bah̲t-sermedi yaʿnī ki üstād-ı kāmil-i ser-ā-medi (10) olup her biri ol rūzgārun nām-dārları, ve qalemleri (11) ravża-ʾi iltifāt-ı Bāysunqurīnün nihāl-nişānde-ʾi bergüz̲ārları, (12) ve ḥüsn-i kitābet ve raqamları ol ʿaṣr h̲oş-nüvīslerinün mā bihiʾl-iftihār (13) ları idügi muqarrer olmışdı ve ibtidā-ʾi revāc-ı nestaʿlīq (14) ve zer-efşān ve vaṣṣālī ve taṣāvīr ve tez̲hīb ve muḥassenāt (15) mā-yelīq ol tārīh̲den berü ẓuhūra geldüği taʿayyün bulmışdı.

36a (1) Fe-ammā ol zamān maʿārif-nişānun h̲aṭṭāṭān-ı zī-şānı ki *Tez̲kire-ʾi* (2) *Devletşāhī*de ve *Mecālisüʾn-Nefāyis*-i Nevāyīde ve müteʾah̲h̲irīnden (3) *Tuḥfe-ʾi Sāmī*de esāmī ve şöhretleri ve maʿrifet ve künyet ve nisbetleri (4) beyān olunmışdur, nihāyet mürūr-i ezmān ḥasebi ile üstādları (5) taʿyīninde ve cihet-i telemmüzleri tertībinde müsāmaḥa ih̲tiyār (6) kılınmışdur. Ol zümre-ʾi güzīde ve fırqa-ʾi pesendīde bunlardur ki (7) z̲ikr olınur. Mevlānā Ḥāfıẓ ʿAlī-i Herevī ve Nevāyīi tah̲alluṣ (8) iden Şemseʾd-dīn Muḥammed Kāşī ve püser-i sulṭān Muḥammed (9) Esterābādī Mevlānā Muḥammed ve sādāt-ı Nīşābūrdan (10) Mīr Ṣunʿī ve Mevlānā Şevqī-ʾi Yezdī ve Ḥāfıẓ Bābācān (11) Türbetī ve anun birāderi Monlā Feyżī, bunlardan māʿadā (12) Monlā Şihābī ve Mevlānā ʿAbduʾllāh Qazvīnī ve Mevlānā (13) ʿĀşıqī-ʾi Tebrīzī // ve Monlā ʾĀyetī-ʾi Mektebdār ve Monlā Nāzikī-ʾi Tebrīzī // Şiʿār, kez̲ālik Monlā İbrāhīm Tebrīzī (14) ve diğer Monlā İbrāhīm Esterābādī ve Monlā İsmāʿīl Necātī (15) ve Dust Muḥammed Guşvānī ve Muḥibb ʿAlī-ʾi Nāyī-ʾi Herevī 36b (1) ve Mevlānā H̲āce Maḥmūd Esterābādī *nawwaraʾllāhu marqadahum mādāma* (2) *fī al-farādīsi arqadahum.*

Bu cümlenün h̲aṭṭ-ı nestaʿlīqdeki (3) qalemleri gibi istiqāmet-i ṭabīʿatları ve selīqalarında naẓm-ı kelāma (4) vezn-i ṭabʿ ḥays̲iyyetiyle qudretleri, yaʿnī ki cemīʿan h̲oş-nüvīsler ve bi-ḥaseb (5) iʾl-kitābe enīsler idükleri maḥallinde beyān olunmışdur. Ve eks̲eri (6) Mevlānā Caʿfer Tebrīzīye muʿāṣır olduğı ḥays̲iyyetle ve vāżıʿ-ı h̲aṭṭ (7) Mīr ʿAlī-ʾi Tebrīzī zamānen muqaddem olduğı cihetle eks̲erī biʾẕ-ẕāt (8) ve baʿżısı biʾl-vāsıṭa telemmüzini is̲bāt itdügi taḥqīq kılınmışdur.

(9) Ve ol zümreden biri dah̲ı Monlā Cān Kāşīdür ki ḥüsn-i (10) h̲aṭṭla meşhūr-i cihān ve şikeste-beste nāmında nāmīde h̲aṭṭ peydāsıyla (11) h̲āṭır-nişān-ı aṣḥāb-ı ʿirfān bir şah̲ṣ idi. Ve ol h̲aṭṭ-ı şikeste- (12) beste düreng kāğıtla nüvişte idi ki biri siyāh ola (13) ve birbiri üstüne konuldukda ih̲tirāʿ itdügi h̲aṭṭun ẓuhūrına (14) güvāh ola.

Ve bu gürūhun ser-āmedlerinden biri dah̲ı Mevlānā (15) Şīr ʿAlīdür ki "Qalem-i nestaʿlīqde bir ṭabaqada ḥüsn-i h̲aṭṭ peydā 37a (1) ve mahāreti bir ḥays̲iyyetle hüveydā kıldı ki ol ʿaṣr h̲oş-nüvīslerinden (2) kimesne taqlīd idemedi ve üstādlardan biri anun ṭarīqine (3) gidemedi" diyü Mīr ʿAlīşīr Nevāyī ḥażretleri *Mecālis*de beyān (4) eylemişdür. Ve lākin müşīr-i müşārünileyhün nezāketi yā budır ki merqūmun (5) tekmīl-i biżāʿatını veyāh̲ūd muqallid-i nās olmayacak üslūba (6) rağbetini beyān olmışdur. Her çend kātib-i h̲oş-nüvīs // ve ʿilm-i taṣavvufa // (7) ve muʿammā fennine ʾenīs bir debīr-i rūşen-żamīr imiş ki *Millet-gū* (8) nāmındaki muʿammāsı riqqat-i ṭabʿına güvāh-ı nezāket semīrdür.

(9) *Der ism-i Mıllet-gū*

Naẓm

Mā nekū göftim nāmat, göfte-ye mā rā be-gū;

(10) Sarv-e nāz-e man ravān peyvaste bā abrū be-gū.

Nes̲r

(11) Ve biri dah̲ı rāğıb-ı inşād, kātib-i pesendīde-ʾīcād, debīr-i (12) hüner-ver-i yegāne, ẓahīr-i // maʿārif-i ẓahīr // -ferzāne, müşkil-gū-yi belāgat-nişān, (13) maḥbere-gū-yi qalem-ṣavlecān Mevlānā Kātibī Muḥammed Terşīzī (14) dür ki Nīşābūra gelüp nestaʿlīqe meşq itdi. Rütbe-ʾi kemāl ve kitābeti (15) ʿarş-ı berīndeki levḥ u qaleme yetdi. Ḥattā "Kātibī" tah̲allüṣüne 37b (1) ol bāʿis̲ oldı ve ṣafḥa-i rūzgārda nām-ı nāmīsi h̲oş-nüvīslikle (2) taʿayyün buldı. Ḥattā ʾātīüʾẕ-ẕikr Sīmī-ʾi Nīşābūrīnün fenn-i h̲aṭṭda (3) kendüye taʿarrużundan āzürde-h̲āṭır olup emīr-

zāde-ʾi aʿẓām (4) Emīr Şey<u>h</u> İbrāhīm Şirvānşāh <u>h</u>idmetine vardı. Niçe ṣalāt-ı (5) behiyye ve cevāyiz-i seniyyesin aldukdan ṣonra andan da<u>h</u>ı (6) göçüp İṣfahānda ʿumdetüʾl-muḥaqqıqīn Türk <u>H</u>āce Ṣāyineʾd-dīn (7) zāviye-ʾi müteberrikesine dā<u>h</u>il olup rağbet-i kitābetde ceff-i qalem oldı, (8) dīv-i āb-ı ḥayāt gibi naẓm-ı selīse ve ʿilm-i taṣavvufa müteʿalliq taḥqīq (9) ve tedrīse muqayyed kıldı. ʾĀ<u>h</u>ir sene tisʿa ve <u>s</u>elā<u>s</u>īne ve <u>s</u>emānemiʾe tārī<u>h</u>indeki (10) vebā-ʾi ʿāmdan fevt olup Esterābādda defn olundı. (11) *Rawwaḥaʾllāhu rūḥahu wa kaththara fuyūḍahu wa futūḥahu.* Ve ebyāt-ı belāgat (12) nükātından bir beyt-i pür-ḥālāt ve bu muqaṭṭaʿ-ı kitābet-i<u>s</u>bātla iktifā kılındı.

Min naẓmihi

(13) Berūn maru ze sarā-parde-ye falak ey māh

(14) Murād Khān ke sulṭān darūn-e parde sarāst.

(15) Purast gūsh-e jahān az ṣedā-ye naghme-ye ʿeshgh.

38a (1) Bepurs Kātibī az kelk-e khīsh kīn che ṣedāst.

(2) *Ne<u>s</u>r*

Baʿdehū naqd-i kitābetün nāqıd-ı kāmilüʾl-ʿayārı ve <u>h</u>azāin-i cevher-i (3) ḥurūfun mālik-i sīm ü dīnārı Monlā Sīmī-ʾi Nişābūrī (4) dür ki Meşhed-i Rıżaviyyede sākin ve şeş qalem ve gazel-gūylukda (5) ve muʿammā fenninde ve reng-āmīz-i evrāq ve te<u>z</u>hīb ve zer-efşān (6) ve vaṣṣāllıkda mahāreti müteʿayyin, ʿaṣrınun mā-bihiʾl-ifti<u>h</u>ārı ve meymenet-i (7) taʿlīm meziyyeti ile ol buqʿa-ʾi mübārekenün muʿallim-i mekteb-dārı (8) idi. Ḥattā Mevlānā ʿAbdüʾl-Ḥayy ki <u>h</u>aṭṭ-ı dīvānī ve naqqāşlıkda (9) yegāne-ʾi ʿālem idi, Monlā Sīmī şākirdlerinden olmağla (10) maqbūl ve müsellem idi.

Ḥikāyet olunur ki, Mevlānā Sīmī bir gün (11) bir gecede on iki menn ṭaʿām ve meyve-ʾi şehd-āşām ekl (12) idüp iştihā-yı gālible <u>s</u>ıqletsiz hażm itmiş ve Şehzāde (13) ʿAlāʾüʾd-devle fermānı ile ol e<u>s</u>nāda üç bin beyt (14) bir kıṣṣa da<u>h</u>ı naẓm itmiş ḥālā ki Meşhed-i <u>h</u>ilqatün müşāhedeleri (15) ḥālinde ve duhl ve nefīr ve naqāre ṣadālarınun gavgā-yı bī-mealinde 38b (1) sīmīliğüni bildirüp sikkeyi mermerde qazmış, ḥaqqā ki simyā-gerlik (2) idüp yazup yanulmayup tamam üç bin beyti yazmış. (3) Naẓmından bu muʿammā ile iktifā olundı ki ma<u>h</u>rec mu<u>h</u>telifüʾl-esmādur:

Naẓm

(4) Bar lab-e bām āmad ān mah guft bāyad murdanat,

(5) Kāftab-e ʿumr inak bar lab-e bām āmadast.

(6) Biri dahı hoş-nüvīslerün şehriyārı ve aṣḥāb-ı naẓmun (7) ser-defter-sālārı Emīr Şāhī Sebzevārīdür ki (8) maʿārif ve kemālāt ve şāʿiriyyeti ve ʿilm-i mūsiqī ve ʿūd-nevāzlıkda (9) ki mahāreti huṣūṣān ḥüsn-i haṭṭ ve tezhīb ve taṣvīr daqāiqındaki (10) yed-i ṭūlā ve qudreti maḥżān Bāysunqur Mīrzānun müstevcib-i iltifāt (11) ve rağbeti olmışdur. Ve naẓm-ı rūḥ-efzāsı bu maṭlaʿ-ı dil-güşā (12) ʾīrādı ile taḥaqquq bulmışdur.

Min wāridātuhu

(13) Zehī az khaṭṭāṭ nerkh-e ʿanbar shekaste,

Ghaddat sarve rā dast bar chūb baste.

(14) Ghubārīst khaṭṭāṭ neshaste bar ān lab,

Balī khaṭṭ-e Yāghūt bāshad neshaste.

(15) Bir dahı Mevlānā Seyyid Celāl bin ʿAżddur ki Emīr Muḥammed Muẓafferün 39a (1) ḥüsn-i terbiyeti ve sāde-rūlığı ḥālinde vezn-i ṭabʿ ve ḥüsn-i haṭṭından (2) suʾāl eyledükde bedīhe bir rubāʿī naẓm idüp ve haṭṭ-ı hūbla yazup (3) ṣunduğı fażīleti, kezālik maʿārifine bināen Sulṭān Bāysunqurun (4) kendüye iltifāt u riʿāyeti zāt-ı şerīfindeki biżāʿata delīl-i (5) tāmdur ki ol rubāʿī budır.

Naẓm

(6) Chār chiz ast ke dar sang agar jamʿ shavad,

(7) Laʿl-o-yāghūt shavad sang-e bedān khārāī:

(8) Pākī-e-ṭinat-o-aṣl-e kahar-o-esteʿdād

(9) Tarbiat-kardan-e mehr az falak-e mīnāʾī.

// Bā man īn har se ṣefat hast cho dar mī-bāyad,

Tarbiat az to ke khorshīd-e jahān-ārāī. //

(10) Bir dahı Hāce Maḥmūd Sebzevārīdür ki sebze-zār-ı (11) huṭūṭı neyistān-ı aqlāmdan pür-zīver ve bahāristān-ı kitābet (12) ve imlāʾi mażbūṭı müstaqīm ve rāst hāmelerle bir serv-i ʿarʿar (13) idüp şeş qalemdeki mahāretini beyān ve derc-i gevher-dürcinün (14) taʿrīfini naẓm-ı cevāhir-niẓāmı ile ẓāhir ve ʿayān itdükde hātimesinde (15) bu vechle tārīh dimişdür ve selīqasındaki biżāʿat-i naẓmiyesini 39b (1) bu ṭarīqle silk-i ẓuhūra getürmişdür:

Naẓm

Chun uṣūl-e shesh ghalam kardam ragham.

(2) Gasht tārīkhash uṣūl-e shesh ghalam.

Bir dahı Mevlānā Yaḥyā-yi Sībek (3) Nīşābūrīdür ki ẓuhūrı Şāhruh Mīrzā zamānında ve ḥüsn-i (4) haṭṭınun nüşūrı ol şehriyār-ı bülend-ṭab'un devleti avānında vāqi' (5) olmışdur.

Ammā üstādān-ı sābıqanun, lā-siyemmā, hoş-nüvīsān-ı (6) lāḥiqanun mürşid-i rūşen-temyīzi, vāżı'-ı haṭṭ-ı nesta'līq Mevlānā (7) Mīr 'Alī Tebrīzī ki zikri sebq idenlerden taqaddümi (8) ve bu cümlenün bi'z-zāt veyāhūd bi'l-vāsıṭa āndan telemmüz ve ta'allümi (9) muqarrerdür. Lākin üstādları ma'lūm olan silsile-'i mürebbīleri (10) nā-ma'lūm olanlarun ihtilāṭı ile güsüste olmamak eclā içün (11) bu maḥalle te'hīri lāzime-'i defterdür.

İmdi hafī olmaya ki Mevlānā Mīr 'Alī-'i (12) Tebrīzī üstād-ı muhteri'-i mūcid ve bāhirü'l-erşād-ı esātize-'i (13) emāciddür ki kitābet-i nasta'līqe rūşen-reviş ve huṭūṭ-i (14) sitteden imtiyāz ve tefrīqa küllī gūşiş ve verziş andan (15) ṣādr olmışdur. Ve ātīü'z-zikr Mevlānā Sulṭān 'Alī-'i Meşhedī "qıbletü'l-küttāb" 40a (1) olduğı gibi üstād-ı müşārünileyh dahı "qıdvetü'l-küttāb" 'ünvānıyla (2) mu'allā-cenābdur.

Ve şākirdlerinün eşheri kendinün ferzend-i hüner-veri (3) Monlā 'Abdu'llāhdur ki metānet-i haṭṭı rütbesine güvāh (4) ve reviş-i mergūbı meziyyetine şāhid-i bī-iştibāh olup peder-i (5) hüner-verinden meşqle meşhūr ve rütbe-'i rātibe-'i isti'dāda (6) vuṣlatına her saṭrı bir ḥükm-i pür-ḥikem-i menşūrdur.

Ve anlarun şākird-i (7) māhiri ve üstādān-ı selefün muqtedā-yı kitābet-meāsırı (8) Mevlānā Ca'fer Tebrīzīdür ki sābıqü'z-zikr Bāysunqur (9) Mīrzānun üstād-ı debistānı ve kitābethāne-'i behişt-'āsārınun (10) re'īs-i ma'ārif-nişānı ve ol 'aṣrun sāir hoş-nüvīsleri (11) mūmāileyhün telāmīz-i hidmet-gerānı idügi beyān olunmışdur.

(12) Ve yine mezbūr Mevlānā Ca'fer şākirdlerinün māhir-i eşheri (13) ve rumūz-ı merkūz-ı yerā'atün kenz-i aẓheri Mevlānā Aẓherdür ki (14) gālibā anlar dahı Tebrīzīdür. Ḥaqqā ki nihāl-i hāmesi bāg u rāg-ı (15) kitābetün şāh-sār-ı meyve-rīzidür. Metānet-i haṭṭı üstādından 40b (1) füzūn-ter ve şīve-'i kitābeti nezāket cihetinde ekserīnden (2) ber-ter ve // eqallinden // ferā-terdür.

Ve kendüye mu'āşır ve kimi mu'ārıż ise niçesini ḥüsn-i (3) haṭṭıyla müftehir olanlarun biri Mevlānā Sulṭān 'Alī-i Qāyinīdür ki (4) tārīh-i Hicretden sene iḥdā ve sittīn ve semānemi'e eyyāmında (pādişāh-ı mülk-ārā ve şāhinşāh-ı memālik-güşā, mürebbī-i) hüner-verān (5) ve fużelā ve 'aṭā-bahş-ı inşā-girān ve şu'arā' olan merḥūm (6) Sulṭān Ḥüseyin Bayqara taht-ı salṭanata cülūs ve ol rūzgārun (7) erbāb-ı ṭabʿ ve aṣḥāb-ı fażāilini iltifāt-ı ʿaliyye ve cevāiz-i (8) seniyyesine meʾnūs buyurmağla ʿaleʾl-ḫuṣūṣ niẓāmüʾl-mülk (9) Mīr ʿAlīşīr Nevāyī gibi aʿdel-i vükelā ve aʿqal-i vüzerāʾ (10) rūz-be-rūz mevālī ve ahālīnün izdiyād-ı biżāʿatine cell-i himmet (11) ve imtidād-ı kemālāt ve maʿrifetine maḥż-ı taqayyüd ve rağbet üzre (12) idügini eṭrāf-ı ʿāleme ṭuyurmağla ḫoş-nüvīsānun neşv ü nemāları (13) ruṭūbet-i ḫaṭṭları gibi āmāde ve ḥüsn-i kitābet ve imlāları (14) rūz-be-rūz müteraqqī ve ziyāde olup mezbūr Sulṭān ʿAlī-ʾi (15) Qāyinī ol bezm-i salṭanat es̱nālarında ṣadr-nişīn-i meclis- 41a (1) yaqīn ve sāgar-güzīn-i encümen-i şerīʿat ve dīn Mevlānā ʿAbduʾr-Raḥmān (2) Cāmī ḥażretlerinün mest-i curʿa-nūşı ve aṣḥāb-ı taṣavvufun (3) vāqıf-ı sırr-ı *man ʿarafa* olan baḥr-ı pür-cūşı, maʿnā-yı kitābete (4) kesilmiş bendesi, ve müʾellifāt ve ās̱ārın yazmağa (5) ṣarf-ı evqāt iden ser-efkendesi idügi ve ḥüsn-i ḫaṭṭına (6) magrūr olup kitābet teklīf kılındukda bir beyt kitābetine (7) bir kitāb ücretin ṭaleb eyledüği *Mecālisüʾn-Nefāyis*de (8) yazılmışdur. Lākin ol vechle celb-i māl dervīşliğine göre (9) muḥāl ve fāsid-i ḫayāl olup bu ḥaqīre lāyiḥ ve remz-i teʾvīle (10) müteferriʿ maʿnā-yi vāżıḥ budır ki müzd-i kitābetde ifrāṭ ve tefrīṭ (11) kendüye kitāb yazdırmak isteyenler taglīṭ ola ki kimse (kendüye) (12) kitābet teklīf eylemiye tā ki bu nezāketle evqātı Mevlānā (13) Cāmī müʾellifātı tesvīdine münḥaṣır ola veyāḫūd murādı (14) ḥüsn-i ḫaṭṭını tergīb olmayup naql ve tesvīdine naṣb-ı nefs (15) itdügi ferāid-i fevāidi taglīb ola. Her çend kātib-i 41b (1) ḫoş-nüvısdür ve bu gūne kelām-ı mevzūnı daḫı maṭbūʿ u mergūb ve nefīsdür.

Naẓm

(2) Ey ʿeshghat ātash-e dard-zade nāmūs-o-nang-o-nām-rā.

(3) Dāde be bād-e nīstī hastī-e khāṣṣ-o-ʿām-rā.

(4) Biri daḫı Şeyḫ-zāde-ʾi Pūrānīdür ki Şeyḫ Ebū Saʿīd (5) Pūrānīnün ḫalefi ve iki atadan rütbe-ʾi kerāmetün vāris̱-i (6) ṣāḥib-şerefidür. Bā-ḫuṣūṣ daḫı tıraş-āver-i civānken (7) ḥüsn-i ḫaṭṭını iki vechle bir dereceye iletdi ki bir qarn-ı kāmil (8) kitābet idüp üstād-ı ümem ve ḫaṭṭāṭ-ı ṣāḥib-raqam (9) olanlar ol mertebeye vāṣıl olmadı. Ve ḫaṭṭ-ı cebīnindeki (10) mażmūn-ı rüşd ü hüner bir ṭabaqada nūr-güster oldı ki naẓm u (11) inşādan az nesne kaldı ki ṭabʿ-ı laṭīfine ḥāṣıl olmadı. (12) Ḥattā bu rubāʿī anlarundur.

Naẓm

Chon man be gham-e to dar jahān fardī nīst

(13) Del-sūkhteye niāz parvardī nīst.

(14) Khāham gham-o-dard-e khish rā sharḥ konam.

(15) Līkan che konam ke hīch ham-dardī nīst.

(Ve biri dahı Monlā Ḥāfıẓ Futadur ki ol aṣr-ı bāhırü'n-naṣrun nāzik-nüvīs-i nām-dārı ve ekser haṭṭāṭīnün mu'taqıd-i mā-bihi'l-iftiharı idi. Ve merqūm Ḥāfıẓ Futanun dahı nām-dār şākirdleri ḥāṣıl olmışdur ki cümleden eşheri ḥaṭṭā Mīr 'Alī muqābili 'add olunan tilmīz-i nām-veri Monlā Mīr Ḥüseyin-i Ḥüseynīdür ki ruṭūbet-i haṭṭı kemālinde ve nezāket-i qalemi qalem aşılanmış nihāl gibi ol revişün i'tidālindedür. Ve merqūm Mīr Ḥüseyin şākirdlerinden Muḥammed Nāṣır Buharī dahı vardur ki bu esnālarda Buhārānun hoş-qalem meşhūrı ve ḥüsn-i haṭṭı gibi haṭṭı ḥüsni dahı bāg u rāg-ı ḥüsn ü cemālīnün benefşezār ṭarāvet-me'sūrı idüginde ittifāq ārāvārdur).

42a (1) Ve bu cümlenün muqaddemi ya'nī merḥūm Sulṭān Ḥüseyin eyyāmındaki hoş- (2) nüvīslerün pīşvā-yı muhteremi Sulṭān 'Alī-'i Meşhedīdür ki (3) "qıbletü'l-küttāb" şöhretiyle 'aṣrınun ser-āmedi ve Meşhedīler (4) müşāhedesince hoş-nüvīsān-ı selefün sulṭān-ı sermedi (5) idügi ve üstādı sābıqü'z-zikr Mevlānā Aẓhar olup (6) ẓuhūrı anun terbiyesiyle vuqū' bulduğı muqarrerdür. Ve bi'l-cümle (7) ruṭūbet-i haṭṭı verā-yi ẓulmetdeki āb-ı Hıżıra naẓīr ve nezāket-i (8) qalemi nahlistān-ı cennetdeki Ṭūbāya hem-sāye-'i dil-pezīr olmak üzre (9) mu'abbir, // ḥaqqā ki // sulṭān-ı aṣḥāb-ı qalem ve bürhān-ı behre-dārān-ı erbāb-ı (10) raqam, fenninde ser-āmed-i qalem-rev-i 'ālem, ve ṭarīqinde pīşvā-yı nāzik- (11) nüvīsān-ı küttāb-ı ümem olduğı günden aẓherdür. Ḥattā mezbūr (12) Sulṭān Ḥüseyin Bayqara rāqım-ı merqūma fermān ve "Benüm içün bir seng-i (13) mezār resmini hāṭır-nişān eyle" diyü emr-i 'ālīşān ıṣdār (14) itdükde "Her çend ki misāl-i bī-misāle timsāl-i 'ubūdiyetle imtisāl (15) muqarrerdür ve lākin taḥṣīli niçe zamān mürūrundan ṣonra ancak müyesserdür" 42b (1) diyü cevāb virmişdi. Fe-lā-cerem ol şāh-ı 'ālīşān iẓhār-ı (2) nezāket bī-gerān eyleyüp "Biz dahı bu yakında ölmekden ḥaẓẓ (3) itmezüz ve senün ol hidmeti ber-vechi isti'cāl itmamene iqdām (4) ṭarīqine gitmezüz" diyü laṭīfe itmişdi. Fe-ammā haṭṭāṭ-ı mezbūr üç (5) dört ṭabaqa pest ve vālā, aẓher ve ihfā, esfel ve a'lā (6) ṣanāyī'-i gurrā ve bedāyi'-i bī-hemtāyla bir seng-i mezār resmini (7) inşā kılmışdur ki anı gören aḥyā ṣāḥib-i merqadi ve rāsimini (8) *Fātiḥa* ile iḥyā ve kemāl-i dehşetlerinden kendüleri emvāt gibi (9) ḥayretle engüşt-nümā kılduklarında çūn ve çerā yokdur. Ve rivāyet (10) iden tüccār ve züvvār kavlince ol ṣanʿat-ı kitābet Monlā Sulṭān (11) ʿAlīnün velāyetine ḥaml olunmakda h̲aṭā yokdur.

Ve müşārünileyhün (12) mürebbīsi vezīr-i müşīr, Ardeşīr-naẓīr şīr-i bīşe-ʾi pīşe-ʾi maʿārif- (13) semīr, melāz̲-i şuʿarā-ʾi fuṣaḥā olan Mīr ʿAlīşīr kitāb-ı *Mecālis*de (14) rāqım-ı merqūmun ah̲lāq-ı ḥasene ile ittiṣāfını ve ḥüsn-i müdārā (15) ve muvāsā cihetinden h̲alqla ītilāfını ʿaleʾl-h̲uṣūṣ naẓm-ı kelāma 43a (1) qudretini ve küttābdan meʾmūl olandan ziyāde maʿrifetini beyān (2) itmişdür. Kendüsi dah̲ı altmış üç yıl ʿömr sürüp yine (3) leṭāfet-i h̲aṭṭına żaʿf-ı pīrī ve raʿşeden h̲alel gelmedügini (4) bu maqūle bir qıṭʿa ile erbāb-ı ṭabʿa h̲āṭır-nişān itmişdür.

Qıṭʿa

(5) Marā ʿomr shaṣt-o-se shod bīsh-o-kam,
Hanūzam javānast zarrīn-ghalam.
(6) Tavānam valī az khafī-o-jalī
Neveshtan ke al-ʿabd Sulṭān ʿAlī.

(7) Ḥikāyet iderler ki Mevlānā ʿAbduʾr-Raḥmān Cāmī merqūmun (8) ḥüsn-i h̲aṭṭına rağbet ve dīvān-ı belāgat-nişānı anun (9) kitābetiyle müzeyyen olmağa cell-i himmet idüp ve ammā Mīr ʿAlīşīr (10) Nevāyī qavlince ʿAbduʾṣ-Ṣamed nām h̲oş-nüvīse minnet idüp (11) ol dah̲ı fermāna imtis̲āl ve dīvān-ı maʿrifet-encāmını (12) imlā-ʾi bī-mis̲āl eyledükde, ḥikmet H̲udānundur, ṭabʿ-ı kātibe ʿādet (13) yaʿnī taʿrīf-i meşhūrında dāh̲il-i sehv ü ḥaşvi müstevcib (14) baʿżı ḥālet ẓāhir olmağla ḥażretün h̲āṭır-ı ʿāṭırları mükedder (15) olur ve ol süṭūr-i mergūba mā-beynlerinde gāyet-de gubār-ı 43b (1) h̲afīyyüʾl-eşkāl, // celīyyüʾl-eşkāl // niçe taṣḥīḥleri ṣudūr bulur. Lā-siyemmā resm-i nezāketle (2) müzd-i kitābetden fażlla bu maqūle bir qıṭʿa dah̲ı mezbūra ber-güzār buyurılur.

Qıṭʿa

(3) Khosh nevisee cho ʿāreż khūbān
(4) Sokhanam rā be khaṭṭ-e khūbash ārāst.
(5) Līk dūri ze nā dorostī-ye ṭabʿ
(6) Gāh ḥarfi forūd va gāhī kāst.
(7) Kardam eṣlāḥ-e ān man az khaṭṭ-e khish.
Garche nāmad chonānche del mīkhāst.
(8) Ānche ou karde būd bā sheʿram
Man ze khaṭṭash ghosūr kardam rāst.

(9) Ve mezbūr Sulṭān ʿAlī-ʾi Meşhedīnün üstādlık rütbesine (10) vāṣıl ve

nah̲l-i qalemi riyāż-ı maʿrifet ve mahāretde ḥāṣıl (11) şākirdlerinden biri Mevlānā Muḥammed İbrīşimīdür ki her mücellā (12) varaqı Burāq-ı berrāq-ı aṭlasa naẓīr, ve sevād-ı midād-ı ālūdı (13) liqāsı gibi mülāyemetde, ḥarīr-i h̲aṭṭ-ı menşūrı qalem-rev-i kitābetde (14) ʿālem-gīr, ve qıṭʿalarınun iştihār-ı mevfūrı ʿind-el-ahālī (15) pesendīde-ʾi ṣagīr ve kebīr idügi h̲afī ve setīr değildür.

Ve biri 44a (1) Sulṭān Muḥammed H̲andāndur ki benānı bāg u rāg-ı kitābetün (2) qalem aşılanmış nihāli ve evrāq-ı gülistānı zemīn-i maʿrifetün (3) nev-bahār-ı behre-mān mis̲āli devāt-ı surh̲ u rengesi bir kırmızı (4) gül idi ki bahār ve h̲azān h̲andān ola ve sevād-ı midādı (5) ol cūybār idi ki şeb ü rūz bostān-ı kemālātı (6) cūyān ola.

Ve biri dah̲ı Sulṭān Muḥammed Nūr idi ki (7) ṣafḥa-i sepīdi maḥż-i nūr ve leṭāfet-i kitābeti mā-ṣadaq (8) *nūrun ʿalā nūr* oldukdan gayrı, her *ha*-i hevvez ki naqş iderdi, (9) maʿārif-sipihrine hūr olurdı ve her beyt ve maṭlaʿ ki (10) yazardı nūrla sirişte Beyt-i Maʿmūr olurdı. Eğerçi kim (11) sevād-ı h̲aṭṭı hüner-i sevādında mānend-i şeb-i deycūr idi, (12) fe-ammā her saṭr-ı nebāhat-rabṭı maʿārif yazılarını rūşen (13) itmiş nūr idi. *Nawwaraʾllāhu ḍarīḥahu.*

Ve biri ʿAlāeʾd-dīn Muḥammed (14) Rezeʾidür ki kitābet bābınun miftāḥı benān-ı (15) muʿciz-beyānına müsah̲h̲ar ve h̲oş-nüvīslik kitābınun ebvāb-ı 44b (1) vācibüʾl-inşirāḥı h̲āme-ʾi siḥr-ās̲ārınun nūk-i yerāʿat-nişānına (2) mısṭar oldukdan māʿadā perkār-ı benānı her *hā* ki dāire şeklinde (3) resm iderdi, bāb-ı maʿārifde reze-ʾi rezīn-i zerrīn (4) veyāh̲ūd h̲alqa-ʾi āhenīn oluṛdı ve her *kāf* ki kilk-i (5) pūlādīsi kemālāt-ı ṣaḥāifine naqş eylerdi, ṣanʿat-ı (6) Dāvudī gibi istiḥkām bulurdı.

Bir dah̲ı Mevlānā ʿAbdī-ʾi (7) Nīşābūrīdür ki ātīüʾz̲-z̲ikr Şāh Maḥmūdun (8) h̲alūsıdur ḥattā baʿżılar qavlince üstād-ı şeref-meʾnūsıdur. (9) Ḥālā ki o ilde telemmüz̲i cāizdür. Fe-ammā quvvet-i rāsih̲a (10) taḥṣīlinden ṣonra Sulṭān ʿAlīden meşq itdügi (11) ṣaḥīḥ ve bārizdür. ʿAlā külli ḥāl Mevlānā ʿAbdi kātib-i (12) mergūb ve Meşhedīden telemmüz̲le h̲aṭṭ-ı maṭbūʿı maṭlūb, h̲oş- (13) nüvīs-i h̲oş-raqam, h̲oceste-i kitābet ve ehl-i qalem kimesnedür.

(14) Ve biri mezbūr Şāh Maḥmūd Nīşābūrīdür ki zümre-ʾi merqūmenün (15) nām-dārı ve Şāh İsmāʿīl bin Şeyh̲ Ḥaydar zamānınun üstād-ı 45a (1) bülend-iştihārı mesʿūd-ı qalem, maḥmūd-ı raqam bir h̲aṭṭāṭ-ı muḥterem idi ki, (2) ṣāḥib-qırān Sikender-nişān merḥūm Sulṭān Selīm H̲ān (3) mesfūr Şāh İsmāʿīlle Çaldıran ṣaḥrāsında maṣāff idüp,

(4) *Naẓm*

Ghażā dar bār-gāh-e kebriaee

Fekande ṭarḥ-e eslīmī khaṭaee.

(5) mażmūnı ẓāhir oldukda, "Kim bilür vücūduma firār u irtiḥāl ve memālik-i (6) ʿAceme gāret ve iḫtilāl vāqiʿ olup, mezbūr Sulṭān Selīm (7) Ḫān-ı Rūmīnün yed-i müʾeyyedine giriftār olalar" diyü evvelā Şāh (8) maḥmūd-ı Maḥmūd Nijādı, s̲āniyen muṣavvir-i bī-hemtā olan üstād (9) Bihzādı bir gārda nihān itmişdi ve "Sizün ḥıfẓınuzı Ḫudāya (10) sitāre-i sipāriş itdüm" diyü cāy-ı cenge gitmişdi. Ol zamān ki (11) münhezim ve maglūb firār ʿavdet eyledi, cümleden evvel (12) mezbūrānı taʿbiye itdügi maḥalle varup anları tecessüs kıldı. (13) Vaqtā ki maḥall-i maʿhūdda buldı, derūn-i dilden Rabb-i ʿizzete şākir (14) oldı. İmdi, mezbūr Şāh Maḥmūd ne maqūle vücūd-i mevdūd (15) idügi bundan kıyās oluna ki bir pādişāh anun ḥıfẓ u ḥırāsetini 45b (1) vilāyet ve haz̲ānesi ṣıyānetinden taqdīm eyleye. Ḥaqqā ki aṣḥāb-ı (2) ṭabāʿ-ı selīm ve ḫüsrevān-ı ṣāḥib-i dīhīm olanlara vācib ve mühimmdür (3) ki bu nükte-cānla tefhīm eyleye ve erbāb-ı maʿārifün ḥıfẓ ve ṣıyāneti (4) ne derecede lāzım idügini bundan kıyās-ı qavīm eyleye.

(5) Ve biri daḫı Muḥammed Qāsım Şādīşāh nām baḫt-ı meymūn, (6) ṭāliʿi hümāyūn üstād-ı meserret-nümūn imiş ki, ol maqūle (7) nezāket-i qaleme mālik ve taḥṣīl-i maʿrifet yollarında ḥüsn-i ḫaṭṭ gibi (8) ḫaṭṭ-ı istivāya sālik olmış. El-Ḥaqq, qassām-ı ezel ve ressām-ı cerīde-ʾi (9) lem-yezel leṭāif ve maʿārifi ahālī ve ʿavārife qısmet itdükde (10) mezbūrun ḫaṭṭ-ı pīşānı ḥüsn-i ḫaṭṭ meziyyetine qarīn bulınmuş ve levḥa-i (11) mesṭūr olan efʿāli *kirāman kātibina* imlāları ile qalem hidmeti (12) gibi rütbe-ʾi rātibeye taʿyīn olunmuş.

Bir daḫı Mīr Hibetuʾllāh (13) Kāşānīdür ki mehābet-i qalemi ṣalābet-i Z̲ūʾl-fiqāra şebīh ve leṭāfet-i (14) raqamı nezāket-i sāde-rūyān-ı muḫaṭṭaṭ-ʿiz̲ārā teşbīh olunsa, (15) vech-i vecīh oldukdan gayrı cilā-ʾi evrāqı ol kāşīdür ki 46a (1) kitābet-i kāşānesi anunla müzeyyendür ve rüsūm-ı ḫuṭūṭ-ı berrāqı güyā ki ol (2) kāşīde mürtesim olmış bahār u şükūfe-zār gibi muʿayyendür.

Bir daḫı (3) Monlā Rüstem ʿAlīdür ki Ḫorasānīdür ve fenninde pehlivān (4) idügine nām-ı nāmīsi iki cihetden bürhānīdür. Güyā ki kūpāl-i (5) devātle Rüstem-i s̲ānīdür veyāḫūd Z̲ūʾl-fiqār-ı kilk-i düzebānla (6) küttābun şāh-merdānıdur.

Ve biri Monlā Gıyās̲eʾd-dīn Müz̲ehhibdür (7) ki ḫaṭṭı müz̲ehheb ve saṭrının kürsīsi müretteb ḫūb-nüvīs-i (8) mülk-i ʿAcem ve ṣāḥib-i qalem bir ʿazīz-i gālib-raqam imiş.

Ve biri (9) Monlā Muḥammed Mervistānīdür ki qıṭʿaları mergūb-i ümem ve kitābeti (10) maṭlūb-ı ehl-i raqam bir şaẖṣ-ı muḥterem imiş.

Bir daẖı Monlā Maqṣūd (11) ʿAlī Türkdür. Eğerçi ki kendüsi Türkdür ve illā rütbe-ʾi kitābeti (12) sutürkdür.

Ve biri daẖı Monlā Celāleʾd-dīn Maḥmūddur ki (13) nüssāẖān-ı Rūmun Celāl ve Cemāli olduğı gibi mezbūr daẖı (14) taʿlīq-nüvīsān-ı merzübūmun mā-ṣadaq vaṣf-ı ḥālidür.

(15) Ve biri daẖı Mevlānā Zeyneʾd-dīn Maḥmūddur ki kīş-i kitābetün 46b (1) zeyni ve meşq-endīş-i aṣḥāb-ı yerāʿatün müteʿayyini, maḥmūdüʾl-eṭvār, mesʿū-düʾl-ās̱ār, (2) meymenet-i taʿlīmle bülend-iştihār ve üslūb-i kitābetde ṭabʿ-ı selīm ve ẕihn-i (3) müstaqīm ile mā-bihiʾl-iftiẖār-ı dār ü diyārdur.

Ve yine Mevlānā Sulṭān ʿAlī-ʾi (4) Meşhedīnün bostān-ı qalemi nihāl-nişān-delerinün biri daẖı (5) Monlā Pīr ʿAlī-ʾi Cāmīdür ki saṭr-ı nezāket-şaṭrı bey-neʾl-ahālī (6) müşārünileyh biʾl-benān ve her ḥarf-i ṭarāvet-ẓarfı kemāl-i ruṭūbetle (7) nümāyān olup Mevlānā ʿAbduʾr-Raḥmān Cāmī fażāil mülkünün nice mīr-i (8) meclis ve ser-āmedi ise mezbūr ʿAlī-ʾi Cāmī daẖı qalem-rev-i kitābetün (9) üstād-ı mücerredidür. Ḥattā müşārünileyhün leṭāfet-i kitābetinden kināyet (10) ve qalemi-nün medāyiḥi ʿibāretinden istiʿāret ile şöyle naql ve ḥikāyet (11) iderler ki "Mezbū-run müfredātındaki *ʿayn*a bakmadan gözlerüm ẖīre (12) oldı ve şāhid-i ʿirfānındaki ān içün eşk-i reşk döke döke (13) kevkebüm tīre oldı" diyüp ātīüʾẕ-ẕikr Mevlānā Mīr ʿAlī rāqam-ı (14) merqūmı vaṣf itmiş ola ve rütbe-i sāmiyesine bu vechle şehādeti (15) taḥaqquq bula. El-Ḥaqq ṣaḥīḥüʾl-ẖaṭṭ, nā-ṣarīḥüʾl-galaṭ, Enīsīye enīs 47a (1) bir merd-i ẖoş-nüvīsdür.

Ve biri daẖı Mīr Şeyẖ Nūreʾd-dīn (2) Pūrānīdür ki Mevlānā Meşhedīnün pūr-i zī-şānı ve qalem- (3) rev-i kitābetün mālik-i İrān ve Tūrānı mes̱ābesinde memdūḥ (4) üʾl-qalem, meşrūḥüʾr-raqam, üstād-ı maʿlūmüʾl-ʿilmdür.

Ve biri daẖı (5) Mevlānā ʿAbdüʾl-Vāḥid Meşhedīdür ki sābıqan dārüʾd-dev-letüʾs-seniyye-i (6) maḥrūsa-ʾi Qusṭanṭıniyyeye gelüp naqāve-ʾi Āl-i ʿOs̱mān Sulṭān Süleymān (7) H̱ān *ʿalayhi al-raḥmatu wa ʾl-gufrān* ḥażretlerinün himmet-i ʿulyāları ile (8) ercmend ve vaẓīfe-ʾi celīle-ʾi şāhinşāhīnden behre-mend olup (9) vilāyet-i Rūmda kalmışdur ve ṣarīr-i qalemi Meşhedīliğini ve Meşhedīden (10) te-lemmüẕüni ol ʿaṣr-ı bāhirüʾn-naṣrdaki küttāba velvele ṣalmışdur.

(11) Bir da<u>h</u>ı Sebz ʿAlī-ʾi Meşhedīdür ki ziyāde <u>h</u>oş- (12) nüvīsdür. Telāmi<u>z</u>e-ʾi Meşhedī mā-beynlerinde güyā ki beyneʾl-kevākib-i (13) Bercīsdür.

Bu ma<u>h</u>alle gelince beyān olunan üstādān merḥūm (14) Sulṭān ʿAlīden biʾ<u>z</u>-<u>z</u>āt telemmü<u>z</u> idenlerün meşāhīridür. (15) Biʾl-vāsıṭa meşq idenler da<u>h</u>ı vardur ki biri Mīr <u>H</u>ūbī-i Ḥüseynīdür ki 47b (1) bu da<u>h</u>ı merḥūm Sulṭān Süleymān <u>H</u>ān *ʿalayhi al-raḥmatu wa ʾl-gufrān* ʿaṣrında (2) pāy-ı ta<u>h</u>t-ı ʿaliyye-i maḥrūsa-ʾi Qusṭanṭıniyyeye gelüp Şehnāme-ʾi ḥaqānī (3) kitābetine meʾmūr-ı mezīd-i ʿināyet-i pādişāhīden muvaẓẓaf-ı mesrūr (4) olup Sulṭān ʿAlī-ʾi Meşhedīyi biʾ<u>z</u>-<u>z</u>āt görmeden (5) türbesinde kendü qaṭʿı ile bir qalemine dest-res bulup (6) şeb ü rūz andan // yaʿnī ki rūḥāniyyetinden // mütelemmi<u>z</u> olduğı şāyiʿdür.

(Ve yine mezbūr Sulṭān ʿAlī-ʾi Meşhedī şākirdlerinün ā<u>s</u>ārından biri ber-güzīde-i <u>h</u>oş-nüvīsān ve pesendīde <u>h</u>aṭṭāṭīn-i cihān Monlā ʿAlī Rıżādur ki leṭāfet-i qalemine söz yokdur ve nezāket-i raqamına reviş-i mergūbı ṭanıkdur.

Ve mesfūr ʿAlī Rıżā şākirdlerinden teʾlīf-i kitāb e<u>s</u>nālarında Bu<u>h</u>ārāda vefāt itmiş Mīrzā Maḥmūd Kātib da<u>h</u>ı vardur ki unfuvān-ı şebābı taḥṣīl-i kemālde ve zamān-ı ṭarāvet-i behcet meʾābı nihāyet-i ḥüsn ü cemālde idügi <u>s</u>iqātden menqūldür).

Ammā Mevlānā Sulṭān (7) Muḥammed <u>H</u>andān ki nev-<u>h</u>aṭṭ-ı şākirdān-ı gonçe-lebān ve lāle-rūyān-ı (8) benefşe-mūyān ile debistān-ı maʿrifetini mānend-i bostān u gülistān (9) ve <u>h</u>iyāvān-ı taʿlīm-i pür-ḥikmetini ṭabʿ-ı müstaqīm aṣḥābına rāst qalem (10) ve bī-kem ü kāst raqamlarla reşk-i ferādīs-i cinān eylemişdür (11) ki içlerinde māhirleri vāfir ve üstādlık merātibinde şākird-i (12) şākirleri olmayan nādirdür.

Pes ol cümleden biri (13) tārī<u>h</u>-i teʾlīfde zinde ve üstādı mesnedinde be<u>z</u>l-i maʿrifetle (14) meşhūr āyende ve revende Mevlānā Yārī-ʾi Şīrāzīdür ki (15) ḥālā üstādına <u>h</u>ayr-ı <u>h</u>alef ve <u>h</u>oş-nüvīslikle nümūdār-ı üslūb-i 48a (1) selef idügi ve Mevlānā Muḥammed <u>H</u>andān şākirdlerinün āb-ı rū-yı (2) ve <u>h</u>aṣṣāl-ı ḥamīde ve naẓm-ı mergūb u pesendīde ile ʿaṣrınun (3) nīk-<u>h</u>ūyı idügi muqarrerdür.

Ve Mevlānā Şāh Maḥmūd Nīşābūrī (4) ki üstād-ı kārdam ve kāhī Mīr ʿAlī revişinde muʿciz-nişān, (5) ʿaṣrındağı <u>h</u>üsrevān-ı muḥteşem ve mesned-nişīnān-ı Güstehem-ḥaşemden (6) Şāh İsmāʿīlün iltifātı ile kāmrān ve şehnāmesi <u>h</u>aṭṭına meʾmūr (7) kılınmağla müşārünileyh biʾl-benān, <u>h</u>oş-nüvīs-i māhir, niçe şākird taḥṣīli ile (8) meymeneti ẓāhir kimesne idi.

Ol cümleden biri Mevlānā Selīm (9) Nīşābūrīdür ki sene tis'īn ve tis'ami'e es-nālarında ṣafḥa-'i rūzgārdan (10) varlığı ẖaṭṭını ḥakk ve *kullu shay'in hālikūn illā wajhahū* ser-nāmesini cibāh-i (11) levḥ-i iştibāhına tersīm-i bī-şekk eyledi. Ātiü'ẕ-ẕikr Monlā Quṭbe'd-dīn (12) Yezdī müşārünileyhün renge-nüvīslikde mahāretini ve ẖoş-nüvīsli-güni (13) ve ẖaṭṭınun ruṭūbetini kemāliyle beyān idüp "Nāzik-qalemlik bir āyetdür ki (14) anun şānında nāzil olmışdur ve reng-āmīz-i ẖuṭūṭ bir behre-'i (15) bī-nihāyedür ki Selīmün ṭab'-ı selīmine ṣunulmışdur" diyü vaṣf-ı ḥālini 48b (1) 'ayān itmişdür. *Raḥimahu Allāhu ta'ālā wa askanahu fī-jannat al-'alā* (2) *bi-nubuwwati rasūlihi al-karīm wa bi-ḥurmati man atā'llāhu bi-qalbin salīmin.*

Biri (3) daẖı Mevlānā Ḥācı Muḥammed Tebrīzīdür ki ṣadr-nişīn-i (4) gurfe-'i cenān, Ḥażret-i Sulṭān Süleymān Ḫān zamānında vilāyet-i (5) Rūma geldi. Ve mezīd-i 'ināyet-i şehriyārīden yevmī kırk aqçe (6) vaẓīfe ile maḥrūsa-'i Būrsa-da mütemekkin oldı. Ḥaqqā, debīr-i rūşen- (7) żamīr ve münmaq-ı 'Uṭārid-taḥrīr idügi dillerde meşhūr ve meẕkūrdur. (8) Eğerçi ki Şāh Maḥmūd müşārünileyhün şākirdleri çokdur. (9) fe-ammā meşāhīründen bunlarla iktifā olunmak nüktesinde ẖaṭā (10) yokdur.

Keẕālik Mevlānā Muḥammed Qāsım bin Şādīşāh (11) şākirdlerinden biri 'ayyāş-ı küttāb, sāğar-ı güzīn-ı ülü'l-elbāb (12) Mevlānā 'Ayşī, ẖuṣūṣān muḥyī-i ās̱ār-ı qalem, ḥayāt- (13) efzā-yı erbāb-ı raqam Mevlānā Muḥyīdür ki 'Ayşīnün (14) ẖaṭṭı hemvārlıkda ve ru'ūnetde üstādı ẖaṭṭından ṣāff (15) ve bihter ve Muḥyīnün ẖaṭṭı ṭarāvetde ve nezāketde mürebbīsi qaleminden 49a (1) maqbūl ve ẖoş-terdür. Bu eyyāmda memālik-i Ḫorāsānda andan ẖoş- (2) nüvīs yokdur ve fennindeki mahāretinün iḥyā-yı emvāt (3) itmiş gibi şühūdı çokdur.

Ve üstād-ı mezbūrun maqbūl (4) şākirdlerindrn biri daẖı Sulṭān Maḥmūd Türbetīdür ki (5) rütbesi ve ātīü'ẕ-ẕikr Monlā Dūrīye qarībdür ve ṣıḥḥat-i ṣoḥbeti (6) ḥīn-i te'līfde s̱ābit-i bī-taqrībdür ammā Mevlānā Muḥyī ṭabaqasında (7) değildür. El-ḥaqq, Muḥyī bir debīr-i muṭlaq ve muḥaqqıq-ı muḥaqqaq-ı bī-muḥaqqaqdur ki (8) şimşād-ı aqlām zülāl-i midāddan neşv ü nemā bulalı ve yazusı (9) ṣafaḥāt-ı erqām, sebze-zār-ı ḥurūf ve benefşe-zār gibi (10) terkīb-i mevṣūf zīnetiyle müşerref olalı beyne'l-küttāb (11) muḥyī anılan Muḥyī-i mu'ciz-nümā *kayfa yuḥyī al-arḍa ba'da mawtihā* (12) naṣṣ-ı laṭīfine zülāl-i kitābetle tamām mā-ṣadaqdur. Ve şeb ü rūz (13) müdāvemeti ve ża'f-ı pīrī ve qāmet-i münḥanī-birle ḥüsn-i ẖaṭṭ muḥas-senātına (14) diqqati, her an ẖāmesini *nūn* üzre ilqā ve vaṣf-ı ẖaṭṭ (15) ser-nāmesini *alifun yuqārinu nūnan* feḥvā-yi gurrāsıyla müʾeddī 49b (1) kılduğı *bi-ḥaqq al-nūn wa ʾl-qalam* ve *bi-ḥurmat al-umiyyi lawlāhū lam-yukhlaq al-qalam* (2) her āyinehu muṣaḥḥaḥ ve muṣaddaqdur.

Biri daẖı Monlā Muḥammed Ḥüseyin (3) Bāẖarzīdür ki küttābun merdi ve ẖoş-nüvīslerün (4) ferdi ve ṭarīq-ı mahāretün reh-neverdidür. Eğerçi mezbūrān (5) Muḥammed Ḥüseynī ve Sulṭān Maḥmūd Türbetī kimi Şāh Maḥmūd şākirdleridür (6) ve kimi Muḥammed Ḫandān mürebbālarıdur dirler, lākin eṣaḥḥı budır ki mezbūr (7) Muḥammed Ḥüseyin hem Şāh Maḥmūddan ve hem Qāsım Şādīşāh gibi (8) üstād-ı mevdūddan meşq itmişdür. Ammā Sulṭān Maḥmūd Türbetī (9) ancak Şāh Maḥmūdun es̱er-i himmetidür.

Ve yine sābıqüʾẕ-ẕikr (10) Mīr Hibetuʾllāh Kāşānī ki bālāda mesṭūr ve ruʿūnet-i üslūb-i (11) ẖaṭṭı beyneʾl-esātiẕe meşhūrdur anun daẖı nām-dār u bülend- (12) iştihār tilmīẕleri maʿrūf ve meẕkūrdur. Pes ol cümlenün (13) eşheri ve pīşvā-yı mihter-hüner-veri faẖrüʾl-müteʾaẖẖirīn (14) Emīr Muʿizzeʾd-dīn Muḥammeddür ki biʾẕ-ẕāt Mīr Hibetuʾllāhdan (15) mütelemmiẕ ve bir vāsıṭa ile Meşhedīnün taʿlīm-i rūḥāniyetinden 50a (1) mütelezziẕdür. Ḥattā ātīüʾẕ-ẕikr Mevlānā Mālik Deylemī Mīr Muʿizzi ʿaṣrınun (2) müsellemi ṭutup, ʿIrāqda ana mānend ẖoş-nüvīs yoğduğuna (3) ve ẖāme-ʾi kitābeti gibi bostān-ı taʿlīminün nihāl-nişāndeleri (4) coğduğuna muʿterifdür. Gālibā sene tisʿīn ve tisʿamiʾe tārīẖinden (5) bir iki yıl muqaddemce *irjiʿi ilā rabbika* fermānına mütābeʿat ve şeref-i (6) siyādetle cennet ehlini ve *kirāman kātibīni* teşrīfe ʿazīmet itmişdür. (7) El-ḥaqq ẖaṭṭı dil-pezīr ve ʿazīz ve qıṭʿaları ṭarāvet-mesīr (8) ve gevher-rīz, muqallid-i müteʾaẖẖirīn, muʿizzüʾl-kitābet veʾd-dīn bir seyyid-i ṣāḥib- (9) temkīn imiş. *Nawwaraʾllāhu maḍjaʿahu bi nawāriʾl gufrān wa aʿazza shānahu* (10) *al-sharīf bi-iʿzāzi sukkān al-janān.*

Ve Monlā Rüstem ʿAlī-i Ḫorasānīnün (11) daẖı baʿżı qābil şākirdleri vardur ki ol zümrenün biri (12) kendinün ferzend-i māhiri Muḥibb ʿAlīdür ki ẖaṭṭınun müfredātına (13) naẓar olunsa metāneti nümāyāndur ve illā saṭrınun kürsīsine (14) dikkat kılınsa güyā ki her beyti bī-bünyāndur. Beher-ḥāl üstād-zāde (15) ve leṭāfet-i qalemi eks̱erinden nāqıṣ ise eqallinden ziyādedür.

50b (1) Ve yine mezbūr Meşhedī şākirdlerinden üstād-ı kāmil ve naẖl-i (2) qalemi riyāż-ı maʿrifet ve mahāretde ḥāṣıl Monlā Zeyneʾd-dīn (3) Maḥmūd ki ẖoş-nüvīsān-ı ʿālemün ẖaṭṭāṭ-ı ẖuceste-nihādıdur. (4) ʿAleʾl-ẖuṣūṣ ki *rubba wāḥidin yūzanu alfan* mażmūnuna (5) mā-ṣadaq olan sulṭānüʾl-ẖaṭṭāṭīn, ẖāqānüʾl-muḥarrirīn (6) Mevlānā Mīr ʿAlīnün üstādıdur. Fe-lā-cerem (7) emīr-i hoş-nüvīsān-ı cihān ve ṣāḥib-i serīr-i (8) debīrān-ı nādirendān aʿnī bihi Mīr ʿAlī-ʾi maḥāret-nişā-nun (9) vilādeti nişānun Herātda ve neşv ü neması Meşhed-i Rı (10) żaviyye-ʾi fāyiżüʾl-berekātda vāqiʿ olup sādāt-ı (11) meʿālī derecātdan ve eşrāf-ı ṣıfāt-ı melikiyyüʾṣ-ṣıfātdan (12) idügi *Tuḥfe-ʾi Sāmī*de daẖı beyān olunmışdur. H̲uṣūṣān telemmüẕi (13) Sulṭān ʿAlī-ʾi Meşhedīden idügi ve sene h̲amse ve erbaʿīne (14) ve tisʿamiʾe tārīh̲inde mülk-i H̲orasāndaki ih̲tilāl (15) ve inqılāb ḥasebi ile Māverānüʾn-nehre gidüp 51a (1) quvvet-i pīrīden żaʿf-ı bāṣıra peydā eyledügi taṣrīḥ kılınmışdur. (2) Ve lākin iştihār-ı Sulṭān ʿAlī ki sene iḥdā ve sittīn ve s̲emānemiʾe (3) tārīh̲inde hüveydā olan Sulṭān Ḥüseyin Bayqaranun (4) zamān-ı maʿdeleti hengāmındadur ve merqūm Mīr ʿAlīnün ʿālem-i baqāya (5) rıḥlet ve güẕārı tārīh̲-i *Tuḥfe-ʾi Sāmī* es̲nālarındaki sene (6) sebʿa ve h̲amsīn ve tisʿamiʾe eyyāmındadur ve baʿżılar qavlince vefātına (7) "*Mīr ʿAlī fawt namūda*" tārīh̲ düşüp irtiḥāli sene iḥdā (8) ve h̲amsīn ve tisʿamiʾe encāmındadur. Bu taqdīrce Mevlānā (9) Mīr ʿAlī Monlā Sulṭān ʿAlīden biʾẕ-ẕāt meşq itmiş olur (10) ve *akthara iʿmāra ummati bayna sittīn wa sabʿīn* ḥadīs̲-i şerīfi mūcibince (11) ol miqdār muʿammerliği nedret üzre vuqūʿ bulur. Fe-ammā (12) *Risāle-ʾi Quṭbiyye*de "Mīr ʿAlī Monlā Sulṭān ʿAlī şākirdi (13) Mevlānā Zeyneʾd-dīn Maḥmūddan telemmüẕ idüp Meşhedīden (14) biʾl-vāsıṭa meşq itmişdür" diyü beyān olunduğunda iṣābet-i (15) muqarrer ve h̲ilāf iḥtimāli gayr-ı müyesserdür. ʿAlā külli ḥāl Mīr ʿAlī 51b (1) qalem-rev-i iqlīm-i kitābetün mīr-i ṣāḥib-i qalem-nām-dārı ve isminün (2) delāleti ve kilk-i dū-zebānının rivā-yetiyle mālik-i (3) Ẕūʾl-fiqār olan Şāh-ı Vilāyetün hem-şiʿārı, (4) h̲āmesi riyāż-ı ʿirfānun serv-i mevzūnı ve midād-ı nāmesi (5) ḥıyāż-ı bedīʿ ü beyānun zülāl-i muʿ-ciz-nümūnı, eğer s̲ülüs̲ (6) yazmış olsa h̲aṭṭ-ı Yāqūtı nesh̲ itmesi muḥaqqaq idi (7) ve eğer reyḥānī naqş itmiş olsa berg-i lāledeki (8) naqş-ı benefşe-zār taʿlīqi gibi her saṭrı muʿallaq idi.

(9) Ḥāṣıl-ı kelām Mīr ʿAlī-ʾi be-nām sulṭān-ı küttāb-ı zerrīn-i aqlām (10) ve h̲āqān-ı üstādān-ı nādire-i erqām idi ki eğer (11) İbn Muqle beyāż dīdesindeki sevād gibi h̲uṭūṭ-i midād (12) imdādını görse kāh eşkinden devāt-ı çeşmini (13) sürh̲ ve şengerfle pür eylerdi ve kāh reşkinden merdümek-i (14) dīdesi dürcini Mī-rün dürcine īs̲ār-ı dürr eylerdi.

Li-münşiʾihi

(15) H̲āmesi h̲āme vü saṭrı şemşīr.

Mālik-i seyf ü qalemdür ol mīr.
52a (1) Mīre nisbetle ol İbn Bevvāb
H̲āmesi elde ʿaşā bir bevvāb.
(2) Qıldı Yāqūt gibi mah-veşi
H̲aṭṭ-ı Hindūsuna ʿabd-i Ḥabeşī.
(3) Görse ki muʿciz-i h̲aṭṭın Argūn,
İtse inkārın olurdı azgūn.

(4) Nes̲r

Ve biʾl-cümle mīr-i hüner-verān-ı küttābdur ammā zamānında (5) münkir ve muʿārıżları dah̲ı bī-ḥisābdur. Cümleden biri Meşhedī (6) şākirdlerinden sābıqüʾz̲-z̲ikr Muḥammed Qāsım bin Şādīşāhdur (7) ki Mīrün żaʿf-ı pīrīden şiddet-i ṣavta iḥtiyācını iẓhāren (8) ve kendinün qıllet-i ʿaql ve efkārını işʿāren Mīr ḥaqqında dimişdür:

Naẓmuhu

(9) Gar kāteb ke dārad daʿva-ye khaṭṭ,
Havā-ye khod-pasandī borde hūshash.
(10) Az ānrū khaṭṭ-e ou aṣle nadārad.
Ke taʿlīm-e kasī nashnīde gūshash.
(11) Ḥattā Mīr dah̲ı cevāba tenezzül idüp bu qıṭʿayı dimişdür:
Naẓmuhu
(12) Pesar-e nā-ghabūl Shādīshāh,
Chon pedar nā-ghabūl-o-mankūbast.
(13) Khaṭṭ-e be naghl-e ou nabāshad khūb.
Eğer ān naghl mikonad khūbast.

(14) Veʾl-ḥāṣıl ser-āmed-i ʿālem ve ser-efrāz-ı aṣḥāb-ı qalem bir mīr-i muḥterem (15) ve seyyid-i ehāli-i h̲ademdür ki h̲oş-nüvīsānün eks̲eri 52b (1) yaʿnī ki ḥüsn-i h̲aṭṭ nezāketlerinün her h̲abīr-i hüner-veri Mevlānā Mīr (2) ʿAlīnün kitābetini ve qıṭʿa-nüvīsliğe mah̲ṣūṣ olan (3) mahāretini Meşhedī yazusından tercīḥ itmişlerdür. (4) ʿAleʾl-h̲uṣūṣ "H̲aṭṭınun ruṭūbeti ve qaleminün metāneti (5) andan bālā-terdür" diyü taṣrīḥ itmişlerdür. Ve ammā (6) niçe h̲aṭṭāṭ-ı nām-dār ve naqqād-ı cevāhir-i Yāqūt-iştihār (7) Meşhedīnün zātındaki qıdemi ve qıbletüʾl-küttāb (8) olduğı ḥayyiz-i muḥteremi ve baʿżılar h̲aṭṭ-ı rūşenindeki (9) reviş-i muḥkemi ve

müfredātındaki leṭāfet-i mübhemi sened (10) idinüp Mīrden taqdīm ve "Mīr anun fī'l-ḥaqīqa şākirdinün (11) şākirdidür" diyü rütbe-'i 'ulyāsını teslīm idegelmişlerdür. (12) Ve lākin fī zamānınā muraqqa'lara māl-i Qārūn mes̱ābesinde (13) māl ü menāl ve ẖuṭūṭ iştirāsına mā-meleklerini (14) fedā eyleyen ağniyā' ve ẓurefāyı esẖıyā Mīrün bir qıṭ'a-'i (15) güzīndesini beş altı bin rāyicü'l-vaqt-i 'Os̱mānīye almak 53a (1) ve Meşhedīnün dü-beyt qıṭ'a-'i pesendīdesine nihāyet (2) dört beş yüz aqçe ṣaymak bir iki def'a vāqi' oldı. (3) Ma'a haẕā ṭāliblerün tercīḥ-i ṣırfla rağbetinden mi veyāẖūd (4) Mevlānā Mīr 'Alī qıṭ'alarınun nedretinden-mi idügi (5) beyāża çıqmadı. Bu ḥaqīr taḥqīqinde her biri bir semte (6) sālik ve reviş ve verzişde üstādlık rütbesine (7) mālik büzürg-vār ve nām-dār ẖoş-nüvīslerdür.

(8) *Tenbīh*

(9) Ammā feryād ve ṣad feryād ba'żı sufehā ve ağniyā ve ẖuṭūṭ (10) ve qıṭ'āt sevdālarına mübtelā ağniyā zümresinden ki (11) eks̱erī tiryākiyān-ı aṣḥāb-ı qalemden ya'nī ki *kulli kātibun* (12) *jāhilun* terkībine mā-ṣadaq olan erbāb-ı raqamdan (13) belki rūznāmçe ve muqāṭa'a ẖidmetlerine istiẖdām qılınan (14) cühelā-'i meẕmūmü'ş-şiyemdendür eğerçi ol zümrenün (15) daẖı dāniş-ver ve hüner-verleri muqarrerdür ve illā nādān 53b (1) ve bī-baṣīret ve bī-hünerleri ziyāde ve efzūnterdür. Fe-lā-cerem (2) 'ummāl-i bī-a'māl bed-āmālden irtişā itdükleri māl (3) ü menāl ki ṣarf-ı beytü'l-māl-i Müslimīn ve maḥż-ı ẖazāne-'i (4) sulṭānü's-selāṭīn idüginde şübhe yoqdur, (5) qıṭ'alarınun teẕhībine ṣarf ve muraqqa'larınun tertībine (6) mülemma'-ẓarf itdükleri ol maqūle irtişā-yı ẖıyānet me'āllerinden ise (7) kendüleri *la'ana'l-lāhu al-rāshī wa 'l-murtashī* mażmūn-ı laṭīfiyle (8) muṣaddaq itdükleri muqarrer olmışdur ve eğer 'ırq-ı cebīn ve kedd-i (9) yemīn-i vāris̱-i müstebīn ile mālik olduqları menāllerinden (10) ise *inna'llāha lā-yuḥibb al-musrifīn* naṣṣ-ı kerīmine mā-ṣadaq (11) idükleri taḥaqquq ve ta'ayyün bulmışdur. Ma'a haẕā (12) ẖaṭṭdan ḥaẓẓları yoğduğı ve müzevver ketebelü qıṭ'aları (13) müsevvedāt-ı remmālden çoğduğı ma'lūm-i ṣiğār ü kibār (14) ve mefhūm-i rū-şināsān u aẖyārdur.

Ḥikāyet

(15) Zümre-'i rāqımından sevād-ı vechi beyāża çıqmış ba'żı fütāde 54a (1) ya'nī ki ḥesāb ve kitāb behresinden ṣıfr el-yedd niçe fülān (2) zāde ki ẕātları

ṣafḥa-i sepīd gibi sevād-ı ʿilm-i ḥesābdan (3) sāde ve şānları ehl-i ḥiref şānı gibi ḥarf okumak (4) maʿāyibinden inḥirāfla āmāde, ancak sevād-h̲ānlıkları (5) evrāqı vālidleri elqābından nāşī qaralanmış muḥāsebātla (6) küşāde, vāridātları ise h̲uṭūṭ sevdāsındaki (7) meṣārıf defterlerinde rūz-be-rūz ferv-i nihāde olmağla (8) bir dereceye varmışlar ki her nev-heves naqqāş sevād-ı şebde (9) resm itdügi müsevvedātı "Mānīnün siyāh qalemidür" diyü (10) mezbūrlara ṣatmağla ve adı ṣanı belürsüz küttābun kitābetlerine (11) tezvīren Mīr ʿAlī ketebesin yazup ṣatanlardan iştirāʾ(12) eyledüklerinden māʿadā tez̲hīb ve taṣvīrine küllī aqçeler ṣaymağla (13) baʿżısı bir senede nice bin dīnār itlāf eylemiş, bulduğun (14) almış ve naqqāşlar ve dellālar var ki mezbūrdan cāhillere ṣatmağla (15) cüzdanlarında qaralanmış evrāqı bile qalmamış ve biʾl-cümle 54b (1) bir muraqqaʿa kırk elli bin filori ṣarf itmiş ve zuʿm-i (2) fāsidince vaṣṣāllığa ve zer-efşān ṣanʿatında ve zer ḥallinde (3) ḥallāllığa gūşiş eylemiş, aʿlā qıṭʿaları gec ve nā-hemvār (4) (ve) evrāq-ı müzevveresi gibi muh̲tellüʾl-eṭvār itdükden (5) (gayrı) ṭabʿ-ı muʿaveccinün iqtiżāsına göre cönk peydā (6) qılmış ve her varaqun kenārını ḥāşiye şeklinde nā-merbūṭ beytlerle (7) muh̲abbaṭ itmiş yaʿnī ki bir qıṭʿayı çār pāre ve her mıṣrāʿyı qarībinden (8) āvāre qılup istedügi yerlere yapışdırmışı maʿa haẕā iʿtiqād-ı mühmeline (9) göre h̲ayli h̲arc eylemişi vāfir idi lākin ẓāhirde (10) ve maʿnīde beyti bozmamışı ve muraqqaʿ-dārlarun h̲ırqa-ʾi muraqqaʿası gibi (11) pergāle pergāle qılmamışı nādir idi.

Naẓmuhu

(12) H̲araballāhu beyteha ʾl-maʿmūr,
Beyt-i Maʿmūrı eylemiş menşūr.
(13) Bir şey ḥalvā gibi yedikçe tamām,
Ṭamladup itmiş anı zerd-āşām.

(14) Ve ammā Mevlānā Mīr ʿAlī şākirdleri ki kimi biʾẕ-ẕāt kendüden (15) kitābet itmişdür ve kimi biʾl-vāsıṭa telemmüẕ idüp qıṭʿalarına 55a (1) göre meşq itmekle ah̲ẕ-i terbiyet itmişdür, evveli veled-i reşīd ve ferzend-i (2) hünermend-saʿīdi Mīr Muḥammed Bāqırdur ki h̲oş-nüvīslikde (3) ʿadīli nādir ve pīşānī-ʾi kitābet-ās̲ārında *al-waladu sirrun abīhi* remzi (4) bāhirdür.

İkinci ḥüsn-i h̲aṭṭ sipihrinün āftābı ve ʿālem-i kitābetün (5) māh-ı felek-cenābı H̲āce Maḥmūd İsḥāq Şihābīdür ki her saṭr-ı leṭāfet- (6) Benātüʾn-naʿş-ı mihīnün naẓīri ve her noqṭa-ʾi ṭarāvet- (7) qadri şeb-i Qadr içindeki nücūmun hemtā-ʾi müstenīridür.

Üçünci (8) aṣḥāb-ı qalemün baht-sermedi ve sādāt-ı küttābun emīr-i (9) ser-āmedi, seyyid-i eşrāf-ı hattāṭīn, sened-i eslāf-ı münemmiqīn (10) Mīr Seyyid Aḥmed Meşhedīdür.

Dördünci raqam-girān-ı qalem- (11) nīzenün müsellaḥ-ı nām-dārı ve hüner-verān-ı ṣaḥaif-sitīzenün (12) şīr-i merd-i muhtārı Mīr Ḥüseyin Külüngī-i Buhārīdür.

Beşinci nāzik- (13) nüvīsān-ı ʿālemün sütūde-ṭarzı Mevlānā ʿAbdü'l-Hālıq Bāharzī, (14) altıncı yerāʿat-i güzīnān-ı meşārıq ve megāribün seyyāḥ-ı huceste-girdārı, (15) Tebrīzī şöhretiyle maʿrūf olan Mīr Ḥaydār el-Ḥüseynī Buhārī, 55b (1) yedinci esātize-'i müte'ahhirīnün ekremi ve ecille-'i muḥarrirīnün üstād-ı (2) muḥteremi, muṣırr-ı kitābetün Yūsuf-ı ṣāḥib-i qalemi ve diyār-ı maʿrifetün ʿazīz-i (3) eşher ü mükerremi Mevlānā Mālik Deylemī, sekizinci nāzik- (4) qalemlerün mīr-i vācibü't-tavṣīfi Mevlānā Muʿīne'd-dīn Muḥammed Şerīfī, (5) ṭoquzıncı mīr-i mūmāileyh şākirdlerinün ma-bihi'l-iftihārı ve hoş- (6) nüvīsān-ı rūşen-i kitābetün neqāve-'i muhtārı Mīr Muḥammed Maʿṣūm (7) Ḥüseynī Buhārīdür ki maʿlūm-ı kibār ü ṣıgār ve memdūḥ-i küttāb-ı nām-dār (8) olup gālibā sene sebʿīn ve tisʿami'e tārīhinde mekān-ı bevārdan (9) debistān-ı raḥmet-i deyyān cānibine riḥlet ü güzār itmişdür.

(10) Onuncı telāmize-'i maʿrūfenün meşhūrı ve esātize-'i mevṣūfenün (me'sūrı) (11) qıṭʿa-nüvīslerün seyyid-i şöhre-bendi Mīr Muḥammed Semerqandīdür ki (12) Mevlānā Mīr Muḥammed Maʿṣūmla meʿan kitābet iderlerdi. Ammā Mīr (13) Maʿṣūmun qalemi miżmār-ı mahāretde qaṣabü's-sabq behresiyle (14) anı sebq iderdi.

On birinci hoş-nüvīsān-ı ʿaṣrun (15) bülend-iştihārı ve raqam-girān-ı Buhārānun mā bihi'l-iftihārı Monlā 56a (1) Ḥācı Mīrek Buhārīdür ki Muḥammed Emīn şöhretiyle maʿrūf ve bedāyiʿ-i (2) yerāʿati eṣnāf-ı ṣanāyiʿ-i berāʿatle mevṣūfdur.

On (3) ikinci her nevişte beyti ʿālem-i mahāret ve kitābetün Beyt-i Maʿmūrı, (4) mahdūm-ı üstādān olan Mīr Dūrī ki Herātda neşv ü nemā (5) bulmışdur ve ebnā-'i mülūkden olmağla nām-ı nāmīsi "Sulṭān (6) Bāyezīd-i Herevī" şöhretiyle meşhūr olmışdur. Sene sitte ve semānīn (7) ve tisʿami'e tārīhinde garīq-ı fī'l-mā' olup zülāl-i Raḥmet-i (8) gaffār ravża-'i rūḥāniyyetini sīrāb itmiş ve lücce-'i biḥār-ı gufrān- (9) şiʿār zātını gevher-i şāhvār-ı muḥabbet gibi intihāb itmiş. *Raḥmatu'l-lāhi (taʿālā)* (10) *wa askanahu fī jannati'l-aʿlā*. Fe-ammā Dūrī tahalluṣ itmesi ẓāhiren (11) şāʿiriyyetine ve uṣūl-i qāʿidesi üzre naqīżi ile müsemmā olan (12) qurbiyyetine ve Mevlānā Mīr ʿAlī ḥużūrunda ferzend-i mergūb ve tilmīẕ-i (13) maṭlūb-ı maḥbūb olmaq üzre rağbetine delālet ve şehādet (14) iden ḫuṣūṣdan mā hüveʾl-vāqiʿdür. Yaʿnī ki üstād-ı (15) maʿlūm baʿżı maṭbūʿüʾr-rüsūm qıṭʿalarında "bi-cihet-i ferzend-i 56b (1) ʿizzetmend Mevlānā Sulṭān Bāyezīd eş-şehīr bi-Dūrī nevişte" diyü (2) qayd itdügi şāyiʿdür.

On üçünci Mevlānā Muḥammed Ḥüseyin Keşmīrī (3) dür ki Mīrün ekṡer āṡārından mümtāz, ser-defter-i küttāb-ı ṣāḥib-rāz, (4) erbāb-ı devlet himmeti gibi ser-efrāz ve beyneʾl-esātiẕe (5) ḥıfż-ı laṭīfi ḥayṡiyyetiyle lāzımüʾl-iʿzāz bir ʿazīzdür.

On dördünci (6) Sulṭān Maḥmūd Buḫārīdür ki ḥüsn-i ḫaṭṭdan behrever ve üslūb-i (7) kitābetine müẕehhibliği ser-ber bir hüner-ver-i hüner-perverdür.

On beşinci (8) Ḫāce Maḥmūd Siyavuşānīdür ki Mīrden telemüẕi ṣaḥīḥdür // ve ruʿūnet-i ḫaṭṭı ḫūb-nüvīslikden behresine delīl-i ṣarīḥdür. //

(9) On altıncı ḫaṭṭāṭlarun kemer-beste-ʾi taʿlīq-ʿıqāli ve üstādlarun (10) şöhre-bend-i vācibüʾl-iclāli Mevlānā Ḥamduʾllāh Ḫalḫālī, (11) on yedinci mālik-i ḫafīyy ü celī Monlā Qāsım ʿAlī, on sekizinci (12) ḫoş-nüvīs-i erşed esʿad Mevlānā Pīr Muḥammed, on ṭoquzıncı (13) ḫaṭṭāṭ-ı mahāret-delīl ve ḫoş-nüvīs-i bī-ʿadīl Mevlānā (14) İsmāʿīl, yiğirminci gevher-i deryā-yı kitābet ve server-i muʾaḫḫar-ı (15) leşker-i ḫāme-i qudret, ketāib-i küttābun emīr-i muḫtārı ve yerāʿat-i 57a (1) berāʿat-cevābun ma-bihiʾl-iftiḫārı, nādire-ʾi rūzgār Mīr Çeleme-ʾi (2) Buḫārī.

(3) Bu cümle ki ekṡerī Mīr ʿAlīden biʾẕ-ẕāt (4) telemmüẕ itmişdür fe-ammā ʿind-el-baʿż Mālik Deylemī ve Ḫalḫālī (5) Mīre yetişmeyüp mücerred qıṭʿaların-dan meşq eylemişdür. Ve lākin cemīʿsinden (6) Mīr Muḥammed Bāqır ve Ḫāce Maḥmūd Şihābī ve Mīr Seyyid Aḥmed ve Mīr Ḥüseyin (7) Buḫārī lā-siyemmā Mālik Deylemī ve Mīr Ḥaydar Buḫārī ʿaleʾl-ḫuṣūṣ (8) Mīr Çeleme-ʾi siyādet-şiʿārı ki heft-tendür, envār-ı āṡār-ı (9) maʿrifetleri sebʿa-ʾi seyyāre gibi rūşen ve esrār-ı kitābet ve meziyyetleri (10) heft-iqlīmde heft-yemm misāli ruṭūbet ve leṭāfetle müberhendür. (11) Bā-ḫuṣūṣ Mīr Çelemenün vilāyet-i ʿAcemde rağbeti ziyādedür (12) ve qıṭʿası bulunan kārvānun metāʿları şāhlığa giriftle (13) güşādedür. (Eğerçi ki nām-ı nāmīsi Mīr İskenderdür fe-ammā şöhreti Mīr Çeleme elqābı ile meşhūrdur).

Ḥikāyet olunur ki Mīr Çeleme-ʾi nām-dār (14) üstādı Mīr ʿAlī ʿaṣrında bir mertebede ser-āmedkār ve nādire-ʾi (15) emṣār ü dār ü diyār oldı ki Mevlānā Mīr ʿAlī mezbūra riʿāyet 57b (1) ve qıṭʿalarına kendinün ketebesin yazmağa icāzet virdi. (2) Yaʿnī "Rütben benüm mertebeme vāṣıldur" meziyyetini bi-ṭarīqiʾl-iltifāt (3) mezbūra bildürdi. Ve lākin ḥadd-i ẕātında bed-ḫulq ve magrūr olmağla (4) ol maʿnān qabūl eylemedi ve üstādına biʾl-müvācehe "Sen kimsün (5) ki ben senün ketebeni iḫtiyār idem?" diyü söyledi. Fe-lā-cerem (6) Mīr ʿAlī-ʾi muḥterem mezbūr Mīr Çelemeye bed-duʿāʾ eyledi ve anun (7) nefrīni ile az zamān geçmeden aʿmā oldı. Mürebbīsinün nāvek-i (8) duʿāsı ser-menzil-i icābete vuṣūl buldı.

Baʿde ẕālik (9) Mīrün şākirdliğiyle mevṣūf ve ammā ṣıḥḥati gayr-ı maʿrūf olanlardan (10) biri daḫı // Mīr Şeyḫ-i Evvel Kirmānīdür ki vilāyet-i Hind pādişāhı Hümāyūn Şāhūn peder-i büzürg-vārı Bābür Mīrzānun bāb-ı saʿādetinde yaʿnī ki maqarr-ı / ʿizzeti olan Qandihār-ı pāy-ı taḫtında ḫoş-nüvīslik ḫizmetinde (ve qalem-i nesḫ ve nestaʿlīq kitābetinde) merʿaı ve maqbūli idi. (Ḫuṣūṣān sütūde-mezheb ve dervīş-i meşreb ʿabd-i mekātib gibi müʾeyyid kātib qulı ve ne miqdār ṣalāt-ı tehiyye ve cevāiz-i seniyye taḥṣīl iderise ol diyār fuqarāsına bi-ṭarīqiʾt-taṣadduq meberr velī idi). Lā-siyemmā evāḫir-i ʿömrinde Mīr merḥūmun evāil-i ẓuhūrı terbiyrtine / muqārin olmış ve az zamānda meziyyet-i kitābetden çoqluq behre ve riʿāyet bulmuş qarīn-i şeref-qabūli idi.

Ve yine bunun ferzendi Monlā / Muḥyeʾd-dīnün püser-i hünermendi ve qalem-i nesḫi kendiden taʿallim itmiş şākird-i dil-pesendi ammā nestaʿlīqde ʿindeʾl-baʿż Mīr ʿAlīnün tilmīẕ-i ercmendi // Mīr Şeyḫ S̱ānī-i Kirmānīdür ki şākirdi değildür (11) diyenler Kirmānīnün Bābür Mirzā zamānında geldüğinden ve Mīrün (12) ẓuhūrı niçe ṣonra vuqūʿ bulduğundandur. Bunlarun biri (13) daḫı Mevlānā Eseduʾllāh Kirmānīdür ki ol daḫı zamān-ı Mīrden (14) muqaddemdür. Lākin evāḫir-i ʿömrleri Mīr ʿAlīnün evāiline rāst (15) gelmek cāiz olmağla teʾvīli müsellemdür. Her çend ikisi-de metīnüʾl-qalem, 58a (1) rezīnüʾr-raqam, mevṣūfüʾl-yerāʿa, maʿrūfüʾl-kitābet üstādlardur.

(2) Bu zümrenün biri daḫı ḫoş-nüvīsān-ı zamānun mīr-i (3) mihteri ve küttāb-ı Meşhedī-tüvānun nām-ver-i eşheri (4) Mevlānā Bābā Şāh İṣfahānīdür ki // Mīr Seyyid Aḥmed Meşhedīden mütelemmüẕdür. / Ḫuṣūṣān qıṭʿa-nüvīslikden mütecennib / ve kitābet-i kütüp ve resāʾilden mütelezziẕdür. // İşbu sene ḫamse (5) ve tisʿīn ve tisʿamiʾe tārīḫinde ḥayātda ve kerāmet-i kitābet (6) ve mahāretini is̱bātda idi. El-ḥaqq debīrān-ı İṣfahān (7) mezbūrı selefdeki üstādān ʿidādında bulurlar. Belki (8) anlarun daḫı eks̱erīnden tercīḥ ve taqdīm qılurlar. Zīrā ḫaṭṭınun (9) leṭāfeti rütbe-ʾi iʿcāzda ve qaleminün nezāketi mertebe-ʾi (10) imtiyāzdadur. Ammā şöyle

ki muʿammer ola ve sābıqdaki (11) h̲oş-nüvīsler gibi rağbet ve iʿtibār bula. Cümlesinün (12) ser-firāzı ve ketāib-i küttābun serdār-ı vācibüʾl-iʿzāzı (13) olmaq ve kendüsi pādişāh-ı hüner-verān ve şāhinşāh-ı nāzik- (14) nüvīsān olup Sulṭān ʿAlīʾi Meşhedī sulṭānlığına (15) ve Mīr ʿAlī-ʾi Herevī mīr-mirānlığına istih̲dām idüp imtiyāz 58b (1) bulmaq muqarrer gibi gelür. Bā-h̲uṣūṣ bī-keslikle rütbesi (2) pest ve ḥüsn-i h̲aṭṭla kitābet itmede dīv dest olup (3) h̲āṭıra şöyle lāyıḥ olur ki h̲oş-nüvīsliği māderzād (4) ve ḥüsn-i h̲aṭṭı maḥż-ı h̲udā-dād ola ve ehl-i İsfahānun (5) rağbeti ve H̲orasānīlerün ol kitābete iʿtibār ve ḥürmeti (6) bir mertebeye varmışdur ki bu yaqīnlarda māder-i rūzgār (7) Bābā Şāh gibi püser-i nām-dār ve ferzend-i h̲oş-nüvīs-i büzürg-vār (8) vücūda getürmüş olmaya ve devāt ümmüʾl-maʿārif (9) ve h̲āme ālet-i ebuʾl-ʿavārif olalıdan berü Bābā (10) Şāh gibi bābāyāne ferzend dāye-ʾi rūzgār (11) terbiyetinde behre-mend ve saʿādet-i iltifāta fāyiz bah̲t-ı (12) ercmend bulmaya.

H̲afī olmaya (15) ki Mīr ʿAlī-ʾi mezbūr şākirdlerinün dah̲ı nām-dār 59a (1) es̲erleri vardur ki eks̲eri ʿind-el-esātiz̲e muʿazzez ve ḥüsn-i (2) h̲aṭṭları kemā-yenbagī muʿteberdür. Ol cümleden biri Mevlānā H̲āce (3) Maḥmūd İsḥāq Şihābīnün Şāh Ḥüseyin Şihābī (4) nām şākirdidür ki üstādınun h̲īş-i bāhir (5) üʾl-intisābıdur. Çünki ketebesinde "Şihābī" kitābeti muqarrerdür, (6) nūrāniyyet-i ḥüsn-i qalemi ol lāqab-ı rūşenāyīsine sırr-berdür. (7) Eğerçi ki şihābīlik üstādına gökden inmişdür (8) *wa tanazzalu al-alqābu min ṣawb al-samāī* mażmūnuna ṣunʿ-i (9) nūrānīsi mā-ṣıdq-ı ṣadaq düşmişdür. Ve illā mezbūr (10) şākirdi dah̲ı bī-nām ve nişān değildür ana (11) Şihābī dinilür. Buna Kevkeb-i Yemānī diseler yemān (12) değildür. Fiʾl-ḥaqīqa ikisi-de Belh̲īdür.

(Ve bir şākirdi Monlā Muḥāmmed Ṣāliḥdür ki Çağatay pādīşāhlarından ʿAbduʾllāh H̲ān ve İskender H̲ān zamān-ı devletlerindeki h̲oş-nüvīslerdendür. Ve mezbūr Muḥāmmed Ṣāliḥ teʾlīf-i kitāb es̲nālarında vefāt itmişdür. Ve mezbūr Mīr ʿAlī merḥūmun ferzend-i reşīdi Mīr Muḥammed Bāqır şākirdlerinden Monlā Muḥammed Emīn dah̲ı vardur ki h̲aṭṭı h̲ūb ve revişi müstaḥsen ve mergūbdur).

Ve baʿżılar qavlince (13) bir şākirdi dah̲ı Mevlānā Muḥammed Muḥsīndür ki ol (14) dah̲ı Şihābī ās̲ārından ve sevād-ı midād-ālūdi (15) ol şems-i sipihr-i kitābetün iqtibās-i envārındandur. Vilādeti 59b (1) Herātda neşv ü neması ol ḥavālī-ʾi bā-berekātda vāqiʿ (2) olmışdur.

Ve yine Mīr Seyyid Aḥmed Meşhedīnün ki şarq (3) cānibinde ẓuhūrı ve isminün şemseddīnlikle kesb-i (4) nūrı // ḥaysiyyetinden // *ya'tī bi al-shamsi min al-mashriq* naṣṣ-ı nūrānīsine (5) ẕātı mā-ṣadaq olmışdur, ana bināen telāmīẕe ve ās̱ārı nücūm (6) gibi kes̱ret-i raqūmla iştihār bulmışdur.

Şākirdlerinün (7) aḥseni üstādınun ḥüsn-i ẖaṭṭına ta'alluqı ḥays̱iyyetiyle (8) ḥüsn-i ẖaṭṭ yazanlarun müstaḥseni, mālik-i ẖafiyy ü celī (9) Monlā Ḥasan 'Alīdür ki ḥüsn-i ẖaṭṭa sāde-rūluğı (10) ḥālinde mālik olmış ve lāle-ruẖlar cevr ü cefā fenlerine (11) meşq itdükde ol taḥṣīl-i kemālāta sālik olmış. (12) Ḥattā qaleminde ney-şeker // leẕẕeti // olmasa qıṣṣa-'i Meşhedī (13) şehd-āmīz eylemezdi ve ḥüsn-i ẖaṭṭı ẖaṭṭ-ı Ḥasan mis̱āli (14) zīnet bulmasa revişine hoş-nüvīsler "Belī!" dimezdi. (15) 'Ale'l-ẖuṣūṣ üstādı üslūbunı cüz'i tagyīr itmişdür. 60a (1) güyā ki āyet-i kitābeti ḥüsn-i re'yi ile tefsīr itmişdür.

(2) Biri daẖı Muḥammed Raḥīm Meşhedīdür ki qıṭ'aları (3) bu eyyāmda peydā ve biżā'at-i kitābeti sene tis'īn (4) es̱nālarında hüveydā oldı. Ḥattā bu ḥaqīr ki Bağdāda (5) vāṣıl oldum, mezbūrun bir iki qıṭ'asına (6) dest-res buldum. Keyfiyyet-i ẓuhūrunı istifsār ve (7) müdāvemet meşqini ol diyār ẖaṭṭ-şināslarından (8) istiẖbār itdükde didiler ki "Seyyid Aḥmedden mütelemmiẕ-i (9) tām ve quvvet-i rāsiẖa ile be-nām olduqdan ṣonra (10) on yıl tamām inzivā ile Meşhed-i Muqaddesede meşq (11) itmiş, ne kimseye rīş-ẖandle ẖaṭṭ göstermiş (12) ve ne müşg-i 'aşq itmiş kemā-yenbagī qalemine ṭarāvet (13) ve saṭr-ı muḥteremine leṭāfet geldüği gibi qıṭ'alarını iẓhār (14) ve rāgıb u ẖarīdār olanlara // īs̱ār // itmek üzre olmış".

(15) Bunlarun biri daẖı Mevlānā Qāni'īdür ki 60b (1) nān-ı ẖuşke qāni' ve qanā'at loqmasına ṭāmi' belki sedd-i (2) ramaq rütbesindeki zühd ü vera' zevādesiyle mütemmetti' dervīş- (3) meşreb ve sütūde-meẕheb kimsedür. Eğerçi ki (4) neşv ü nemāsı ve Mevlānā Seyyid Aḥmedden telemmüẕ-i nebālet- (5) nemāsı Meşhed-i şerīfde vāqi' olmışdur ve illā (6) mertebe-'i isti'dāda vuṣūlünden ṣonra temekkün-i rāḥat- (7) fezāsı Şām-ı şerīf-i vācibü't-ta'rīfde taḥaqquq bulmuşdur. (8) Revişi ẖūb, verzişi mergūb kātibdür.

Ve yine (9) Mīrün ẖalīfe-'i nām-veri ve taẖt-gāh-ı muṣırr-ı kitābetün Yūsuf-ı (10) ṣıddīq gibi mālik-i hüner-veri Mevlānā Mālikden daẖı (11) niçeler mütelemmiẕ ve nefāyis-i ẖuṭūṭ-i laṭīfelerinden (12) maḥẓūẓ ve müteleẕẕiẕdür ki ol cümlenün serveri (13) ve üstād-ı eşheri, müte'aẖẖirīnün ferīd-i gevher-rīzi (14) Mevlānā Muḥammed Ḥüseyin Tebrīzīdür ki evāilde kāh (15) sābıqü'ẕ-ẕikr Mevlānā İsmā'īlden ve kāh Mīr Ḥaydar ve Seyyid Aḥmed 61a (1) Meşhedīden meşq itmişdür ve illā qudret-i rāsih̲a (2) taḥṣīlinden ṣonra Mevlānā Mālik h̲idmetine mütehālik (3) ve üstādlıq behresine anun terbiyetiyle mālik (4) olmışdur. Muḥaṣṣal-ı kelām Mevlānā Muḥammed Ḥüseyin kendi ʿaṣrınun (5) ʿaṣrında nūr-i maşrīqeyn ve müteʾah̲h̲irīnün ʿahd-i bāhirüʾn-naṣrında (6) gurūba yaqīn olan hor-i h̲āfıqın mes̲ābesinde (7) olmağla h̲aṭṭınun manẓūriyyeti farż-ı ʿayn (8) ve şānınun ʿadem-i riʿāyeti ehl-i ʿirfān olan (9) küttāba maḥż-ı şeyn idügi muqarrerdür, H̲ilāfına (10) z̲āhib olanlar esālīb-i terākīb-i ḥüsn-i h̲aṭṭdan (11) bī-h̲aberlerdür.

Kez̲ālik Mevlānā Mālik şākirdlerinden (12) olup tesh̲īr-i qalem idenlerün müʾeyyidi Mevlānā Şāh Muḥammed (13) Meşhedī ve renge-nüvīs-i meşhūr Monlā ʿAyşī-i (14) ṣāḥib-ẓuhūrdur ki tārīh̲-i teʾlīfde ṣıḥḥatı mez̲kūr (15) ve şāh qorıcılarından idügi mesmūʿ-i mevfūrdur. 61b (1) El-ḥaqq ikisi-de kātib-i nādir ve lākin Şāh Muḥammedün izdiyād-ı (2) qudreti derecātla ẓāhirdür.

Biri dah̲ı Mevlānā Quṭb (3) eʾd-dīn Muḥammed Yezdīdür ki vilādet ve ʿunfuvān-ı (4) şebābı Yezd qaṣabasında ve yiğirmi yıldan berü temekkünle (5) kesb-i şeref ve intimāsı dārüʾl-h̲ilāfe-i Bağdād maḥmiye-ʾi (6) behiyyesinde vāqiʿ olup sene erbaʿa ve tisʿīn ve tisʿamiʾe (7) tārīh̲inde ki bu ḥaqīre yaʿnī müellif-i kes̲īrüʾt-taqṣīre (8) Bağdād h̲azīnesi defterdārlığı tevcīh̲ olundı (9) mūmāileyh Quṭbeʾd-dīn sinn-i vuqūfa qarīn ve niçe (10) şühūr ve eyyām bu faqīre hem-nişīn bulundı. Fe-lā-cerem (11) ah̲lāq-ı ḥasenesi bī-gāye ve işfāq-i müstaḥsenesi (12) mā-lā-nihāye, dervīşliği ḥays̲iyyetiyle quṭb-ı dār ü diyār ve tehz̲īb-i (13) ah̲lāq ve meskeneti cihetinden miḥver-i sipihr-eṭvār, (14) perkāl-ı imtiḥāna çekilse mihr-i felek gibi seyyāḥ-ı cihān-gerd, (15) ebnā-ʾi devr-i zamānına nisbet qılınsa dāiresinde noqṭa gibi 62a (1) ferd ve biʾl-cümle kāğıd gibi rū-yı sefīd ve h̲āmesi mis̲āli (2) istiqāmet-i ṭabʿı serv-i bālā ṣıfatında bedīd bir h̲aṭṭāṭ-ı (3) h̲aṭṭ-şinās-ı müfīd idi. Ve eğer iltifāt-ı h̲usrevāne ile (4) mümtāz, bāri ol diyāra mīrmīrān olanlarun (5) riʿāyetleri ile aqrānından ser-efrāz olaydı (6) fenninün quṭbı olmaq veyāh̲ūd ser-defter-i küttāb idügi (7) taʿayyün bulmaq müyesser olurdı. Monlā-yı mezbūr (8) evāil ve evāh̲irde dört üstād (9) h̲idmetiyle mesrūr ve meʾs̲ūr olup evvelā Maqṣūd ʿAlī-ʾi (10) Türkden telemmüz̲le, s̲āniyen Mīr Hibetuʾllāhun tilmīz̲i (11) Muʿizzeʾd-dīnden meşq alup taʿlīminden telez̲z̲üz̲le maʿmūr (12) olduqdan ṣonra, s̲ālis̲en Mevlānā Mālike h̲idmetle ve baʿd-ezān (13) Mīr Ḥaydar Buh̲ārīden ah̲z̲-i terbiyetle manẓūr olmağın (14) eğerçi ki her qanqısınun şākirdi yazılsa cāizdür (15) ve biʾl-vāsıṭa Meşhedīden ve Mīr ʿAlīden telemmüz̲i dah̲ı bārizdür. 62b (1) Ve lākin şöhret ve mahāretine vehm-reviş olduğı ḥāletine (2) bināen Mevlānā Mālik şākirdi yazılmaq münāsib görülmişdür. (3) Ve ʿIrāqda ḥāṣıl olduğı ḥaysiyyetiyle Muʿizzeʾd-dīn (4) mürebbāsı yazılması da cāiz iken müsāmaḥa olunmışdur.

(5) Ve mezbūr Mevlānā Quṭbun dahı müstaʿidd şākirdleri (6) vardur ki cümleden eşheri Mīr Muṣṭafā-ʾi (7) Bağdādīdür. Kitābet nihādına muvāfıq ṣanʿat-bār-i şādīdür.

(8) Kezālik Emīr Muʿizzeʾd-dīn Muḥammedün dahı nām-ver ve taḥṣīl-i (9) kitābetle hüner-ver niçe āsārı muqarrerdür ki ol cümlenün (10) nīgū-teri Mevlānā Muḥammed Taqī-i Mürvārīddür ki münşī (11) Mevlānā ʿAbduʾllāh Mürvārīd ḥażretlerinün veled-i saʿīdi (12) ve hayr-i halef-i reşīdi idügi taṣrīḥ olunmayup (13) ancaq Muḥammed Taqī-i Mürvārīd diyü yazılmışdur. Ve lākin lafẓ-ı (14) Mürvārīd ol nesebe irsle rāciʿ-i cevher-i ferīd olmağla (15) gevher-i zātı Mevlānā ʿAbduʾllāh Beyānī nesl-i pākinün silkine 63a (1) merbūṭ ve lāqab-ı mezbūr ol silsile-ʾi celīleye ihtiṣāṣla (2) mażbūṭ idüginde şübhe yoqdur.

Biri dahı kātib-i (3) hafiyy ü celī Monlā Muẓaffer ʿAlī ve hoş-nüvīs-i (4) berāʿat-nişānı Monlā Hidāyetuʾllāh İṣfahānī ve nāzik- (5) qalemlerün maqbūli Kātib Mehdī Qulīdur ki cümlesi (6) Mīr Muʿizzeʾd-dīnden mütelemmiz ve nefāyis-i huṭūṭ ve imlāsından (7) mütelezziz olmışlardur.

Bunlardan gayrı bir şākirdi (8) dahı İlçi İbrāhīm Hāndur ki sābıqan Qum hānı iken (9) sūr-i hümāyūn hengāmında yaʿnī sene tisʿīn ve tisʿamiʾe (10) eyyāmında ʿAcem şāhı Muḥammed Hudā-bendeden şehriyār-ı (11) zī-şān-ı memālik-sitān Sulṭān Murād Hān bin Selīm Hān (12) cenāb-ı müsteṭābına ilçi gelmişdi ve taht-ı ḥükūmetinde iken (13) Mīr Muʿizzi yanına getürdüp iltifāt ve iḥsānı ile (14) şādmān ve şeref-i telemmüzinden kendüyi kāmrān-ı (15) zī-şān eylemişdi.

Ve lākin hānlığına sevād-hānlığı 63b (1) kāfī ve Türkmanlığına terk-i kitābet qılması mühimm-i vāfī (2) iken rīş-sepīd ile ḥüsn-i haṭṭ sevdāsından geçmedi. (3) Değmede bir qıṭʿa yazmadı ki ḥalkārīsinden gayrı (4) cāy-ı suṭūrına zer ṣaçmadı. Maʿa hazā ketebe dahı (5) ketb iderdi ve ol maqūle huṭūṭ-i maʿyūba ile (6) bed-nāmlığ idüp cehli ḥuccetini kendü eliyle sebt iderdi. (7) Görenler zer-efşānındaki isrāfa ve ḥallkārīsindeki (8) zīb ü zīnet-i bāhirüʾl-itlāfa teʾessüf iderlerdi ve bu (9) maqūle müşevveş huṭūṭa ketebe yazmaq maḥż-ı cünūn idügini (10) bilüp "Bārı hāmesi dükense ve kendüsi *divāne rā ghalam* (11) *nīst* mefhūmuna maẓhar düşse tā ki erbāb-ı ʿirfān (12) anun gibi çenkāli kitābet şikencesinden halāṣ olsa" (13) diyü söylerlerdi. Ẓāhir budır ki kendüsi *al-khaṭṭu mā yaqraʾu* (14) mażmūnı ile cevāb virürdi ve illā ketebe yazması yine (15) ol denlü iz̲ʿānına mānīʿ idügi münfehim olurdı.

64a (1) Ve ammā ʿumdetüʾl-müteʾah̲h̲irīn Mevlānā Muḥammed Ḥüseyin Tebrīzīnün dah̲ı niçe şākirdleri (2) vardur ki eks̲eri rāst-ı aqlām ve ṣaḥīḥ-i erqām, h̲oş-nüvīslikle (3) be-nām ve ḥüsn-i h̲aṭṭla maqbūl h̲avāṣ ve ʿavāmdur. İmdi ol zümreden (4) ah̲lāq-ı ḥasene ile muttaṣıf ve h̲oş-nüvīsān içinde riʿāyet-i ādābla (5) mümtezic ve muʾtelif olanlarun biri kātib-i lāzımüʾt-taʿrīf Mevlānā (6) Muḥammed Şerīf ve biri dah̲ı müsteʿid-i kitābet-i nā-mütenāhī Bih-būd-i Şāhinşāhī (7)dür ki Ṭahmāsb Şāhun müşterī qullarından ve ḥarem-i h̲āṣṣındağı (8) ḥüsn-i h̲aṭṭ ṣāḥibi maqbūllerinden idi.

Ve yine bu zümrenün nām-dār-ı (9) eşheri, h̲uṣūṣān Tebrīzīlerden olan nāzik-nüvīsānun hüner-ver-i nām-veri (10) Monlā Muḥammed Rıżādur ki qalemindeki leṭāfet ve ḥüsn-i h̲aṭṭındaki nezāket (11) ve ṭarāvet beyneʾl-küttāb maʿlūm-ı kibār ü ṣıgārdur. ʿAleʾl-h̲uṣūṣ derece-ʾi (12) derc-i kitābeti üstādınun rütbesine yaqīn ve mertebe-ʾi meziyyet ve mahāreti (13) müteqaddimīnün niçesinden ber-ter ve berīn h̲oş-nüvīs-i maʿārif-qarīn (14) idügi mefhūm-i ʿuqūl-i dār ü diyār ve mesmūʿ-i fuḥūl-i emṣār ve aʿṣārdur. (15) Ve biʾl-cümle bir kātib-i mevṣūfüʾl-qalem ve fāiqüʾl-imtirān maʿrūfüʾr-raqam 64b (1) ki ḥarīṣ-i sevād-ı meşq iken beyāż-ı süṭūre āz rağbetle ve māh (2) be-māh bir iki qıṭʿaya iktifā idüp öz kitābetle şöhret bulmışdur. (3) Yaʿnī ʿunfuvān-ı şebāb ḥālinde müteqaddimīn gibi müdevven kitāblar (4) yazması nādir vāqiʿ olmışdur.

Lākin sene erbaʿa ve tisʿīn ve tisʿamiʾe (5) tārīh̲inde pāy-ı tah̲t-ı ʿaliyye yaʿnī dārüʾl-mülk-i Qosṭanṭıniyye h̲ākine (6) dāh̲il ve baʿżı erkān-ı devletün sāḥa-ʾi saʿādetlerine (7) vāṣıl lā-siyemmā melāz̲-ı ʿulemā-ʾi aʿlām medār-ı fużelā-ʾi (8) feh̲h̲ām Beyżāvī tesvīd, Zemaḫşerī tecvīd, neqāve-ʾi bülegā-yi (9) müteşerriʿīn, baqıyye-ʾi naqıyye-ʾi müteqaddimīn, ʿaṭıyye-ʾi seniyye-ʾi cihān- (10) āferīn, h̲āce-i h̲alīfe-ʾi Rabbüʾl-ʿālemīn aʿnī bihi (11) esʿadüʾs-süʿedā Mevlānā Saʿdeʾd-dīn cenāb-ı müsteṭābına (13) ih̲tiṣāṣı şāmil olup kāh u bī-gāh (14) inʿām ve iḥsānlarıyla şādān ve iltifāt-ı (15) bī-gerānlarıyla beyneʾl-küttāb h̲āmesi gibi 65a (1) müşārünileyh biʾl-benān oldı. Ḥattā ezdiyād-ı biżāʿatine bāʿis̲ nice dürlü (2) riʿāyetle imtiyāz ve şeref-menzilet buldı. Ve qıṭʿalarına şuʿarāʾ ve ẓurafāʾ (3) ve h̲uṭūṭ cemʿine muqayyed olan rindān-ı bā-ṣafā rağbet ve istiḥsān-ı (4) lāzımelerini icrā qılup aydan aya her ṣaḥife-ʾi sepīdi sevād (5) bürūzı gün gibi rūşen iderdi, nuqūd-i encüm-rüsūmla alışurlardı. (6) Ve h̲afiyy ü celīden her saṭr-ı müncelī ki sāl be-sāl qalem-rev-i h̲aṭṭ-ı pīrūzi (7) mānend-i gülşen iderdi, gonçe-ʾi nev-şükufte gibi elden ele qapışurlardı.

(8) Gıbbe z̲ālik Mīr ʿAlī şākirdlerinden sābıqüʾz-z̲ikr Muḥammed Ḥüseyin (9) Keşmīrīnün dah̲ı Dervīş Ḥüseyin Keşmīrī nām şākirdi (10) vardur ki ḥüsn-i h̲aṭṭı h̲aṭṭ-ı Ḥasan gibi naẓara mergūbdur ve sevād-ı (11) süṭūrı h̲aṭṭı gelmiş civānlar çār-ebrūsı gibi maṭbūʿ-i qulūbdur.

(12) Ve yine bālāda mesṭūr ve Qāniʿī şöhretiyle meşhūr olan kātibün (13) Dervīş Ḥüsām nām bir şākirdi vardur ki Rūmīdür (14) yaʿnī Bosnavī dimeklerindanun maʿlūmıdur. El-Ḥaqq kitābet-i nesh̲ ve taʿlīqi (15) cāmīʿ ve leṭāfet-i h̲aṭṭa müteʿalliq olan nezāket-qalem ve ruṭūbet- 65b (1) raqam mezāyāsını müstecmīʿ, eks̲eriyā Dımaşq-ı Şāmda meşq itmekle Şāmīler (2) içinde maʿrūf ve be-nām-ı Ḥüsām nām bir tīğ-ı Dımaşqī ve kilk-i (3) dü-zebānī bir Z̲ūʾl-fiqār ser-meşqi olduqdan māʿadā dervīşliği (4) muqteżāsınca meskenet yollarına sālik ve qanāʿat ve tevekkül (5) behrelerine mālik, h̲uṣūṣān tehz̲īb-i ah̲lāq kemāline mütehālik (6) bir faqīrdür. Muʿammer olursa rūz-be-rūz teraqqīsi meʾmūl-i ṣagīr ve kebīrdür. (7) Ve Rūmīlerde üstādān-ı ʿAcem rūşen ṭutmuş, lā-siyemmā terk-i (8) ʿinād idüp taʿallüm ve taqlīd semtlerine uymuş ḥālā bundan gayrı // kimse yoqdur. Ve bu yaqında vefāt iden // (9) küttābdan Monlā Qāsım ve diğer Köle Qāsım ve anlarun ems̲āli (10) ṣadedde değildür.

Tez̲yīl

(11) H̲afī olmaya ki vāżıʿ-ı h̲aṭṭ-ı nestaʿlīq Mīr ʿAlī-ʾi Tebrīzī nāmındaki (12) ehl-i taḥqīq ve āndan berü ẓuhūra gelan h̲oş-nüvīsān-ı kitābet- (13) refīq zümresi ki cemīʿan bir semte sālik olmışlardur ve Sulṭān ʿAlī (14) ve Mīr ʿAlī beynindeki tağyīr ü taḥrīfi ʿuqalā-ʾi ẓurefā gāyetle cüzʾī (15) bulmışlardur. Yaʿnī cümlesi ber-revişde ve ol iki üstādun 66a (1) üslūbuna verzişdedürler.

Ve ammā sene s̲emānemiʾe tārīh̲inün (2) sinīn-i sittīn ve s̲emānīni mā-beyninde peydā ve Aq Qoyunludan (3) Sulṭān Yaʿqūbun ḥüsn-i iltifātı ile engüşt-nemā olan (4) h̲urde-dān-ı küttāb ve h̲urde-bīn-i ülüʾl-elbāb Mevlānā (5) ʿAbduʾr-Raḥmān H̲arezmī ve anun ferzend-i mihteri ve ʿaṣrınun üstād-ı (6) bāhirüʾl-īcād nām-veri Mevlānā ʿAbduʾr-Raḥīm Enīsī (7) ve püser-i hüner-ver-kih-teri yaʿnī ki Mevlānā Enīsīnün birāderi ve mezbūr (8) ʿAbduʾr-Raḥmānun veled-i pür-hüner-kih-teri ve lā-übālī gedālarun pādişāh-ı (9) maʿrifet-perveri Mevlānā ʿAbdüʾl-Kerīm Pādişāhdur ki kāh ketebesinde (10) "ketebehu Hudā" yazar ve kāh "ʿAbdüʾl-Kerīm" ve kāh "Pādişāh" ihtiyār ider, (11) az vāqiʿ olur ki "Ketebehu Hudā-dād" diyü taḥrīr ider. Ve biʾl-cümle bir peder (12) ve iki ferzend-i imlā-ger reviş-i sābıqı tağyīr ve üslūb-i üstādān-ı (13) selefi ḥarf be-ḥarf taḥrīf-i dil-pezīr idüp bir derecede (14) imtiyāz buldılar ve bir mertebede nāzik-nüvīs oldılar (15) ki dārüʾl-mülk-i Şīrāz haṭṭāṭları anlarun üslūbunı tetebbuʿa 66b (1) nezāket ve ẓarāfetle selefden tereffuʿa başladılar. Ve ammā niçeler (2) ḥased ve muhālefet idüp bu zümre ile nifāqda ittifāqa (3) ve naṣṣ-ı kerīm *inna al-ladhīna ikhtalafū fī al-kitābi lā-fī shiqāqin* (4) *baʿīdin* müstedʿāsınca ḥüsn-i ittiḥādlarını qubḥ-i şiqāqa mübeddel (5) qıldılar. Ḥattā ol reviş "üslūb-i Enīsī" diyü meşhūr oldı (6) ve ṭarāvet ve leṭāfeti ḥasebi ile gitdikçe şöhret-i izdiyād buldı.

(7) Eğerçi ki siyāq u sibāq delāleti ile evvelā tağyīr (8) babaları Monlā ʿAbduʾr-Raḥmāndan ṣudūr itmişdür, nihāyet (9) gitdikçe kemālin bulması hāme-ʾi Enīsīden ẓuhūr itmişdür ki "reviş-i // Enīsī //" (10) diyü rağbetine ve pederinün taqaddümi muqarrer iken ol rüsūhun (11) kendüye isnādla şöhretine bāʿis oldur. El-qıṣṣa muğayyir-i evvel (12) Monlā ʿAbduʾr-Raḥmān ve mükemmil ü mükemmel Mevlānā Enīsī-ʾi nādiredān (13) ve anlara taqlīdle sālis-i müzeyyel Mevlānā ʿAbdüʾl-Kerīm Pādişāh-ı (14) zī-şān idügi *Tuḥfe-ʾi Sāmī*de dahı beyān qılınmışdur ve nezāket-i (15) qalemlerine iʿtirāfla vādī-ʾi āhire sālik olduqları 67a (1) bilinmişdür. Maʿa hazā Sulṭān ʿAlī-ʾi Meşhedī ile muʿāṣır idiler (2) ve daʿvā-yı qudret ve mahāretde ana mugāyir idiler. Ve Mevlānā (3) Enīsīnün hūb naẓmı dahı vardur, bu maṭlaʿ anun vāridātındandur.

Naẓmuhu

(4) Moje māneʿ nashavad ashk-e man-e maḥzūn rā

(5) Natavān bast bekhāshāk rah-e Jeyḥūn rā.

(6) Ve ammā ʿAbdüʾl-Kerīm Pādişāh hıffet-i dimāğ peydā idüp (7) kāh kendüye "Pādişāh" nāmın qodı ve kāh ketebesinde "Zürāfa" (8) yazup havāṣṣ ve ʿavāma şīr-āne cürʾete ve pīl-āne ʿarż-ı ṣalābete (9) başladı ve kāh oldı ki kirībān-ı istiğnādan baş (10) çıqarup kitābete tenezzül ve maḥkūm-i halq olmağa taḥammül itmedi. (11) Āhirüʾl-emerr dü-tāh ve berrāq-ı evrāqla keskin keskin qalem-tırāşlar (12) ve hāmeler iḥżār ider oldılar. Ve "Sen pādişāhsun, hazīnene (13) aʿlā qıṭʿalar lāzımdur, elbette yazmaq gereksin" dir oldılar. Bu bahāne (14) ile haṭṭına dest-resbulurlardı

ve yazduğını qıṭʿalarun (15) ah̲z ve celbine muqayyed olurlardı. Beher-ḥāl üstād-ı ṣāḥib- 67b (1) kemāldür. Ve gāhī bu maqūle güft ü gū-yi manẓūma dah̲ı meyyāldür.

Naẓmuhu

(2) To rā dar dide jā kardam ke az mardom nahān bāshi.

(3) Che danestam ke ānja ham miān-e mardomān bāshi.

(4) Ḥikāyet olunur ki Mevlānā Enīsī h̲aṭṭını ıṣlāḥla ziyādece (5) muqayyed olurmuş fe-ammā ʿAbdüʾl-Kerīm-i merqūm ser-qalemden kitābete taqayyüdle (6) imtiyāz bulurmuş. Pes bir gün ikiside birer qıṭʿa getürürler, (7) sābıqüʾẕ-ẕikr Sulṭān Yaʿqūb ḥażretlerine ʿarża qılurlar. Fe-lā-cerem (8) Yaʿqūb-i Yūsuf-şiyem Enīsīye (ziyāde) pesend ü kerem vuṣla ve cāize (9) iʿṭāsında dah̲ı bīşter ü luṭf u himem vücūda getürdükde (10) Mevlānā ʿAbdüʾl-Kerīm fiʾl-cümle reng-pezīr olur ve "Getürdiğimüz qıṭʿalarun (11) cenābeti vardur, elbette gusli lāzımdur" diyü derḥāl ikisini de (12) Sulṭān Yaʿqūb naẓarındaki ḥavża idh̲āl qılur. Vaqtā ki diqqatle (13) görürler, h̲aṭṭ-ı Enīsī cā-be-cā mażmaḥill olmış bulurlar ve kendinün (14) qıṭʿasını pūlād üstündeki zer-nişān gibi h̲alelden h̲ālī (15) görüp taḥsīn qılurlar, Enīsī h̲ac-let-zede ve maḥcūb olur 68a (1) ve ʿAbdüʾl-Kerīm ser-qalemden h̲aṭṭ-ı mahāreti ile küllī iştihār bulur.

(2) Ve Mevlānā Enīsīnün pür-hüner ve nām-ver ü nām-ver, rütbede kendüye (3) nezdīk-ter şākirdleri vardur ki ol cümleden biri Mīr (4) ʿAżd Buh̲ārīdür ki müẕeh-hiblikde ātīüʾẕ-ẕikr Yārī gibi nām-dār (5) belki niçe mertebe andan ziyāde diqqatle ser-āmedkār idügi beyneʾl-Aʿcām (6) şöhre-ʾi h̲urde-bīnān-ı enām-ı eyyāmdur. El-Ḥaqq Enīsī ṭarẓındaki küttābun (7) merd-i mümtāzı, eqallinün muh̲tārı ise eks̲eri-nün ser-firāzıdur (8) ve biʾl-cümle üslūbı nā-meslūb, reviş-i mergūbı maṭlūb şah̲ṣ idi.

(9) Ve bu zümrenün biri dah̲ı Monlā ʿAlī-i Sulṭāndur ki Enīsīden (10) telem-müẕi nezāket-i qalemine bürhāndur. Sābıqan merḥūm Sulṭān Süleymān (11) H̲ān *ʿalayhi al-raḥmatu wa ʾl-gufrān* zamān-ı meserret-resānında ki qulūb-i (12) aṣḥāb-ı ʿirfān mānend-i gülzār-ı cinān kemāl-i ṭarāvetle şādāb (13) ve şādān idi, ve aqlām-ı h̲oş-nüvīsān ser-çeşme-ʾi iltifātları (14) feyeżānından neyistān-ı Vāsıṭ mis̲āli hem-vāre nüzhet- (15) bah̲ş ve nebāhat-nişān idi, kātib-i mezbūr vilāyet-i Rūma 68b (1) gelüp pāy-ı tah̲t-ı ʿalıyyede sākin yaʿnī ki Ḥażret-i Ebī Eyyūb (2) Enṣārī *ʿalayhi raḥmat al-Bārī* civār-ı şerīfinde mütemekkin ve vaẓīfe-ʾi (3) celīle-ʾi h̲üsrevāne ile beyneʾl-küttāb şānı müteʿayyin bir kimse idi.

(4) Biri dahı ehl-i qalemün ṣāḥib-i seyf ve ṣīr-merdānı Mevlānā (5) Esedu᾿llāh Kirmānī ve hoş-nüvīsānun tīğ-ı burrān-ı maḥmidet- (6) nişānı Mevlānā Muḥammed Kirmānīdür ki ikisi de hoş- (7) nüvīslerdür, şeref-i telemmüzinden telezzüzle Monlā Enīsīye güyā ki enīslerdür. (8) Eğerçi ki ʿind-el-baʿż Muḥammed Kirmānī ʿAbdü᾿l-Kerīm Pādişāh mürebbāsıdur (9) ve lākin revişleri reviş-i Enīsī olduğı ḥaysiyyetle maʿnen anun-dahı (10) şākird-i bī-riyāsıdur.

Ve Mevlānā Enīsī qıṭʿalarından meşq (11) ve telemmüzle hoş-nüvīs olan Rūmīlerün biri dahı Monlā (12) Nüvīsīdür ki Şām-ı şerīfde āsūde ve evāhir-i ʿömrinde (13) yevmī yüz aqçe cevālī vaẓīfesiyle rāḥat-rübūde ve zānū-yi (14) ferāgatde zenūde idi. Ḥattā cāmīʿ-i Benī Ümeyye civārında mütemekkin (15) ve evqāt-ı hams cemāʿatle edāsı müteʿayyin ṣuleḥādan ve ʿind-el-ḥükkām 69a (1) maqbūlü᾿l-qavl olan üdebādan olduqdan gayrı hoş-nüvīsliği (2) dahı dervīşliği gibi iʿtidālde ve sāir maʿārifi dahı ol nesc-i ẓāhir (3) ü᾿l-minvālde görülmüşdi. Ve Mevlānā Ḥalīmī-i Şirvānī ki şuʿarā-᾿i (4) pür-ṣanāyīʿ ve bülegā-᾿i maṣnūʿatü᾿l-bedāyiʿ zümresinden idi, (5) Monlā Nüvīsī ile mā-beynlerinde nevʿan gubār vāqiʿ olduqda hicv-i melīḥ ve inḥirāf-ı (6) hāṭırını taṣrīḥ yüzinden bu maqūle bir qıṭʿa dimişdi:

Naẓmuhu

(7) Nevīsī ānke be-khaṭṭ dar Dameshgh bī badal ast.
(8) Cherā vaẓīfe-ye ou bist o chār pāre konand?
(9) Monāsebash nabūd īn vaẓīfe mī-bāyad.
(10) Ke khosh nevīs-e chonin ra hezār pāre konand.

(11) Gālibā sene hamse ve sebʿīn ve tisʿmiʾe tārīhinde vefāt ıtmışdür.

(12) Biri dahı Monlā ʿAlī-i Sulṭān şākirdi Mīr Muṣṭafādur ki (13) ʿAvvād qarındaşı dimekle maʿrūfdur ve ʿAvvād ki birāder-i kih-teri (14) Muḥammed gibi nām-ı şerīf-i meḥāmidi ile mevṣūfdur. Eğerçi ki ikisi de (15) hoş-nüvīsler idi lākin Mīrīnün ḥüsn-i haṭṭı gālib 69b (1) ve birāderinün ʿūd-nüvāzlığı rütbesi rātib olmağla şöhreti ʿuvvādlığla (2) şāyiʿ olmışdur. Ve ammā Mīrīnün şöhreti birāder-i kih-terine intisābla (3) ẓuhūr itmesi ʿAvvādun taḥṣīl-i hünerdeki taqaddüminden vuqūʿ (4) bulmışdur. Her çend ikisi-de maʿmūr ve hüner-verler idi ve lākin (5) kem-baht ve bī-ṭāliʿliğle der-bederler idi. Ḥattā mezbūr (6) Mīrī Şirvān fetḥinde bile bulunmağla serdār-ı nām-dār (7) ve müşīr-i bülend-iştihār ʿOsmān Pāşā-yı // memālik // -güzār hidmetinde (8) qalup tımār defterdārı nāmı ile fevt olmışdur (9) ve baʿżılar qavlince Ṭāgistān gazāsında şehīd olmışdur. (10) Eğerçi ki mezbūr Mīrī içün Mīr ʿAlī

muqallidlerinden (11) Qāsım ʿAlī nām kātibün tilmīẕidür dirler ve lākin Qāsım (12) ʿAlī kim idügi ve Rūm vilāyetine ol isimlü kātib (13) geldügi maʿlūm değildür. Anlanış budır ki ẓürefā Mīrī maḫlaşından (14) Mīr semtindeki küttābun birinden telemmüẕi iḥtimālin virürler. Ḫalā ki ṣaḥīḥ değildür.

第四章

本章将聚焦于用反字篆书体书写的著名书法大师、波斯和罗姆地区擅长公文体的书法家以及因为记录员书法风格而著名的书法家。

这一类书法家中，若论字迹优美首位当数毛拉纳·霍加·希哈比丁·阿卜杜拉·穆尔瓦里德（Mevlānā Hāce Şihābeʾd-dīn ʿAbduʾllāh Mürvārīd），他是苏丹侯赛因·贝卡拉统治后期的书法家，愿真主点亮他的墓园。他是霍加·沙姆斯丁·穆罕默德·穆尔瓦里德（Hāce Şemseʾd-dīn Muḥammed Mürvārīd）的正统优秀后裔，是科尔曼的名门贵族，出身于当时高贵的宰相家族。他擅长书写各种书法体，尤其著名的是书写令状。他罕有的出色书法在反字篆书体中展现得尤为突出。总之，他的书法已经接近雅古特的水准，他的诗句更是对文人墨客们的精神滋养。另外，在《王国纪事》《群英荟萃》和《高贵杰作》中都有记载，他书写的每行公文体书法，配以色彩和描金，都像孔雀尾屏上闪耀的光彩一般让人的灵魂充盈着喜悦。他在玻璃吊灯形状的白色纸页上书写的六大字体也是充满智慧的光辉，每一次人们在欣赏赞叹其作品精妙时，仿佛整个文人墨客的聚会都被点亮了。以下是他的诗句：

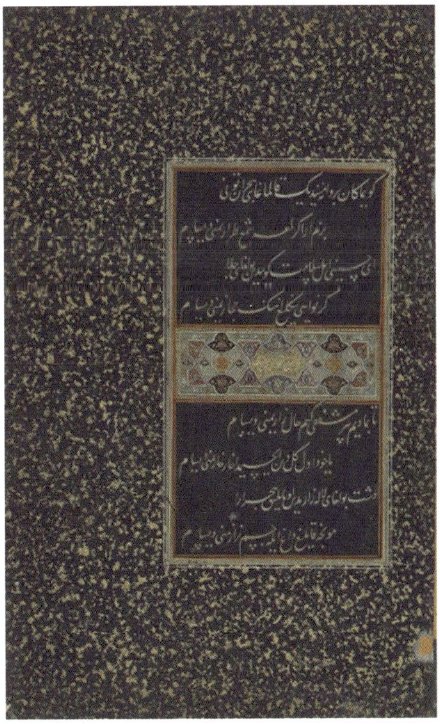

图4-1　苏丹侯赛因·米尔扎诗集
苏丹侯赛因·米尔扎（阿富汗赫拉特）
1490年　弗利尔美术馆（美国）

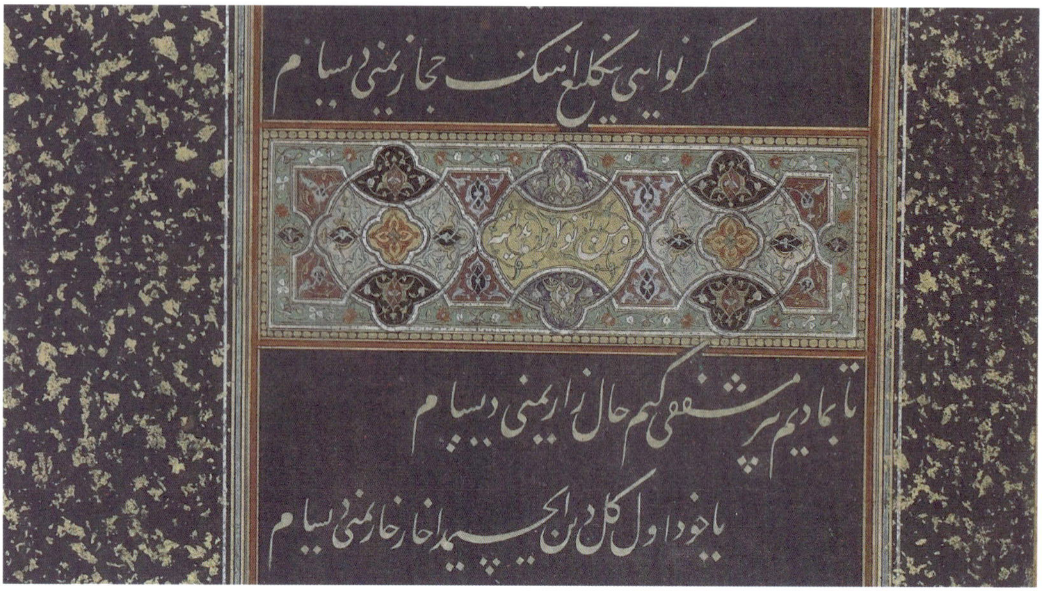

图4-2　图4-1的局部

无论向谁寻求真诚，我的一颗心啊，

得来的除了绝望再无其他。

其他因反字篆书体而著名的书法家包括闻名世界的毛拉纳·胡达达德（Monlā Hudādād），他是一位追求完美和创新的贤者；书法家霍加·伊赫提亚尔（Münşī Hāce İhtiyār），著名的书法家和散文作家；毛拉纳·伊德里斯（Monlā İdrīs），擅长明确连贯的行文风格，也是修辞韵文方面优秀的作家；著名的霍加·达尔维什（Hāce Dervīş），擅长雄辩演讲的高贵之士；最重要的还有无可比拟的作家阿卜杜勒·哈伊（ʿAbdü'l-Ḥayy），档案馆书记官的领导以及擅长雄辩演说的使者；还有作家毛拉纳·纳赛尔（Mevlānā Naṣīr），这位博学多识的散文作家也是反字篆书体界无人能比的大师。

除此之外，还有毛拉纳·穆罕默德·卡希姆（Mevlānā Muḥammed Qāsım）和作家毛拉纳·易卜拉欣（Mevlānā İbrāhīm）；萨卜泽瓦尔的毛拉纳·那非（Mevlānā Nāfī Sebzevārī），曾任档案馆书记员，在著名的秘书员和书写公文体的书记员中非常突出；

霍加·法赫尔丁·哈基姆（Hāce Fahre'd-dīn Ḥakīm），是一位天资聪颖之人；米尔扎·米拉奇·古尔（Mīrzā Mīrek-i Gūr），罕有的优秀书记员；当然还包括霍加·阿卜杜勒·卡迪尔（Hāce 'Abdü'l-Qādir），沙赫·塔赫玛斯普的宰相，后辈书记官的楷模。霍加·阿卜杜勒·卡迪尔培养了一些学生，其中包括作家卡希姆贝（Qāsım Beg）和其他一些擅长反字篆书体的书法家。他们都是有学识之人，也在艺术方面沿着正确的方向发展进步。其中的毛拉纳·伊德里斯，阿卜杜勒·法兹勒之父，从财政官员任上退休后逝世。他从苏丹巴耶济德二世，穆罕默德之子在位时期就来到了罗姆地区，然后晋升到高贵的地位。

在辞去宰相职务之后，霍加·阿卜杜勒·卡迪尔前往麦加朝觐，得偿所愿朝觐归来之后，在巴格达的哈里发那天堂一般的居所中逝世了。除了书写反字篆书体技艺高超，他书写的记账无点书体以及书记官字体也举世无双，在书法家中很受尊敬。此外，他在波斯地区也因为注册管理藏书以及文法书信方面的学识而闻名。

罗姆地区书写公文体的书法家改良了其原有的波斯风格，使之成为一种令人赞赏的书写体，兼具字母的艺术性和可读性。这些书法家中的领袖人物是马特拉克齐·纳苏赫（Maṭrāqcı Naṣūḥ），这种风格的发起人也是马特拉克游戏的发明者。

还有一些书法家使用公文体和一种由瘦体字演变而来的书体。这方面的楷模当数谢赫巴里·优素福（Balī Yūsuf），他居住在齐力德勒·巴赫尔德堡（Kilīdü'l-Baḥr ḥiṣārları）附近。

另外一位是卡提比·塔吉（Kātib Tāc），他是一位优秀的作家和书法家，在书法家之中以其在风格中的创新而著名。这位书法家有一位有名的学生，即他天资聪颖的儿子塔吉扎德·穆罕默德·切莱比（Tāc-zāde Muḥammed Çelebī）。作为卡提比·塔吉的长子，他是从苏丹苏莱曼在位后期直至今日的奥斯曼宫廷书法家之领袖，曾经两次获得宫中“书法家之首”的殊荣。还有一位伊斯玛仪·切莱比（İsmā'īl Çelebī），是塔吉扎德·穆罕默德·切莱比的弟弟，在艺术方面很有竞争力，尤其是他书写的小楷公文体。

塔吉扎德·穆罕默德·切莱比培养了众多学生，他们中大多成了宫廷中的书法家或是为苏丹工作的书记官。其中有萨夫·穆萨里·切莱比（Ṣāf Muṣallī Çelebī）、艾因·阿里·切莱比（ʿAyn ʿAlī Çelebī）以及皇家救济院的书记官海德哈德·阿里·切莱比（Hedhed ʿAlī Çelebī），他们都是优秀的书法家。总之，就像塔吉·贝扎德·贾法尔·切莱比（Ṭāc Beg-zāde Caʿfer Çelebī）在征服埃及的苏丹塞利姆统治期间来到罗姆地区并以其雅韵散文出名，塔吉扎德·穆罕默德·切莱比也因其在文法方面的成就深受苏丹的青睐。

在书记官记录书体和记账用的无点书体方面同样有技艺精湛之人，这种书写风格的创立者是罗姆的卡提比·胡萨姆，苏丹穆罕默德汗·加齐在位后期捐助机构的书记官。

在这些负责登记注册和财政记录的书记官中，为首的是拜伊尼扎德·穆罕默德·切莱比（Beynizāde Muḥammed Çelebī）；第二位是欧兰·枚米·切莱比（Oğlan Memī Çelebī）；第三位是苏里斯·艾哈迈德·切莱比（Sülīsī Aḥmed Çelebī）；第四位是孙布勒·枚米·切莱比·阿凡提（Sünbül Memī Çelebī Efendi），他们都是在贵族要人之中较为著名的书记官。还有库楚克·纳苏赫（Küçük Naṣūḥ）也属于这类书法家。

(15) Ammā *faṣl-ı rābiʿ* ki 70a (1) haṭṭ-ı çep yazan üstādān-ı nām-verān ve ʿAcemden ve Rūmīlerden (2) dīvānī meşq iden haṭṭāṭān ve üslūb-i defterde hāmesi (3) gibi müşārünileyh biʾl-benān olan hüner-verān zikrindedür.

(4) Ol zümrenün evveli ve ḥüsn-i cihetinden mükemmeli merḥūm Sulṭān (5) Ḥüseyin Bayqara *anāraʾllāhu marqadahuma* münşīsi Mevlānā Hāce (6) Şihābeʾd-dīn ʿAbduʾllāh Mürvārīddür ki ekābir-i Kirmāndan, huṣūṣān, (7) ol ʿaṣırdaki vüzerā-ʾi zī-şāndan Hāce Şemseʾd-dīn (8) Muḥammed Mürvārīdün hayr-ı halef-i reşīdidür ve ol rūzgār-ı (9) devlet-āsār-ı maʿrifet-kardār büzürg-zādelerinün mahdūm-i (10) maʿlūmüʾl-qadr-i saʿīdidür. Eğerçi ki her qalemde mahāreti (11) ve berevāt ve aḥkāma müteʿalliq münşeʾāt-ı ẓāhirüʾl-belāgatı (12) muqarrerdür ve lākin haṭṭ-ı çep maʿrifetindeki qudret ve meziyyeti (13) nedret ü kemāl ḥaysiyyetiyle cümlesine ser-berdür ve biʾl-cümle neshi (14) belki nāsih-i haṭṭ-ı Yāqūt ve naẓm-ı rūḥ-efzāsı ervāḥ-ı ehl-i (15) ʿirfāna yā gıdā yāqūt olmaq mertebelerine qarīb olduqdan 70b (1) māʿadā renge ve ṭılāyla yazılmış her saṭr-ı dīvānīsi ke-cenāḥüʾṭ-ṭāvus (2) naqş-ı būqalemūnī ile maṭbūʿüʾn-nüfūs ve şeş qalemdeki (3) huṭūṭ-i pür-nūr-i ḥikmet-nişānīsi ke-mişbāḥüʾl-fānūs ṣafaḥāt-i (4) beyāżla żiyā-bahş-i mecālis-i maʿqūl ve maḥsūs idügi (5) *Tezkire-ʾi Devletşāhīde* mersūm ve *Mecālisüʾn-nefāyisle Tuḥfe-ʾi* (6) Sāmīde dahı merqūmdur. Ve bu maṭlaʿ anlarun vāridātındandur.

Naẓmuhu

(7) Āh har ke vafā būd omīd-e del-e man

(8) Gheir-e nomīdī azoo hīch nashod ḥāsel-e man.

(9) Biri da<u>h</u>ı üstād-ı maʿārif-nihād, ṣāḥib-i kemāl-i aṣḥāb-ı īcād ve şöhre-ʾi ālem (10) Monlā <u>H</u>udādād ve münşī-ʾi nām-dār ve inşā-ger-i bülend-iştihār (11) Münşī <u>H</u>āce İ<u>h</u>tiyār ve fāżıl-ı faṣāḥat-enīs ve ʿārif-i (12) belāgat-celīs Münşī-ʾi Monlā İdrīs ve ehl-i kemāl-i bülend- (13) iştihār, ṣāḥib-i maʿrifet-i belāgat-şiʿār <u>H</u>āce Dervīş (14) nām-dār, <u>h</u>uṣūṣān ser-defter-i münşiyān ve server-i münhiyān-ı faṣāḥat- (15) beyān Münşī-ʾi ʿAbdüʾl-Ḥayy nādiredān ve inşā-ger-i maʿārif- 71a (1) semīr ve serdār-ı çeb-nüvīsān-ı bī-naẓīr Münşī-ʾi Mevlānā Naṣīr (2) ve bunlardan gayrı Mevlānā Muḥammed Qāsım ve Mevlānā (3) İbrāhīm el-Münşī ve selef-i münşīlerinden ve dīvānī (4) yazanlarun nām-dār-ı mümillerinden ṣāḥib-i ṭābʿ olan zümrenün (5) nām-dārı Mevlānā Nāfī Sebzevārī ve mālik-i zihn-i (6) qavīm ve

fahr-i erbāb-ı ṭab'-ı selīm Hāce Fahre'd-dīn Ḥakīm (7) ve münşī-'i pesendīde-menşūr, mümill-i güzīde-'i nādīde-süṭūr Mīrzā (8) Mīrek-i Gūr, lā-siyemmā Şāh Ṭahmasbun vezīri ve müte'ahhirīnün (9) münşī-'i müşīri Hāce 'Abdü'l-Qādir ve anun şākirdlerinden (10) Qāsım Beg Münşī ve bunlarun emsāli çep-nüvīsler ki (11) fennlerinde ṭarīq-ı müstaqīme sālikler ve taḥṣīl-i ma'ārif ve kemālāta (12) mütehālikler idi. Ve bu zümre-'i celīleden Mevlānā İdrīs ki (13) defterdārlıqdan müteqā'id iken Ebū'l-fażl merḥūmun (14) pederidür, pādişāh-ı kerāmet-nişān Sulṭān Bayezīd Hān (15) bin Muḥammed Hān zamānında gelüp küllī i'tibār bulmışdur.

71b (1) Ve sābıqü'z-zikr 'Abdü'l-Qādir dahı vezāret hidmetinden isti'fāyla (2) ḥacc-ı şerīfe gelüp ba'de ḥuṣūli'l-merām dārü'l-hilāfe-'i Bağdād-ı cennet- (3) maqāmda da vefāt eylemişdür. Haṭṭ-ı çep yazmadağı mahāretinden (4) gayrı siyāgat ve üslūb-i defterde bī-naẓīr-i 'ālem ve 'inde (5) erbābü'r-raqam her cihetle maqbūl ve müsellem idi. Fe-ammā üslūb-i (6) ḥesāb ve defterde ser-defter ve ma'ārif-i imlā ve inşāyla vilāyet-i (7) 'Acemde nām-dār ve nām-ver idügi muqarrerdi.

Fe-ammā vilāyet-i Rūmdaki (8) qalem-i dīvānī haṭṭāṭları ki üslūb-i 'Acemi tamām tagyīr eylemişlerdür (9) ve lākin oqunması āsān-ı resm ve hey'etle naql-i dil-pezīr eylemişlerdür (10) ki ol gürūhun muqaddemi ya'nī ki pīşvā-yı aqdemi Maṭrāqcı (11) Naṣūḥdur ki ol ṭarzun mūcidi ve maṭrāq-bāzlarun (12) üstād-ı mācididür.

Ba'dehū mektūbī qırma ve dīvānīden mugayyer (13) hāme qullananlar dahı vardur ki // pīşvāları // Balī Yūsuf nām şeyhdür (14) ki Kilīdü'l-Baḥr ḥiṣārlarında olurdı.

Ve ol zümreden (15) biri Kātib Tācdur ki hoş-nüvīs ve hūb-qalem idi, zümre-'i 72a (1) küttābda ba'żı ihtirā'āt ve taṣannu'ātla nāzik-raqam idi. (2) Ve mezbūrun şākird-i nām-veri ve veled-i reşīd-i hüner-veri (3) Tāc-zāde Muḥammed Çelebīdür ki ferzend-i mihteri ve merḥūm Sulṭān (4) Süleymān Hān zamānından bu ana gelince ẓuhūra gelen küttāb-ı (5) dīvānun üstād ve ser-defteri ve iki def'a reīs-i küttāblıq (6) hidmetinün kāmkār-ı devlet-maẓharıdur. Ve yine müşārünileyhün (7) birāderi ve Tāc-ı merqūmun veled-i kih-teri İsmā'īl Çelebīdür ki (8) oldahı qaleminün pehlivānı huṣūṣān hafiyy ü dīvānīnün nām-dār-ı (9) yerā'at-nişānı idi.

Ve mezbūr Muḥammed Çelebīnün niçe şākirdleri (10) vardur ki eksēri küttāb-ı dīvāndan ve hidemāt-ı sāmiye-'i (11) sulṭāniyyeye me'mūr olan raqam-girān-ı rūşen-āsāndandur (12) ki biri Ṣāf Muṣallī Çelebī ve birisi ʿAyn ʿAlī Çelebi (13) ve biri ʿamāyir-i sulṭāniyye küttābından Hedhed ʿAlī Çelebī (14) dür ki cümlesi hoş-nüvīslerdur ve biʾl-cümle fātiḥ-i Mıṣr (15) merḥūm Sulṭān Selīm Hān *ʿalayhi al-magfiratu wa ʾl-riḍwān* 72b (1) zamānında gelan Ṭāc Beg-zāde Caʿfer Çelebī maʿrifet ve inşāyla (2) meşhūr olduğı gibi mezbūr Ṭāc-zāde Muḥammed Çelebī meziyyet ü imlāyla (3) huṣūṣān luṭf u mürüvvet ve sahāyla maʿmūrdur. Veʾl-ḥāṣıl geregi (4) gibi kātibdür. Ḥüsn-i haṭṭla hoş-nüvīslerün eksarine gālibdür.

(5) Ve üslūb-ı defter ve siyāqat-nüvīslerün dahı mümtāzları vardur (6) ki mūcid-i muhteriʿleri merḥūm Sulṭān Muḥammed Hān Gāzī evqāfı kātibi (7) Kātib Ḥüsām-ı Rūmidür.

Baʿdehū muḥāsiblikle defterdārlıq rütbesine (8) vāṣıl olanlarun biri Beynizāde Muḥammed Çelebī, ikinci Oğlan (9) Memī (Çelebī), üçinci Sülīsī Aḥmed Çelebī, dördinci Sünbül Memī Çelebī (10) Efendidür ki cümlesi erkānun maʿlūmıdur. Ve Küçük Naṣūḥ dahı (11) gelmişdür ki bu zümrenün pesendīde ve maqbūlidür.

第五章

本章主要介绍各种相关专业有天赋的大师，其中涉及剪纸拼贴工艺、人物肖像、描金装饰、插图绘制、艺术性的书籍装订、烫金、标尺绘制及书籍修订等行业的优美作品；与此同时，也提及了如同掌握魔法一般的天赋画家和对他们作品的权威评估。

在剪纸拼贴方面，最出色的大师是阿卜杜拉·卡特伊（ʿAbduʾllāh Qāṭʿı）（剪纸者）。他的精湛技艺正如他的称号一样不容辩驳，他裁剪的页边都如宝剑切割一般干净利落、完美无瑕。他在赫拉特发展并在那片福地变得声名显赫。他的剪纸技艺的确举世无双，甚至由于他裁剪的奇迹一般的线条，毛拉纳·米尔·阿里也曾苦于不能与他媲美而落泪。毫无疑问，他是剪纸拼贴大师中的王子和首领。

还有谢赫穆罕默德·都斯特·卡特伊（Şeyh Muḥammed Dust Qāṭʿı），阿卜杜拉·卡特伊的儿子和徒弟，也是这门艺术的顶梁柱。他是一位恪守礼仪之人，天赋和技艺水平也与他的父亲接近。大家都认为他们印证了格言“虎父无犬子”，人们都会优先选择他们父子进行裁剪拼贴的工作。

巴达赫尚（Bedahş）的桑吉·阿里（Sengī ʿAlī-ʾi Bedahşī），是人物肖像画家都斯特·穆罕默德（Dust Muḥammed Muṣavvir）的学生。他是一位世界级的大师，他在剪纸拼贴方面的娴熟技艺也得到公认，鲜有人能及。他的剪纸拼贴技术甚至超过了他芦苇笔下的书法水平，剪切的线条美过墨汁留下的笔迹。

还有米尔·阿里之子，毛拉纳·穆罕默德·巴奇尔（Mevlānā Muḥammed Bāqır），他在剪纸拼贴、绘制漆器以及纸页背景中装饰绘图方面的技术就像他父亲的书法作品一样优秀。在执笔创作的大师之中，他也同样受到赞赏。

在罗姆地区的大师中有一位来自布尔萨的法赫里（Bursevī Fahrī），他也是在剪纸拼贴方面无人匹敌的大师。他设计发明的由不同花草树木组成的剪纸花园极具艺术观赏性，在世界范围内受到赞誉，被认为是举世无双的大师。

除了上述几位，还有很多剪纸拼贴方面的大师，上文提及的是这个行业中最具天赋者。

在杰出的人物肖像画家之中最重要的，也被看作是装饰画家中的无尽宝藏的大师是来自赫拉特的凯末尔丁・白扎德。他的技艺在苏丹侯赛因・贝卡拉在位期间初露峥嵘，在沙赫・伊斯玛仪即哈伊代尔之子在位期间臻于完美，广受赞誉。就像中国的艺术家们一样，他所绘制的图画也闻名遐迩。尽管他是后文将提及的大不里士的皮尔・赛伊德・艾哈迈德（Pīr Seyyid Aḥmed Tebrīzī）的徒弟，但是他的作品得到承认、广受欢迎的主要原因在于他与尊贵的帕迪沙们之间的关系以及在他们那里受到青睐。

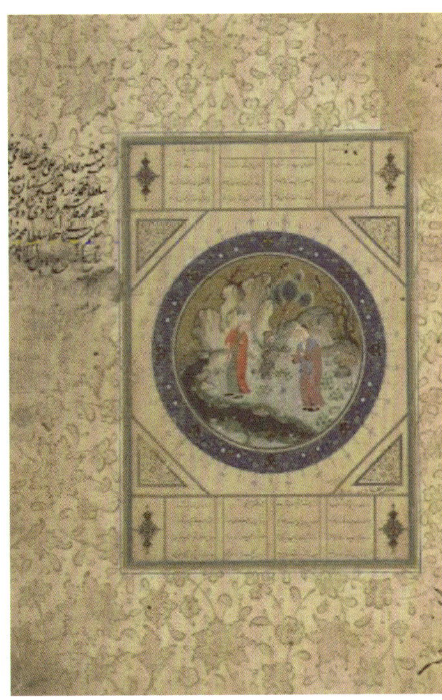

图5–1　老者与青年在山中
凯末尔丁·白扎德（阿富汗赫拉特）
1524—1525年　弗利尔美术馆（美国）

另外一位是大不里士的皮尔・赛伊德・艾哈迈德，他是凯末尔丁・白扎德的老师，师从人物肖像画师的顶梁柱——布哈拉的贾汉吉尔（Üstād Ciḥāngīr Buhārī）大师。贾汉吉尔是大师古恩（Üstād Gūn）的一名天资聪慧的学生。

还有一位著名的人物肖像画家是谢赫扎德・穆萨维尔（Şeyh-zāde Muṣavvir），他是呼罗珊人，白扎德大师的学生；大不里士的人物肖像画师阿噶・米拉克（Aġa Mīrek Tebrīzī）；来自苏勒塔尼亚

图5–2　图5–1的局部

（Sulṭāniyye）的米尔・穆萨维尔（Mīr Muṣavvir）。

在人物肖像画家之中还有一位来自伊斯法罕的米尔・宰因・阿比丁（Mīr Zeyneʾl-ʿĀbidīn İṣfahānī），是米尔・穆萨维尔的天才学生。另外一位是呼罗珊的阿卜杜拉・穆萨维尔（Horāsānī ʿAbduʾllāh Muṣavvir），他是谢赫扎德的学生。还有大不里士的凯末尔・穆萨维尔（Kemāl Muṣavvir Tebrīzī），他是杰出的装帧绘画大师米尔扎・阿里（Mirzā ʿAlī）的优秀学生，他们俩一起发展了白描这种艺术风格。

此外，还有赫拉特的大师穆罕默德（Üstād Muḥammed Herevī），身为米赫拉布・穆萨维尔（Üstād Miḥrāb Muṣavvir）的学生，他也在艺术中融入了一些创新。还有一位来自格鲁吉亚的大师斯亚乌什（Üstād Siyāvuş Gürcī），他是大师哈桑（Üstād Ḥasan）的学生，在学习描金技艺之后，他在模仿许多前辈大师的基础上进一步完善人物肖像画的技艺。大师米赫拉布・穆萨维尔的兄弟也是他的优秀学生，在艺术工作坊与他日夜相伴。

还有大不里士的苏丹・穆罕默德（Sulṭān Muḥammed Tebrīzī），他是阿嘎・米拉克的学生。穆罕默迪·贝克（Muḥammedī Beg）是苏丹·穆罕默德的儿子，也是他富有才华的学生，他制作设计的漆面书封上的细密画作品世界闻名。他培养的学生包括阿尔达比勒（Erdebil）的人物肖像画家布尔吉·阿里（Burci ʿAlī-ʾi Erdebilī）。在赫拉特的大师穆罕默德的学生中还有来自呼罗珊的穆罕默德·穆敏（Muḥammed Müʾmin Horāsānī）；大不里士的米尔扎·阿里，白描画家的导师；伊拉克的大师卡希姆（Üstād Qāsım ʿIrāqī），也是一位设计水平出色的大师。还有加兹温的大师侯赛因，是苏丹·穆罕默德的学生，也是一位在沙赫·伊斯玛仪宫中效力的画师首领，很受赏识。还有沙赫·塔赫玛斯普的工作室中为首的画师，来自伊斯法罕的米尔·那卡什（Mīr Naqqāş İşfahānī），他的技艺水平可以与苏丹的装饰画师相媲美。沙赫·库里·那卡什（Şāh Qulı Naqqāş）在苏丹苏莱曼在位晚期来到罗姆地区，因为受到赏识而被恩赐在王宫中的一处私人工作室进行创作，这位开疆拓土的帝王仁慈地给予他丰厚的赏赐。他的地位不凡，每日的薪酬有100枚阿克切银币，并且成为艺术大师们的首领。他是阿嘎·米拉克的学生，他也意识到自己的工作印证了那句格言“一位真正的设计大师总会不断推陈出新”。若是他的品德也像艺术水准一样出众，在他的时代白扎德也无法与他的名声相比。若是他把认真负责的本性用在为主道奉献，那么在他的时代人们谈起艺术家的中流砥柱及其艺术、名誉和作品时，就不会只提及摩尼了。

图5–3　老人遇见青年

凯末尔丁·白扎德（阿富汗赫拉特）

1485年　切斯特比蒂图书馆（爱尔兰）

在这些艺术家之中，还有伊斯法罕的霍加·阿卜杜勒·阿齐兹（Hāce ʿAbdüʾl-ʿAzīz Şafāhānī），他是阿卜杜勒·瓦哈比之子，一位在风格上有所创新的艺术大师。更重要的

图5–4　图5–3的局部

是，他培养了沙赫·塔赫玛斯普，而毛拉纳·阿里·阿什尕尔（Monlā ʿAlī-ʾi Aṣgar）又是沙赫·塔赫玛斯普的学徒，也是他工作室中的传奇人物。据说他们都是世界级的大师，就像沙赫·库里，可惜他们在品行方面都有些恶毒。

据记载，沙赫·塔赫玛斯普在他的后宫中有一位英俊的奴仆米尔扎·穆罕默德·本·霍加·卡巴哈特（Mīrzā Muḥammed bin Hāce Qabāḥat），沙赫对他宠爱备至。在他去往工作坊时，沙赫也总是与这位男宠坐在一起。有一天，霍加·阿卜杜勒·阿齐兹和阿里·阿什尕尔不怀好意、满腹诡计地欺骗了米尔扎·穆罕默德。他们因为这种伪善的行为受到惩罚，被贬出王宫，发配到印度。在他们到达设拉子时，由于渴望去富饶的霍尔木兹（Hürmüz）海峡盗取珍珠，他们伪造了一份特许文书并提交给官员，以求发财赚取路费。而国王那边则因为两位艺术家的离去而备受打击，不禁落下痛苦悔恨的泪水，于是沙赫·塔赫玛斯普派遣了使者去追回那两名被贬的逃亡者。就在他们要越过边境的时候又被抓了回来，尽管挣扎反抗，他们还是被送到朝堂之上。一开始出于报复心理，国王想判处他们死刑，但因为霍加·阿卜杜勒·阿齐兹是他的老师，又是技艺精湛、在装帧艺术家中非常出众之人，所以他还是克制住严厉判决的怒火，只是对两名画家处以较轻的刑罚，亲手砍掉了阿卜杜勒·阿齐兹的鼻子和阿里·阿什尕尔的两只耳朵。出于对男宠的深爱以及对他英俊面庞的渴望，国王违背了想要惩罚他的初衷，只是判他入狱监禁。国王深信这个年轻人就是他这个时代的优素福，于是仅过了几天，他心中的愤怒还是敌不过爱念，沙赫羞愧地承认了他的错误。在他闲暇时，国王又像从前一样享受着友谊的美酒甘泉。出于对割掉老师鼻子的愧疚，他创作了诗句作为安慰并宣称那惩罚也是出于苏丹的爱。

那爱恋击败了狮王，
那行动让叛乱曝光。
友人被救免于身亡，
为敌者，把自己鲜血品尝。

——沙赫·塔赫玛斯普

上述提及的画家行迹恶劣有所冒犯是不争的事实。即便如此，沙赫所做出的一切还是证明了他的仁慈宽大。善待知识分子对于明智的统治者来说的确是非常必要的。对于身居高位之人，能够在愤恨狂怒之时审慎而非轻率地决定，的确是一种美德和慷慨。

简而言之，沙赫·塔赫玛斯普，沙赫·伊斯玛仪之子，得益于跟随阿卜杜勒·阿齐兹习得的技艺以及对画作、装帧的鉴赏力，也成了一位像白扎德一样富有创造力的装饰和人物肖像画家。类似地，王子之中的苏丹·易卜拉欣·米尔扎（Sulṭān İbrāhīm Mīrzā），通过跟随斯亚乌什学习，也成为一位奇迹般的装帧艺术家以及富有佳作的画家。他的确像是札剌亦儿王朝的君王苏丹·乌维伊斯·巴哈（Sulṭān Üveys Bahā）以及帖木儿王朝的君王拜宋豁儿·米尔扎（Bāysunqur Mīrzā）一样在艺术创作方面受到高度的尊敬和赞赏。他们确实是在世界范围内杰出的艺术家，因在学习和艺术创作方面的敏锐感知而出色。

在斯亚乌什的学生之中，有一位是大师瓦里江（Üstād Velīcān），是大不里士的艺术家之中充满热忱的新面孔。在这本专著创作期间，他也来到罗姆地区并且受聘成为帝国都城君士坦丁堡的一名画家。他的作品以精美著称，芦苇笔下的线条如奇迹一般，就像前辈大师们的笔法水准，精准而优雅。但是因为年轻气盛和那些愚蠢无知之人“简直是奇迹”的过度称赞带来的虚荣摧毁了他的内心。老幼皆知，在这种称赞与虚荣之中，他的骄傲成为他学习道路上的绊脚石。祈求真主赐福他长寿，让他在艺术上继续精进，以谦逊代替虚荣自傲。

在描金画家之中，最为著名的是布哈拉的米尔·阿兹德（Mīr ʿAżd Buhārī），是与前文提到的阿尼斯一脉相承的艺术家。设拉子的毛拉纳·雅里和镀金大师卡拉·麦米（Qara Memī）是苏丹苏莱曼的宫廷画师中最受尊敬的装饰画家沙赫·库里的出色学生。巴格达的大师哈桑（Üstād Ḥasan Bağdādī），是沙赫·塔赫玛斯普工作室之首斯亚乌什的老师，也是一位在风格方面有原创的令人羡慕的艺术家；大不里士的穆罕默德·阿里（Muḥammed ʿAlī-ʾi Tebrīzī），是大师哈桑的才能出众的学生；大不里士的侯赛因贝（Ḥüseyin Beg Tebrīzī），穆罕默德·阿里的学生，也是一位艺术鉴赏家；亚兹德的毛拉纳·沙拉夫（Monlā Şeref Yezdī），亚兹德的书法家古特比丁的兄弟，是一位在描金工艺方面非常具有天赋的大师，他在书籍装订方面很著名。

大不里士的穆希布·阿里（Muḥibb ʿAlī-ʾi Tebrīzī）是巴格达的哈桑的杰出学生；穆希布·阿里的学生，大不里士具有艺术天赋的米尔扎·穆扎希布（Mīrzā Müzehhib Tebrīzī）；沙赫·库里的学生，大不里士的技艺高超的描金大师阿里江（Tebrīzī-i ʿAlīcān）。他们都是在艺术和工艺领域表现出色的、值得铭记的艺术家。

大师库德拉特（Üstād Qudret）以镀金技术举世闻名，他是装帧艺术家中的奇迹，位有着摩尼的画技和白扎德的艺术性的大师。前文提到的侯赛因贝是肖像画家瓦里江的兄弟。他也是在奥斯曼皇家工作室中任职的、受到尊敬的杰出大师。居住在阿勒颇

（Ḥaleb）的大师阿里江在镀金艺术家中是非常受尊崇的。

在罗姆地区的肖像画家中有一位穆萨维尔·锡南贝（Muṣavvir Sinān Beg），他受到君士坦丁堡的征服者、奥斯曼王朝加齐苏丹中的杰出者——苏丹穆罕默德的赏识，甚至得以经常出入天堂一般的后宫。他师从一位法兰克大师庖里（Māstor Pavlı），在威尼斯（Venedik）发展成为闻名的艺术家。大师庖里师从一位名为达米彦（Dāmyān）的天才画家。还有来自阿勒颇的塔吉丁·吉利班德（Tāceʾd-dīn Girihbend），他奉埃及的征服者苏丹塞利姆的召唤来到罗姆地区，他的天才儿子侯赛因·巴里（Ḥüseyin Bāli）是一位出色的装饰画家；杰出的人物肖像画家秦吉·马哈茂德（Qıncı Maḥmūd）在苏丹苏莱曼在位后期来到罗姆地区；埃及的大师哈桑（Üstād Ḥasan Mıṣrī）也是当时著名的镀金艺术家。哈桑的学生们包括大师易卜拉欣·切莱比（Üstād İbrāhīm Çelebī），技艺优秀的肖像画家；大师沙班（Üstād Şaʿbān），在罗姆地区独具一格，在绘制完美无瑕的图画的同时也创立了奇迹般的镀金铭文。除此之外，还有加拉塔（Galaṭa）的麦米·切莱比（Memī Çelebī），独具慧眼的肖像画家大师奥斯曼（Üstād ʿOsmān）及其弟子穆罕默德贝（Muḥammed Beg），他是最出众的几何交织纹饰的设计师；阿里（ʿAlī），奥斯曼的优秀学生，也是他的妹夫；喀法（Kefe）的哈桑（Ḥasan Kefeli），凯末尔·穆萨维尔的学生，在肖像画方面无人可比。还有具有天赋的艺术家首长哈伊代尔（Naqqāş Ḥaydar），在苏莱曼三世之子苏丹塞利姆二世在位期间，他获得了海军军械库长官的殊荣。当苏丹塞利姆还是王子的时候，他就时常参与王公贵族的社交聚会。那时他以“装饰画家”哈伊代尔的称号为人所知，他因人物肖像画方面的才能与艺术性而出名，尤其是他创作的苏丹塞利姆的画像。

此后，这些著名的描金和绘画艺术家又将技艺传承，培养了许多大师，有记载表明他们每一位都是时代的佼佼者和奇迹杰作的创造者。由于如此的论断需要更多关于他们事迹的资料，本书在此就不做具体展开了。

在他们之中有一位非常卓越的奇迹般的画家必然青史留名，那就是东方艺术家摩尼。他是东方艺术工作坊中的顶级大师，绘制了《大二宗图》（*Erteng*）一书的苏丹，大师中的大师，在遵循创作原则的基础上又有美妙创新的画家。时至今日也没有画家能够赶超他的铅笔画水平，他的画作和设计举世无双。在艺术中他是创新者，在艺术家中他是杰出者。他的每一幅作品都受到顶级大师的称赞，他的每张图画都让顽固死板的设计师们艳羡不已。他描绘的对象在作品中都那么栩栩如生，具备一切特征，只差注入灵魂，即便没有灵魂，还是让人感觉似动而静。还有一些特定意象，比如狂风暴雨几乎不可能表现在画作中，但摩尼可以用不同的方式揭开这些无形意象的面纱。大师摩尼具有独创的艺术表现力，在他笔下能看到清澈透明的流水，也能感受到无形却如溪水般清凉的风。

据说在过去的艺术大师中，有三名受聘的大师联合在一起把矛头对准了其他艺术家，为了证明他们的才能，在一阵吵嚷之后，他们向全世界宣告了要用天堂一般美好的绘画和装饰来装点沙普尔·帕迪沙（Şābūr pādişāh）新修建的亭阁。为了贬低其他艺术家的鉴别能力并且让他们承认艺术水平低于

图5-5　摩尼教宇宙图　绢画　13—14世纪

《大二宗图》是摩尼教解释教义的集，俗称《图经》，据说是摩尼亲手绘制，以视觉图像来说明摩尼教的宇宙和黑暗王国的情况。《摩尼教宇宙图》中的图像很可能展现了华化版本的《图经》。

图5–6　图5–5的局部

自己，这三名大师去了一处市郊的皇家园林，绘制了极为逼真的溪水和喷涌甘泉的水池的图画。他们用这个把戏捉弄其他艺术家，请他们去那本不存在的溪水边的池中打水，结果那些被画作迷惑的画家都因为试图打水而打破了水罐，于是他们尴尬地不愿再回到三名艺术家那里而逃离了那片土地。最后没有艺术家能够通过这个测试，成为与这三人并列的第四位。这三名艺术家用这个联合设计的计谋把本地的艺术大师都赶跑了，而世界各地的艺术家也没有人能胜任装饰皇家亭阁的第四面墙壁的工作。这三名艺术家眼中再无他人，都断言："无人能与我们相比！"

后来，当摩尼听到有关这件事的喧闹传闻，他像是蒸腾的大海迫不及待地想要去那里试炼一下。尽管当时他还未出名，但是他的自信超乎想象。于是，画家摩尼穿过荒原沙漠，以坚定不移的决心追寻艺术水平的提高，终于到达了测试的地方。他进入三名大师的宅邸，接到了他们让他去打水的请求。但是当他到达测试地点时，看到之前的艺术大师因自尊和荣誉受到侮辱而留下的破碎瓦罐，他天赋的甘泉被激发了。

初见似流水潺潺，

涌出汩汩清泉。

众人皆上前无疑，

空余碎罐落满地。

——笔者

他立刻取出他那支神奇的芦苇笔，那支创作了《大二宗图》的顶梁柱，笔尖的黑貂毛有着与成吉思汗披肩相同的质地成色，这笔在《大二宗图》的绘制中就像战场上英雄所执的宝剑所向披靡。他用这支速写笔细致描绘了一条狗的尸体，呈现出一幅完美无瑕的神奇画作，太过逼真以至于可以看出尸体上蛆虫在蠕动，从任何角度看，这具动物的尸体都足以以假乱真，就差一股腐臭的气味了，但那些栩栩如生的虫子似乎把这个缺点也弥补了。

那残骸只有细微瑕疵，

闻不出腐臭是唯一不足。

——笔者

在他英勇地完成了画作之后，摩尼带着空罐子返回了三名大师那里，并对他们说道："你们让我去的泉水池边有一具死狗的残骸。"这便是他空手而归的理由。当艺术家们去检视时，他们意识到这是摩尼所绘制的，都不禁鼓掌喝彩，但是又说："虽然如此又有什么用呢！在这片土地没人对艺术大师表示欣赏，尤其我们的帕迪沙也不用心保护像你这样奇迹般的艺术家。"他们这番话引起了摩尼的注意，也让他改变主意离开此地。但是这三名艺术家的阻拦和想要赶走他的妄念并没能实现。碰巧那天皇家亭阁的拥有者，尊贵的国王陛下来园中散心。当他听说测试艺术家的水池边的死狗时，就从园丁处打听到是何人所绘，也知道了三名艺术家如何因为嫉妒而驱赶摩尼离开这座城市。于是国王立刻派人追回摩尼，并且给予他丰厚的赏赐，命他设计并装饰第四面宫墙。此后这四名艺术家一起尽心竭力地以艺术性和创造性装饰宫墙。他们各自设计墙壁的装饰，在帷幕之后完全地发挥出那些曾向对手隐藏的艺术技法，以展示他们的艺术水平，很快他们就让墙壁因艺术性的装饰而熠熠生辉。

图5-7　摩尼觐见巴赫拉姆
阿里·希尔·纳瓦依
1521—1522年

一天，在阳光正好时，中国的皇帝和高官重臣受邀来到宫中赴宴。当每一名大师升起帷幕展示他们所装饰的墙壁时，众宾客都不禁沉浸在欣赏充满奇妙创作的墙壁的喜悦之中，这些天马行空的创作都是艺术家之间曾相互隐瞒的。这样富于原创性的作品就像是永恒的创造者借由艺术家之手显示的迹象。他们奇妙作品的形式显示得如此明晰，就如他们的天资禀赋。其中摩尼更是巧妙地结合了绘画和设计的技艺，用多样的技巧和富于变化的色彩展现了真主在艺术家头脑和想象力中的神奇创造。其他几名艺术家在壁画上使用的技巧也在摩尼的作品中有所体现。

半行诗：

他们所绘即存在。

散　文

换言之，杰出的艺术家摩尼让墙壁变得如此光彩照人，即使纯净的水也无法这样通透。凡他所绘的图画都是光辉的，把这石头做的墙壁变成了映照出众生的明镜。

因其纯净天然质地，

如镜般映出对手是摩尼的设计。

他为闻名杰作添上光泽，

让其彻底展现天意。

——笔者

宴会上来自中国的皇帝和他的王公大臣纷纷鼓掌称赞摩尼的杰作，对其非常欣赏。

摩尼生于沙赫·巴赫拉姆·本·霍尔姆兹·本·沙普尔（Şāh Behrām bin Hürmüz bin Şabūr bin Ardaşīr）在位的时期。巴赫拉姆对他和他的亲戚好友都很仁慈慷慨，当摩尼的艺术水平逐渐成熟臻于完美之时，当时的圣贤都对他的晋升羡慕不已，甚至监视猜忌他。当圣贤们离间计得逞并向巴赫拉姆控告摩尼时，国王把他们聚集在一起，要求他们拿出真凭实据。尽管知道这些伪善之人在他死后也不会放过他，摩尼也没有理会对于他创作邪恶图画的控告。当他被要求悔过并拒绝交出所谓的邪恶图画时，他们说应该放弃他，而摩尼一直鄙视这些搬弄是非之人。最后根据法令，他被判处剥皮并填以稻草示众的极刑。因为惧怕，他的追随者纷纷陷入迷途，画坛成为一潭浑水。以下的诗句是笔者为摩尼所作：

真理如反字篆书体难以道明，

当世界的眼睛昏暗无光。

笔是绘画艺术的魔棒，

神明旨意是让他施展法术的夜晚。

善画中国风格的肖像画家

身躯却长眠于黄土。

他被嗜血的刽子手剥皮，

创作所用的麝香樟脑取自摩尼的肚脐，

巴赫拉姆，沙普尔之子，这样你就知道，

画家摩尼如何作画。

还有一些擅长书籍装订的艺术家，他们的杰作也值得在本书临近尾声时被记录下来以作为完整的结语。

这类艺术家中的杰出大师包括最早因书籍装订而著名的穆罕默德·切莱比（Muḥammed Çelebī），是苏丹苏莱曼统治后期书籍装订者之首；还有他的两个弟弟侯赛因·切莱比（Ḥüseyin Çelebī）和穆斯塔法·切莱比（Muṣṭafā Çelebī），以及当时装订大师的典范，他唯一的儿子苏莱曼·切莱比（Süleymān Çelebī）。在书籍装订方面，对于描绘圆形浮雕、抛光镀金以及上色都有专业的要求。据说他们在这些领域非常杰出，波斯地区的大师也无法与他们相比。

波斯地区的书籍装订大师包括加兹温的米尔·侯赛因（Mīr Ḥüseyin Qazvīnī）及其徒弟大不里士的萨哈夫·卡希姆贝（Ṣaḥḥāf Qāsım Beg Tebrīzī）；大不里士的米尔扎贝（Mīrzā Beg Tebrīzī），卡希姆贝的学生；米尔扎贝的学生也是他的儿子，大不里士的穆罕默德·扎曼（Muḥammed Zamān Tebrīzī），还有他的另一个学生毛拉纳·卡希姆·阿里。在这部著作创作期间，毛拉纳·卡希姆·阿里已经来到了帝国都城君士坦丁堡，在贵族的集会上成为前文所述的描金装饰画家侯赛因贝和人像画家瓦里江的好友。

尽管波斯地区的装订大师在稀释描金和装饰剪贴诗行方面有无可辩驳的优势，但在专业程度和完美无瑕方面，尤其是在格线精准以及装订缝合的链式针脚方面，罗姆地区的装订大师则更胜一筹。关于双方孰优孰劣的辩论都是出于纯粹的傲慢和顽固。

(12) Ammā *faṣl-ı hāmis* ki (13) qāṭıʿān-ı hüner-verān ve muṣavvirān-ı nām-verān ve müẕehhibān-ı h̲urde- (14) bīnān ve ṭarrāḥān-ı nādire-gārān ve mücellidān-ı pīşe-gerān ve zer-efşāniyān (15) ve cedvel-keşān ve vaṣṣālān-ı bedāyiʿ-nişān fırqa-ʾi mütenevviʿesinün 73a (1) taḥqīqinde ve hüner-verān-ı siḥr-i āmūzān zümre-ʾi müteferriʿesinün tafṣīl (2) ve tedqīqinde ve meşāhīr ve nām-dārlarınun teşrīḥ ve taʿrīfindedür.

(3) İmdi h̲afī olmaya ki qāṭıʿlar zümresinün evveli yaʿnī kāmil-i (4) mükemmeli ʿAbduʾllāh Qāṭʿıdur ki kezālik hüneri mahāret-i şāmilesine (5) naṣṣ-ı qāṭʿidür ve her saṭr-ı bürīdesi güyā ki bir seyf-i lāmiʿdür. Neşv ü (6) nemāsı Herātda ve rağbet ü intimāsı ol belde-ʾi nüzhet-simātda (7) vaqıʿ olmışdur. El-Ḥaqq fenninde ferīd ve süṭūr-ı bürīdesinden Mevlānā (8) Mīr ʿAlī āzürde-ʾi nedāmet-noyad olup qaṭʿı fenni üstādlarınun (9) serveri belki kezālik seyfle serdār-ı nām-veri idügi taḥaqquq (10) bulmışdur.

Baʿdehū mezbūrun püser-i hüner-veri ve tilmīz-i ṣanāʿat-per-veri (11) Şeyh Muḥammed Dust Qāṭʿıdur ki // rütbede üstādına qarīb ve mertebede // vālid-i māhirine bir qarīn (12) edīb idi ki herkes al-waladu sirrun abīhī nüktesine qāil ve bürīdesine (13) pederinün bürīdesi gibi māil idi.

Ve yine Dust Muḥammed (14) muṣavvirün şākirdi Sengī ʿAlī-ʾi Bedahşīdür ki (15) üstād-ı ʿālem ve bürīdeleri diyār-be-diyār maqbūl ve mergūb-ı müsellemdür. 73b (1) Nezāket-i qaṭʿı ṣunʿ-ı qalemde bulunmaz ve leṭāfet-i raqamı sevād-ı midādla (2) īcād olunmaz.

Biri dahı Mīr ʿAlīnün veled-i reşīdi ve ferzend-i hüner-ver- (3) saʿīdi Mevlānā Muḥammed Bāqırdur ki gerek bürīdesi (4) gerekse pertevi ʿaks-i haṭṭa mütaʿalliq ṣunʿ-ı güzīdesi peder-i nām-verinün (5) ḥüsn-i haṭṭı gibi güzīdedür ve ʿinde aṣḥābiʾl-qalem geregi gibi pesendīdedür.

(6) Ve Rūmīyāndan Bursevī Fahrī ki qıṭʿaı qaṭʿında lā-naẓīr-i (7) ʿālem ve bāğçe tertībinde ve şükūfe ve ezhārun envāʿini (8) kesmekde ṣanāyiʿ-i bedāyiʿ-şiʿārı her yerde maqbūl ve müsellemdür. Bunlardan (9) gayrı niçe qāṭʿılar dahı vardur ammā eşher-i hüner-verleri bunlardur.

(10) Ve nām-dār ve şöhre-ʾi dār ü diyār olan muṣavvirlerün (11) ser-āmedi ve zümre-ʾi naqqāşānun ṣāḥib-i baht-sermedi (12) evvelā Üstād Bihzāddur ki Herevīdür. Ṣanʿatınun evāili (13) Sulṭān Ḥüseyin Bayqaraʿaṣrında ve evāhiri Şāh

İsmāʿīl (14) bin Ḥaydar zamānında kemāl-i rağbetle bedī-dār ve naqqāş-ı Çīn gibi (15) naqş ü nigārı meşhūr-ı dār ü diyār idi. Eğerçi ki ātīüʾz-zikr 74a (1) Pīr Seyyid Aḥmed Tebrīzīnün tilmīz-i ḫāṣṣıdur ve lākin revāc u rağbetine (2) ve naqş ü taṣvīrinün mahāretine bāʿis sābıqüʾz-zikr pādişāhlarun (3) iltifāt-ı ʿāliyelerine ihtiṣāṣıdur.

Biri dahı mezbūrun (4) mürebbīsi Pīr Seyyid Aḥmed Tebrīzīdür ki ʿumdetüʾl-muṣavvirīn Üstād (5) Ciḥāngīr Buhārīnün şākirdidür ve Ciḥāngīr neqāvetüʾl-muḥarrirīn (6) Üstād Gūnün tilmīz-i hüner-veridür.

Bunlarun meşāhīrinden (7) māʿadā mezbūr Üstād Bihzādun şākirdlerinden Şeyh-zāde (8) Muṣavvir ki Horāsānīdür ve ressām ve muṣavvir Ağa Mīrek ki (9) Tebrīzīdür ve Mīr Muṣavvirdür ki Sulṭāniyyelidür.

(10) Kezālik zümre-ʾi muṣavvirāndan Mīr Zeyneʾl-ʿĀbidīn ki İṣfahānīdür (11) ve Mīr Muṣavvirün tilmīz-i mahāret-nişānıdur. Biri daẖı Horāsānī (12) ʿAbduʾllāh Muṣavvirdür ki sābıqüʾẕ-ẕikr Şeyẖ-zādenün şākirdidür. (13) Ve Kemāl Muṣavvirdür ki Tebrīzīdür üstād-ı nām-dār ve naqqāş-ı (14) bülend-iştihār Mirzā ʿAlīnün şākird-i nām-veridür, ṣanʿat-ı (15) ṭarrāḥī kendinün ve üstādınun ṣunʿ-i pür-hüneridür.

Bunlardan 74b (1) gayrı Üstād Muḥammed Herevī ki üstād-ı bāḥirüʾl-icād ve ātīüʾẕ-ẕikr Miḥrābun (2) tilmīẕidür. Ve Üstād Siyāvuş Gürcīdür ki Üstād (3) Ḥasanun şākirdidür. Müẕehhibliği andan taḥṣīl itdükden ṣonra (4) muṣavvirliq tekmīlı baʿżı üstadlar bedāyiʿinden ḥüsn-i taqlīd ve icādıdur. (5) Ammā Üstād Miḥrāb Muṣavvir hem birāderi ve hem tilmīẕ-i mahāret-meʾās̱iridür (6) ki nigār-ẖāne-ʾi bedāyiʿ ve sanāyiʿde kendinün şeb ü rūz hem-seridür.

(7) Bunlardan gayrı Ağā Mīrek telāmīzinden Sulṭān Muḥammed Tebrīzī (8) ve mezbūr Sulṭān Muḥammedün ferzendi ve şākird-i hüner-mendi olup (9) rūganī cildler taṣvīrinde ve sāir mecālis tersīminde mümtāz-ı ʿalem (10) olan Muḥammedī Beg ve yine anun şākirdlerinden muṣavvir (11) Burci ʿAlī-ʾi Erdebilī ve // Üstād Muḥammed Herevī şākirdlerinden // (Muḥammed Müʾmin H̱orāsānī) ve ṭarrāḥānun mürebbi-ʾi hüner-bīzi Mīrza ʿAlī-i Tebrīzī (12) ve yine zümre-ʾi ṭarrāḥānun meşhūr-ı āfāqı Üstād Qāsım ʿIrāqī (13) ve sābıqüʾẕ-ẕikr Sulṭān Muḥammed şākirdlerinden ve Şāh İsmāʿīl (14) sābıqun naqqāş-başlığı ẖidmetinün meʾmūr-i müsāʿidlerinden (15) Üstād Ḥüseyin Tebrīzī ve Şāh Ṭahmasbun nigār-ẖānesi 75a (1) reʾisi ve naqqāşān-ı ẖāṣṣanun üstād-ı mahāret-enīsi (2) Mīr Naqqāş

İṣfahānī, fe-ammā merḥūm Sulṭān Süleymān (3) H̱ān *ʿalayhi al-raḥmatu wa ʾl-gufrān* zamān-ı saʿādet-nişānında (4) vilāyet-i Rūma gelüp Sarāy-ı ʿĀmirede müstaqil naqqāş-ẖānesi (5) tahliye ve eks̱er-i evqātda saʿādetlü pādişāh-ı memālik-sitān (6) Sikender-tüvān ẖażretleri seyr ü temāşā itmek içün envāʿ-i luṭf (7) u iḥsān muḥassenātı taʿbiye olınup yevmī yüz aqçe vaẓīfe-ʾi (8) kāmile ile mümtāz ve sābıqüʾl-aḥaqq üstādān-ı bedāyiʿ-pīşe zümresine (9) ser-efrāz olan Şāh Qulı Naqqāş ki Ağa Mīrün şākirdidür (10) fe-ammā *naghāsh-e nagsh ākhar khoshtar gashad ze avval* nesr-i (11) mıṣrāʿınun mā-ṣadaq pesendīde-īcādıdur. Ṣanʿatına göre (12) aẖlāq-ı ḥaseneye mālik olsa zamānında şöhret-i Bihzād ṣūret (13) viremezdi ve ṭabʿ-ı pür-diqqatine göre ādāb-ı mülük semtine (14) sālik olmış olsa Mānī-ʾi ẖāk-rīzün resm-i nām u nişānı (15) anun ʿaṣrında dile gelmezdi.

Ve bu zümrenün üstād-ı bāhirüʾl-icādı, 75b (1) ẖuṣūṣān Şāh Ṭahmasbun ṣanʿat-ı merqūmede üstādı (2) H̱āce ʿAbdüʾl-ʿAzīz Ṣafāhānī ve şākird-i manẓūrı ve şāh-ı (3) mūmāileyhün naqqāş-ẖānesi meʾsurı Monlā ʿAlī-ʾi Aṣgar (4) daẖı vardur ki üstād-ı ʿālem idükleri muqarrerdür ve lākin Şāh (5) Qulı mezbūr gibi anlarun daẖı sevi-ʾi ahlāqı semm-i mükerrerdür.

(6) Ḥikāyet olunur ki, merqūm Şāh Ṭahmasbun gulemān-ı ḥaremden (7) maqbūl ü mergūbı Mīrzā Muḥammed bin H̱āce Qabāḥat nām melāḥata (8) mālik mecnūnı ki şāhun ārām-ı dil ü cānı idi ve naqqāş-hānesine (9) varduqca hem-neşīn cāvidānı idi. Pes mezbūrān H̱āce ʿAbdüʾl-ʿAzīzle (10) ʿAlī Aṣgar küfrānüʾn-naʿmelik vādīsinde iḥtirāʿ-ḥayl ü mekr-i mükerrer (11) idüp mezbūr Mīrzā Muḥammedi ıżlāl iderler ve ittifāq-ı pür- (12) nifāqla bünyād-ı fırāqa ṭaraḥ-ı nev bıragup sevād-ı Hinde (13) ṭogru çekilürler giderler. Ve dārüʾl-mülk-i Ş̣īrāza varduqları (14) gibi bir müzevver pervāne ṣunup ḥākiminden murādlarınca ẖarc-ı (15) lāzımelerini alup, Hürmüz benderine geçmeğe ve ol mürvārīd-i Hürmüzi 76a (1) der-bagal itmeğe cān atarlar.

Fe-lā-cerem Şāh Ṭahmasb pür-gam (2) mübtelā-yı derd ü fırāq ve elem ve giriftār-ı dem-i sirişk ve feryād (3) ve nedem olup mezbūrānun ardlarınca ulāqlar revāne qılup (4) derbende geçmek üzre iken üçini derbend itdirüp keşān (5) keşān dīvānına getürdür. Evvelā mezbūr civāne ve naqqāşāne (6) siyāset-i eşedd emr eyleyüp intiqām almağa taqayyüd qılur. Lākin (7) mezbūr H̱āce ʿAbdüʾl-ʿAzīz kendüye üstād ve naqqāşlar mā-beyninde (8) nādire-ʾi maqbūlüʾl-īcād olmağla qatl eylemekden ferāgat (9) ider ve kendü eliyle ʿAbdüʾl-ʿAzīzün burnunı ve ʿAlī

Aşgarun (10) iki qulağını qaṭʿ idüp nāzikāne siyāset ider ve civān-ı (11) mezbūra ʿaşqı gālib olup ve peyveste ḥüsn ü cemāli seyrine (12) dil ü cānı gālib olmağla bir miqdār ḥabs ile ih̲ānet ider. (13) Yaʿnī ki zamānesinün Yūsuf-ı s̲ānīsi olduğını qayd-ı zindānla remz (14) ve īmāya müsāraʿat ider. Bir qac gün geçüp rah̲t-ı gażabı (15) muḥabbet ser-menzilinden göçüp, sulṭān-ı ʿaşq-ı ḥākim ü maʿşūqun 76b (1) ʿaybı ʿayn-ı maʿrifet idügine cāzim olduğı gibi günāhından geçer (2) ve ser-vaqt-i saʿādetinde kemā-fiʾl-evvel zülāl ü dost-kāmisini(3) içer ve üstādınun binīsin qaṭʿ idügine dah̲ı nādem olup (4) bu maqūle bir qıṭʿa ile teselliyet ider ve ol siyāset fermān-ı (5) sulṭān-ı ʿaşqla vuqūʿ bulduğunı bu mażmūnla işāret ider.

Naẓmuhu

(6) ʿEshghīst ke shir-e nar zaboon āyad az ou.

Kārist ke fetnehā borūn āyad az ou.

(7) Ke dūstī konad ke rūḥ-e afzāyad.

Ke doshmanī ke būy-e khūn āyad az ou.

(8) Eğerçi ki naqqāşān-ı mezbūr qabāḥat-ı mevfūr ve denāʾeti-i pür-şürūr (9) itdükleri muqarrer idi ve illā şāhun kemāl-i merḥamet ve şefqatine (10) luṭf u mürüvveti ser-ber idi. Ḥaqqā, erbāb-ı kemāl ḥaqqında bu maqūle (11) mekārim-i şāmile şehr-i yārān-ı kāmile lāzım ve vācibdür, ve aṣḥāb-ı (12) cāh u celāl olanlara hengām-ı tehevvür ve infiʿālde kemāli (13) cāhilden tefrīq eylemek kerem-i şāmil ve luṭf-ı gālibdür.

Ve biʾl-cümle (14) Şeh Ṭahmasp bin Şāh İsmāʿīl mezbūr ʿAbdüʾl-ʿAzīzden (15) telemmüzle, huṣūṣān resm ü naqş nezāketlerine // müstefrig-i // telezzüzle üstād-ı 77a (1) naqqāş ve muṣavvir-i Bihzād-īcād olduğı gibi şehzādelerinden (2) Sulṭān İbrāhīm Mīrzā dah̲ı Siyāvuşdan taʿallümle naqqāşgir-i (3) siḥr-sāz ve ressām-ı hoş-ṭarraḥ-ı mümtāz olmışdı. Ḥattā neqāve-ʾi (4) şehr-yārān-ı selef ve pādişāhān-ı Celāʾir-nijād zümre-ʾi celīlesine (5) h̲ayr-ı h̲alef olan Sulṭān Üveys Bahādır ve nesl-i (6) Tīmūr Gürkān şehzādelerinden Mīrzā Bāysunqur (7) gibi ṣunʿ-i bārīkle imtiyāz ve iştihār bulmışdı. El-ḥaqq her biri (8) bī-qarīne-ʾi ʿālem ve maʿārif ve ṣanāyi nazāketlerinde maqbūl (9) ve müsellem vāqiʿ olmışdı.

Ammā mezbūr Siyāvuş şākirdlerinden (10) nev-heves ve nev-civān Tebrīzīlerden Üstād Velīcān (11) nām kimesine dah̲ı ḥīn-i teʾlīfde Rūma gelmişdi ve pāy-ı tah̲t-ı (12) ʿaliyyenün muaʾẓẓaf muṣavvirlerinden olmışdı. Fiʾl-ḥaqīqa (13) kārında nezāket ve qalem-i siḥr-ās̲ārında üstādān-ı selef gibi (14) diqqat ve leṭāfet muqarrer idi. Ve lākin ʿunfuvān-ı şebāb (15) ve medāyiḥ-i bī-idrākan-ı gubāvet-maʾāb mezbūrun süveydāsını 77b (1) sevād-ı ʿūcbla h̲arāb ve heyʾet-i muṣavveresini mā-ṣadaq *Hadhā shayun* (2) *ʿujābun* itmekle hod-bīnliği hüner taḥṣīline māniʿ-i ve ṣagīr idi. (3) Ḥaqq-ı subḥānahu ve teʿāla muʿammer ve mükemmel qıla ve ʿūcb ve kibrini mahāret (4) ve meskenet meziyyetlerine mübeddel qıla.

Bunlardan māʿadā müz̲ehhibler (5) zümresi ki cümlenün eşher-i nām-dārı h̲uṣūṣān Enīsī şākird (6) lerinden yazılan haṭṭāṭlarun mā-bihiʾl-iftih̲ārı Mīr ʿAżd (7) Buh̲ārī ve nām-ver-i mümtāzı Monlā Yāri-ʾi Şīrāzī (8) ve Şāh Qulı Naqqāşun tilmīz̲-i ekremi ve Sulṭān Süleymān H̲ān (9) naqqāş-h̲ānesinün üstād-ı muḥteremi müz̲ehhib Qara Memī(10) ve sābıqüʾz̲-z̲ikr Siyāvuşun üstādı ve nigār-h̲āne-ʾi Şāh Ṭahmaspun (11) reʾīs-i maqbūlüʾl-icādı Üstād Ḥasan Bağdādī ve mezbūrun (12) şākird-i hüner-temeyyüzi Muḥammed ʿAlī-ʾi Tebrīzī ve merqūmun (13) tilmīz̲-i ṣanʿat-bīzi Ḥüseyin Beg Tebrīzī ve aṣḥāb-ı tez̲hībün (14) hüner-ver ferdi h̲aṭṭāṭ Quṭb birāderi Monlā Şeref Yezdī (15) ki müz̲ehhiblikden gayrı vaṣṣāllığla ʿaṣrınun üstād-ı nezāket-neverdidür.

78a (1) Ve yine mezbūr Ḥasan Bağdādīnün eser-i siḥr-āmīzi Muḥibb ʿAlī-ʾi Tebrīzī (2) ve mūmāileyhün şākird-i ṣanāʿat-rīzi Mīrzā Müzehhib (3) Tebrīzī ve sābıqüʾz-zikr Şāh Qulınun şākirdlerinden (4) müzehhib-i bārīk-nişān Tebrīzī-i ʿAlīcān ki her biri (5) ṣanʿatında māhir ve ṣanāyiʿ-i bedāyiʿ-i meʾāsıra qādir üstadlardur.

// Ve bunlardan gayrı (Üstād Qudret) dah̲ı vardur ki ḥallkārīde / nādire-ʾi ʿālem ve uʿcūbe-ʾi naqqāşān-ı nāzik-raqam ve üstādān-ı Mānī-ʾi şīm ve Bihzād-qalemdür //. (6) Ve bunlardan mezbūr Ḥüseyin Beg sābıqüʾr-raqam Velīcān muṣavvirün (7) birāderidür ve ʿatabe-ʾi ʿulyā naqqāş-h̲ānesinde muvaẓẓaf (8) olan esātizenün maqbūl ü hüner-veridür. Ve Üstād ʿAlīcān dah̲ı (9) Ḥalebde mütemekkin ve ʿind-el-müzehhibīn rütbesi müteʿayyin kimesine idi.

Gıbba (10) z̲ālik Rūmī muṣavvirlerden Qosṭanṭıniyye fātiḥi ve guzzāt-ı selāṭīn-i (11)ʿOs̲māniyyenün celīlüʾl-medāyiḥi Sulṭān Muḥammed H̲ān *ʿalayhi al-raḥmatu* (12) *wa ʾl-riḍwān* ḥarem-i cennet-mekānında ḥāṣıl olmış (13) Muṣavvir Sinān Beg Frenk üstādlarından Venedikde (14) neşv ü nemā bulmuş ve vādīsinde ser-bülend-i naqqāşān olmış (15) Māstor Pavlı nām Efrencīnün şākirdidür. Ve mezbūr 78b (1) Pavlı dah̲ı Dāmyān nām ressām-ı mahāret-nişānun (2) tilmīz̲-i müsāʿididür.

Ve mesfūr Sinān Beg şākirdi Şiblī-zāde (3) Aḥmed daḫı vardur ki Bursavīdür. Şebīh yazmada naqqāşān-ı (4) Rūmun bihteridür.

Ve yine Mıṣr fātiḥi Sulṭān Selīm H̱ān (5) *nawwaraʾllāhu marqadahu bi-anwāri ʾl-īmān* Rūma sürgün buyurduğı (6) Ḥaleblülerden Tāceʾd-dīn Girihbend ve püser-i hüner-veri (7) Ḥüseyin Bāli nām naqqāş-ı hüner-mend ve Sulṭān Süleymān (8) merḥūm evāilinde gelan muṣavvirlerden Qıncı Maḥmūd (9) nām muṣavvir-i şöhrebend ve müẕehhiblerün nādir-i ʿaṣrı Üstād (10) Ḥasan Mıṣrī ve anun şākirdlerinden muṣavvirlerün (11) nāzik-meşrebi Üstād İbrāhīm Çelebī ve şimdikiḥālde (12) nādire-ʾi Rūm ve uʿcūbe-ʾi mükemmel ü rüsūm Üstād Şaʿbān-ı (13) müzehhib-ruqūm, bunlardan māʿadā Galaṭalı Memī Çelebī (14) ve muṣavvir-i pāk-i iẕʿān Üstād ʿOsmān ve girih-bendlerün (15) ekserinden (yek) mezbūr şākirdi Muḥammed Beg ve tilmīz-i muʿcib- 79a (1) ʿanı merqūm ʿOsmānun qaynı ʿAlī, ve şebīh yazmanun nādiri(2) sābıqüʾz-zikr Kemāl şākirdi Ḥasan Kefeli ve bunlardan gayrı (3) Selīm H̱ān bin Süleymān H̱ān zamānında tersẖāne riyāsetiyle (4) kāmrān ve aḥyānen şehzādelikleri ḥālinde meclis-i şerīflerine (5) duẖūlle ẕī-şān olan naqqāş-ı hüner-ver Reʾīs Ḥaydar (6) daẖı vardur ki Naqqāş Ḥaydar dimekle maʿrūf ve şebīh yazmaqda (7) ẖuṣūṣān Sulṭān Selīm merḥūmun naẓīrini taṣvīr qılmaqda naqş (8) ve maʿrifeti mevṣūf kimesne idi. *Raḥmatuʾllāhi ʿalayh.*

Baʿde hāzā müzehhibān-ı (9) selef ve naqqāşān-ı ṣāḥib-i halefden niçe üstādlar dahı (10) gelmişdür ki her biri nādire-ʾi rūzgār ve uʿcūbe-ʾi siḥr-āsār (11) idükleri muqarrerdür. Lākin bu muhtaṣarda tafṣīl-i ḥālleri taṭvīli (12) mūcib olmağla gayr-ı müyesserdür.

Ve anlarun cümlesinden bedel (13) bir üstād-ı kāmil-i mükemmel ve naqqāş-ı muʿciz-kār-ı bī-bedel, tārīhi (14) vācib-i mübeccel olmağla, üstād-ı nigār-hāne-ʾi Çīn ve sulṭān-ı (15) bārīk-bīn-i Erjeng-āyīn aʿnī bihi üstād-ı esātize, 79b (1) ṣayyād-ı telāmize, naqqāş-ı Çīn Mānī-ʾi bedāyiʿ-güzīn (2) ki ilāʾl-ān siyah qalemde naẓīri gelmemiş ve ressām ve ṭarrāḥlıq behresinde (3) kimse anun gibi ṣūret virmemiş, fenninde mūcid, naqqāşān (4) içinde mācid, her eseri pesendīde-ʾi emācid ve her resm-i güzīdesi (5) ḥased-kerde-ʾi ṭarrāḥān-ı müteʿannid olduqdan māʿadā ziyy-rūḥdan (6) her nesne ki naqş iderdi rūḥ-i revānından gayrısı ʿayān (7) görinürdi, ancaq cānı nihān idi ki ol-dahı revān (8) görinürdi. Ve baʿżı maʿqūlāt ki maḥsūsāt gibi resm (9) olunması ve bir ṣūrete müteşekkil olup görünmesi cāiz olmazdı (10) cümleden bād-i vezān ve rīḥ-i ʿāṣıf-şitābān ki bir heyʾetle (11) irtisāmı bāriz olmazdı. Mezbūr Mānī-ʾi üstādda ol (12) ṣanʿat ve īcād muqarrer idi vezān naqş itse (14) cū-yi firāvān gibi ʿayān eyleye.

Ḥikāyet olunur ki (15) naqqāşān-ı selef zümresinden üc nefer üstād-ı muvaẓẓaf 80a (1) daʿvā-yı mahāretle sāir üstādları qalemleri tīrine hedef eyleyüp vaẓīfe-(2) hārları olduqları pādişāh-ı memālik-güzārun (yaʿnī Şābūr nām şehr-i yārun) bir nev-sāhte (3) qaṣr-ı berīnini behişt-i ʿilliyyīn gibi envāʿ-i nüqūş ve teṣāvīrle (4) zīnet-qarīn itmek niyyetine eṭrāf-ı ʿāleme velveleler ṣalup (5) ve rū-yı zemīn naqqāşlarını tecrübe ve imtiḥān vādīlerinde (6) zamān-ı zemīn nüqūş-i bedāyiʿ-güzīn ile pest-nişīn (7) idüp her birine el arqası yirde didirmek içün (8) kenār-ı şehrdeki bāg-ı sulṭānīye çıqmışlar idi. Ve ol (9) sırada āb-ı firāvānla bir çeşme-ʾi zülāl-efşān heyʾetini (10) naqş itmişler idi ve naqqāş nāmına gelenleri bir ḥīle ile (11) ol ser-çeşmedeki āb-ı nāyāba ṣalup her birini ṣusuz (12) getürmüşler idi. Bu ṭarīqle her üstād ki ol çeşmeye (13) varurdı ṣuyundan almaq qaṣd itdügi gibi kūzesini şikest (14) qılurdı ve ḥicābından cānib-i üstādāna ʿavdet eylemeyüp (15) firārla terk-i diyār ihtiyār iderdi. Binäen-ʿalā-zālik ol üc 80b (1) nefer üstāda çehārem olur naqqāş bulunmadı ve qaṣr-ı şehryārīnün (2) çār dīvārı naqşına rubʿ-i meskūndan ve cihāt-ı sitteden (3) bir ressām-ı siḥr-āferīn tedārik olunmamışdı. Bu ṭarīqle üc (4) nefer naqş-ı peyvend ülfet ü ittiḥād-girihlerini bend idüp (5) şöhre-ʾi diyār olan üstādları şehirden sürmüşler idi. (6) Ve her biri *manam degar nīst* daʿvāsıyla qalup āʾīne-ʾi naqş ve cilā (7) ve mirʾāt-i nīreng ve kārāzmāde hemān kendüleri görmüşler idi.

(8) Pes bu ṣayyıt ve ṣadāları (ki Mānī) gūş itdi maḥall-i imtiḥāna cān atmaq (9) vāsīsinde kendüyi baḥr-i pür-cūş itdi. Eğerçi ki çendān nām u (10) nişānı yoğıdı ve illā kendüye ḥüsn-i iʿtiqādı sāirler (11) taṣavvurından artuğıdı. Fe-lā-cerem Mānī-ʾi nāzik-qalem (12) ṭayy-i bevādī ve sebāsib iderek ve qaṭʿ-ı merātib-i rātib (13) behresine ʿazm ü cezm ile giderek ser-menzil-i imtiḥāna vāṣıl (14) ve sābıqüʾz-zikr üstādān-ı selāsenün qarār-gāhlarına dāhil (15) ve ser-çeşme-ʾi tecrübeden kūze ṭoldurmaq hidmetine anlarun 81a (1) işāretleriyle nāil ve māil oldı. Lākin zemīn-i tecrübede ʿarżī (2) kāseleri şikest ve qadr ü iʿtibārları dūn u pest (3) olanlardan qalmış kūze pāreler ile zülāl-i ṭabʿı tagayyür buldı.

(4) *Li-müʾellifihi*

Bir naẓarda aqar gibi görinür,

Āb-ı pāki küre küre olmış.

(5) Her gören el ṣunar bilā teʾhīr

Kūze pāreyle her ṭaraf ṭolmış.

(6) Hemān-dem hāme-ʾi siḥr-sāzına el urdı ki bāni-ʾi nigār-hāne-i *Erteng* (7) ve tāc-ı semmūrla Cengīz Hān-zādelere hem-kisvet ve hem-reng idi (8) ve meyān-ı *Çeng*de meydān-ı cengdeki tīg-ı Peşeng maqūlesi (9) bir silāḥ-ı bī-jeng idi. Fe-lā-cerem ol qalem-i bārīk-raqam (10) bir seg lāşesi resmiyle iẓhār-ı ṣunʿ-i mübhem ve işʿār-ı resm-i (11) ṭılsım-ı muḥkem qıldı ki düdeleri nümāyān, huṣūṣān her biri müteḥarrik (12) ve lerzān ve biʾl-cümle cān-ver lāşesi maḥż-ı gümān ve bed-rāyiḥasından (13) gayrı noqṣānı yoğduğı ẓāhir ve ʿayān ammā her dude-i müteḥarrik (14) ve cünbān ol naqşını dahı tekmīle remz-i fī-girān idügi (15) gün gibi tābān (idi).

Li-muḥarririhi

Lāşenün eksigi yoq zerre qadar,

Naqşı bed-rāyiḥası ola meger.

Bu vechle iẓhār-ı qudret (2) ve tüvān itdükden ṣonra tehī kūzesiyle üstādāna geldi (3) ve “Gönderdiğünüz çeşme āb-gāhına bir seg lāşesi düşmiş ancaq” diyü (4) bildürdi, yaʿnī ki tehī kūze ile döndüğine ol muqaddeme bahāne eyledi. (5) Vaqtā ki naqqāşlar seyrine vardılar ṣunʿ-i pākinden Mānī idügini (6) bildiler ve niçe taḥsīn ü āferīn eylediler. “Ve lākin ne fāide, bu diyārda üstād-ı (7) kāmile rağbet, huṣūṣān pādişāhımuzda senün gibi siḥr-āferīnün (8) riʿāyetine cell-i himmet yoqdur” diyü qarārı geşt ü güzāra (9) tebdīl itmesine ʿillet oldılar. Fe-ammā anlarun menʿ ve buhli ṣūret- (10) pezīr olmadı. Mālik-i qaṣr u bāg olan şehriyār-ı cihān ol (11) hafta seyr-i bāgla teferrüc-künān ve çeşme-ʾi imtiḥāndaki seg (12) lāşesine nigerān ve kim yazduğını ve naqqāşlarun reşk (13) ü ferībī ile şehirden gitdüğini bāg-bānı taqrīrinden hāṭır- (14) nişān idüp ʿavdetine ādemler gönderdi ve geldüği gibi inʿām-ı (15) sābıg ve ikrām-ı bāliğ ile dīvār-ı çār-ümin ṭarḥ ve naqşını ana emr 82a (1) eyledi. Pes zikr olunan çār üstād naqş ve īcād-hānesinün (2) çār dīvārına ilqā-ʾı pā-yı best ve bünyād qılup her biri (3) pes perdeden naqş-ı ʿucāb ve muʿārıżlarından resm-i (4) nāzikini iḥticāb üzre ıẓhār-ı qudrete mübāşeret ve açmazdan (5) isbāt-ı ṣanʿat ve mahārete cell-i himmet itmekle az zamānda (6) hidmetleri beyāża çıqdı ve resm-i ʿubūdiyyetleri ṭilsım-i maʿrifetle (7) ṣūret-pezīr oldı.

Pes bir rūz-i fīrūz ve saʿd-i sāʿat-i (8) rūz-efrūzda hāqān-ı Çīn ve destūrān-ı sütūde-āyīn (9) ve sāir erkān-ı celālet-qarīn ol şehnişin żiyāfetine (10) geldiler. Ve her üstāda refʿ-i ḥicāb ve şaqq-ı niqāb itdirüp (11) birbirlerinden buhulle pinhān itdükleri nüqūş-i garībe (12) ve bedāyiʿ-i ʿacībe teferrücile müşerref oldılar. Ḥaqqā ki her üstād (13) bir derece ihtirāʿ ve īcād itmiş ki naqqāş-ı ezelī ve ressām-ı (14) lem-yezelī bāg u rāg-ı huld-berīne müncelī ve elvān-ı muʿciz-nişānla (15) müteḥallī qılduğı nüqūş-i maṣnūʿaya resm-i celī olsa cāiz 82b (1) ve her birinün eşkāl-i siḥr-āsārı kemāl-i qudret ve mahāretleri (2) āsārı gibi nümāyān ve bāriz, birinün eser-i ḫāṣṣı birinde cilve-ger (3) değil ve hiç bir üstādun īcād-ı bāhirüʾl-ihtiṣāṣı diğer (4) naqqāşun dīvarīnda muṣavver değil. (Fe-ammā üstād-ı Çīn ve naqqāş-ı Mānī-nigīn) resm ü ṭarḥ üslūbunda (5) tefennün-i mahāret-qarīn eyleyüp naqqāş-ı hayāl levḥ-i zihne (6) naqş itmedüği bedāyiʿ ve ressām-ı kemāl ʿaql ṣafḥasına nikāşte (7) qılmaduğı ṣanāyiʿ nīreng-i günā-gūn ve rengā-reng būqalemun (8) ile zīnet-pezīr göründükden gayrı sāir üstādlarun (9) nüqūşı dahı Mānīnün dīvārında ʿayān ve her birinün buhulle (10) resm itdüği ṣunʿ-i menqūşı nümāyān.

Mıṣrāʿ

(11) Her ne naqş itdilerse hep mevcūd.

Nesr

Yaʿnī ol (12) üstād-ı bī-hemtā dīvāra bir vechle cilā virmiş ki āb-ı ṣāfı (13) ol denlü muṣaffā olmış değil ve her naqşına bir ṭarīqle nümāyiş (14) ü incilā virmiş ki mirʾāt-ı ʿālem-tāb ṣuver-i nebātāt ve ezhāra (15) ol rengle cilā virmiş değil.

Li-müʾellifihi

(1) Ṭabʿı ṣāf olmağile Mānīnün
Naqşı āyine oldı aʿdāya.
(2) Bir cilā virdi kim nüqūş-i cihān
Başladı ser-be-ser tecellāya.

(3) Pādişāh-ı Çīn ve destūrān-ı bārik-bīn ve üstādān-ı (4) huceste-āyīn Mānīnün iḥtirāğına āferīn ve niçe (5) inʿām u iḥsānla pesend ü taḥsīn eylediler.

Ammā vilādet ve ẓuhūrı Şāh Behrām bin Hürmüz bin Şabūr bin Ardaşīr zamānında vāqiʿ olup mezbūr Behrām Şāh merqūma ve aqrabā ve taʿalluqātına iltifātla nigāh idüp bāb-ı devleti güşāde ve ṣanāyīʿ-i bedāyīʿ-qarīni kemāl-i mahāretle amāde olduqda ol ʿaṣrun ʿuleması iʿtilāsına ḥased ve fünūn-ı gamiz ve nifāq qavāʿidini müştedd eyleyüp dīnlerince rafż ü isnād itdüklerinde mūmāileyh Behrām cemʿ-i ʿulemā-ʾi iʿlām ve Mānī ile baḥs-ı ʿilmlerine ihtimām itdükde merqūm Mānī daʿvāsına ṣūret virmedi. Gayret-i dīniyye ile cism-i bī-rūḥını hākk itmeleri muḥaqqaq olduqda resm-i fāsid-i ṭarḥ iʿtiqādından rücūʿa cevāz göstermedi. Her çend ki inābet teklīf olundı iṭāʿatden ibā qıldı ve ferāgat-ı bih qaydı evlādur dinildi, taqvīm-i saqīmi ol istiğnā qıldı. Ahirüʾl-emr derisini yüzdiler ve gāhla memlū idüp teşhīr-i lāzımesini düzdiler ve hem-mezheb olan etbāʿ-i delālet-nihādını dahı ber-vech istīṣāl-i siyāset idüp cemʿiyetlerini bozdılar. Ḥattā kelimāt-ı manẓūmemizden bu qıṭʿa-ʾi bī-hemtā mezbūr Mānī ḥaqqında naẓm olunmışdur.

Qıṭʿa

Oqunmaz bir haṭṭ-ı çepdür maʿānī
Olupdur ʿayn-ı ʿālem kūr-i bī-nūr.
Qalem kim naqşbend-i siḥr-gerdür,
Olur bāzu-yı rūşen ana deycūr.
Şu kim ṣūret-ger-i Çīn idi, Behrām
Vücūdım hāk-rīz itdirdi çün gūr.
Çıqardı postın cellād-ı hūn-hār.
Kesildi nāfesinden misk ü kāfūr.
Bilürsin Mānī-ʾi naqqāşa yaʿnī
Ne ṣūret virdi Behrām bin Şabūr).
Raḥmatuʾllāhi ʿalayhi wa ʿālayhim
// ajmaʿīn ḥāl-i gunham min al-salimīn //.

(6) Ammā zümre-ʾi hüner-verān-ı mücellidān fırqāsı dahı vardur ki (7) anlarun dahı bedāyiʿ-kārlarını z̲ikr itmek ve hātime-ʾi kitābı (8) mücellidlerün zikri şīrāzesiyle müzeyyel ve mükemmel itmek (9) lāzımdur.

İmdi ol zümrenün üstād-ı mihteri ve ser-defter-i (10) nām-ver ve eşheri Sulṭān Süleymān Hān merḥūmun mücellid-başısı (11) Muḥammed Çelebī ve anun kih-ter birāderlerinden Ḥüseyin (12) Çelebī ve Muṣṭafā Çelebī ve yine merḥūm mücellid-başınun (13) püser-i yektā ve ferzend-i bī-hemtā nādirüʾl-ʿaṣr Süleymān Çelebī (14) dür ki cild-i nezāketi ve mülemmaʿ ve mülevven şemseler ve tarancalar leṭāfeti (15) kendülere müsah̲h̲ardur. Üstādān-ı Aʿcām nezāket cihetinde 83b (1) bunlardan dūn idükleri muqarrerdür.

Ammā ʿAcem mücellidlerinden (2) Mīr Ḥüseyin Qazvīnī ve anun şākirdi Ṣaḥḥāf (3) Qāsım Beg Tebrīzī ve yine Qāsım Beg tilmīẕi Mīrzā Beg (4) Tebrīzī ve Mīrzā Begün eser-i eşheri ve ferzend-i nām-veri (5) Muḥammed Zamān Tebrīzī ve diğer şākirdi Monlā Qāsım ʿAlī (6) ḥīn-i teʾlīfde pā-yı taht-ı ʿaliyyeye gelmişdi ve sābıqüʾẕ-ẕikr (7) müzehhib Ḥüseyin Beg ve muṣavvir Velīcān ile hem-bezm ve hem- (8) meşreb olmışdı.

Eğerçi mücellidān-ı Aʿcāmun ṭilā ḥallinde (9) ve muqaṭṭaʿlar tezyīninde mahāretlerine söz yoqdur ammā mücellidān-ı Ervāmun (10) cedvel ve zencīrekde ve cildün ẓarāfet ve nezāketine müteʿalliq (11) muḥassenātında imtiyāz ve qudretleri anlardan artuqdur. Bu bābda (12) nizāʿ idenlerün sözleri maḥżā mükāberedür ve bu vādīden muṣāḥabet (13) eylemeyenlerün kelām-ı bī-meʾalleri ʿayn-ı muʿāraża ve muḥāveredür.

结 语

感赞真主，这部名为《艺术家的史诗事迹》的作品在真主的襄助和书法家们的努力下终于到了结语部分。正如之前所说的，这本书有其必要性，应该被尊敬，值得被对书法以及装帧插画感兴趣的有识之人珍藏。

总之，在科学和艺术的七重天之中，书法和文笔是最重要的，这种技艺在任何一片国土中无论城市还是巴扎都受到敬仰。那些抄写天启经典的书法家都是那片福地能力卓越出众的大师。伊本·穆格莱是当时书法家中最荣耀的领袖。伊本·拜沃卜，又名阿里，希拉勒之子，也是有着突出成就的书法家，培养了大批有成就的书法家队伍。毛拉纳·雅古特，人如其名，是一位书法艺术的鉴宝专家，他的墨宝让书法专家们见识了何为书法艺术中如珍宝一般的上佳之作。塞拉福的毛拉纳·阿卜杜拉，有着敏锐的理解力和洞察力，也是辨识书法形式与内容双重品质的专家。在书法家之中，阿尔衮·卡米勒是一位为了追求完美日夜笔耕不辍的优秀书法家。叶海亚·苏非是在书写之路上充满热忱与喜悦的书法家。穆巴拉克·沙赫·素尤菲是一位以笔作剑的勇士，一路过关斩将，提升书法品级。穆巴拉克沙·古特比是他那个时代的北极星，是学习书法者的楷模。

除此之外，谢赫·艾哈迈德·苏赫拉瓦尔迪是书法玫瑰园的园丁。阿卜杜拉·阿什帕兹是一位乐善好施的书法家，也是罗姆地区书法家们的精神导师。两位书法圣贤贾莱勒和贾玛勒，人如其名，他们恰好弘扬了其老师书法艺术的荣光与优美。艾哈迈德·卡拉希萨热人如其名，凭借其杰出的书法技艺成为了书法艺术的堡垒。还有其他许多天资聪颖的书法家也和他们一样优秀。

图结语-1　哈伊代尔·花剌子模作品《秘密宝藏》封面书法
米尔·阿里（伊朗）　16世纪 赛克勒美术馆（美国）

米尔·阿里是书写誊悬体的书法家之王子。苏丹阿里人如其名，是书法家中的苏丹。毛拉纳·卡提比是书法家中的饱学之士。尼沙泊尔的希米是书法殿堂的管家。此外还有苏丹穆罕默德·汗丹，书法隐秘之光；苏丹穆罕默德·努尔；盖因的苏丹阿里；尼沙泊尔的沙赫·马哈茂德；米尔·穆伊兹丁；布哈拉的米尔·哈伊代尔；米尔·侯赛因；德莱木的毛拉纳·马利克；马什哈德的米尔·赛伊德·艾哈迈德；还有与他们同等优秀的书法之旗帜，他们身为王室贵胄，吹响书法笔的号角，擂起墨水瓶的战鼓，把笔当作手中长矛，以墨宝作为胜利的旌旗。

花剌子模的阿卜杜勒·拉赫曼，以及他富有天赋的儿子们毛拉纳·阿尼斯·阿卜杜勒·拉希姆和毛拉纳·阿卜杜勒·凯利姆·帕迪沙，他们都有独特的风格并且在书法家中以艺术性的创新而闻名。凭借着天赐的才华，他们从容地用书法笔获得出众的成就。

图结语–2　图结语–1的局部

还有书写反字篆书体的书法家，他们大多是当时官府的职员和作家。他们的书法以灵巧敏捷而出名。他们不仅满足于书法和文法规则，还努力实现更完美的效果，从而成为了著名的书法家。他们都成为了载入史册的有花押体签名的执笔之人，在优雅与美德的道路上笔耕不辍，获得统治者的赏识。

一些专攻剪纸粘贴、插画绘制、修订装帧等手工艺的大师，和他们的徒弟都属于光荣的艺术家群体中不可或缺的一部分。

毫无疑问，这部高贵的著作记录了文人墨客以及这些重要人物的事迹，无论如何丰富补充，总是难免会有不足之处。但笔者仍希望公正而有美德的人士、学识丰富的批评家、杰出的艺术家能够宽恕本书中的瑕疵。笔者更希望他们能够对书中的知识性和文学性，以及这种配以诗评的写作风格不吝赞美，这样在总结时，他们珍贵的赞许会让谦卑的笔者之名能被提及，笔者亦不是完人，但愿他们能为笔者祈祷念诵“开端章”。

此书作于伊历996年（1587—1588）。

(14) ***Hātime-'i kelām***

(15) *Al-ḥamdu li'llāhi'l-Māliki'l-a'lam, Menāqıb-ı Hüner-verān* be-nām 84a (1) ve ma'ārif-i h̲aṭṭāṭān-ı leṭāīf-niẓām yümn-i himmetle nihāyet ve encām (2) buldı ve bu kitāb-ı lāzımü'l-i'tibār vācibü'l-itmām ḥüsn-i (3) h̲aṭṭa rağbet iden ekābir-i feh̲h̲ām ve e'āẓım-ı fużelā-i lāyıqü'l-a'żām (4) h̲idmetlerinde bulunması ve dāimü'l-evqāt hazīnelerinde (5) ḥıfẓ olunması cümle-'i vācibātdan idügi müteḥaqqıq oldı.

(6) Ma'a hāẕā eqālīm-i 'ulūm ve ma'ārif ve dār ü diyār-ı fünūn ve leṭāif (7) ki ma'rifet-i qalem ve kitābet anun bir ma'mūr vilāyeti ve şehir ve (8) bāzārı kemāl-i zīb ü zīnetle manẓūr olan memleketidür. Küttāb-ı (9) vaḥy-i ilāhī olan aṣḥāb-ı nām-dār ve aḥbāb-ı büzürg-vār-ı (10) me'ālī-miqdār ol kişver-i laṭīfün h̲ācegān-ı bülend-iqtidārları (11) ve rū-şināsān-ı kāmrān-ı muh̲tārları olduqdan gayrı İbn (12) Muqle ol sevādun her dem mübecceli ya'nī ki sūq-ı sa'ādet- (13) sūqunun nāẓır-ı mükemmeli ve İbn Bavvāb ki 'Alī bin Hilāldür (14) bāb-ı ma'rifet-me'ābı melāẕ-ı ketā'ib-i küttāb olan kāmyāb-ı (15) mufażżalı idügi keẕālik Mevlānā Yāqūt ki naqqād-ı cevher- 84b (1) şinās ve ṣarrāf-ı lü'lī qıyāsdur maḥberesiyle ol ma'ānī (2) cevāhiri ṣarrāflarınun ehl-i ḥibre nāmına a'lem ve ifżali idügi (3) ve Monlā 'Abdu'llāh Ṣayrafī fehm ü iẕ'ān gibi dūgān-ı dükkānınun (4) nāqid-i a'yān-ı kümmeli olduqdan mā'adā Argūn Kāmil şeb ü rūz (5) kemālāt taḥṣīline gūşiş iden ṣāḥib-i kemāli ve Yaḥyā-yi Ṣūfī (6) kitābet ṭarīqine sülūkün pür-vecd ü ḥāli, Mübārekşāh Suyūfī (7) ise seyf-i qalemi ve gizlik-i müstaḥkemi ile qaṭ'-ı merātib itmiş (8) şecī'-i qıtāli ve Mübārekşāh Quṭb ise devrinün merkez ü medārı (9) mertebesinde quṭb-i vācibü'l-iclāli idügi muqarrerdür.

(10) Bunlardan mā'adā Şeyh Aḥmed Sühreverdī ḥüsn-i haṭṭ gülistānınun (11) bāgbānı ve 'Abdu'llāh Āşpez gürūh-i küttābun veliyy-i ni'met-i mekārim- (12) feşānı kezālik nüssāhān-ı Rūmun şeyhi ol zümrenün (13) mürşid-i kāmili Celāl ve Cemāl şöhretiyle ma'rūf olan (14) 'azīzler ol mürebbīnün celāl ve cemāline maẓhar düşmüş hulefā-'i (15) nādirü'l-mümāsili Qara-ḥiṣārī ise qal'a-'i kitābetün dizdārı 85a (1) ve hidmetini beyāża çıqarmış mu'temed-i 'aliyye-'i nām-dārı, bunlardan gayrı (2) hoş-nüvīsler ol fırqa-'i ḥamīdenün hullān-ı vefādārları (3) ve ihvān-ı mahāret-girdārları idügi ta'ayyün bulmışdur.

Ve yine (4) nesta'līq yazanlarun dahı Mīr 'Alī mīr-i delīr-i mihteri (5) ve Sulṭān

ʿAlī sulṭān-ı zī-şān-ı nām-veri ve Mevlānā (6) Kātibī anlarun muvaqqıʿ-ı maʿārif-perveri ve Sīmi-ʾi (7) Nīşābūrī kitābet sikke-hānesinün emīn-i kerem-güsteri, (8) bundan ṣonra qāşī-ʾi nihān Sulṭān Muḥammed Handān ve Sulṭān (9) Muḥammed Nūr ve Sulṭān ʿAlī-i Qāyinī ve Şāh Maḥmūd Nişābūrī (10) ve Mīr Muʿizzeʾd-dīn ve Mīr Ḥaydar ve Mīr Ḥüseyin ve Mevlānā Mālik (11) Deylemī ve Mīr Seyyid Aḥmed Meşhedī ve bunlarun emsāli (12) iqlīm-i kitābetün ṣāḥib-livāları ve mīrān-ı zī-şān nāmı ile (13) ṣarīr-i hāmeden ṣūr-nā ve heyʾet-i maḥbereden ṭabl-i bī-ṣadā ve qalemlerden (14) nīze-ʾi vālā ve midādları liqāsından tūg-i perīşān-rīş-i (15) mahābet-nümā qullanan rū-şināsān-ı ʿizzet-iḥtivālarıdur. 85b (1) Ammā ʿAbduʾr-Raḥmān Hārezmī ve ferzendān-ı hüner-verānı Mevlānā (2) Enīsī ʿAbduʾr-Raḥīm ve Pādişāh ʿAbdüʾl-Kerīm ki her biri (3) reviş-i āharla meşhūr ve ʿind-el-küttāb tağyīr-i haṭṭla mezkūrlardur. (4) Celālī misāli hurūc ve ẓuhūra meyyāl ve başqa başlarına baş (5) çeküp qalem gibi tīg-i qaṭṭāl qullananlardur. Ve lākin çep-nüvīsān (6) ki ekseri münşiyān-ı zamān ve inşā-gerān-ı ṣaḥāif-i devrān (7) olup maʿārif-i inşāya mümāresetleri ve ḥüsn-i haṭṭla imlāya (8) qanāʿat itmeyüp kemālāt-ı ʿāliye evclerine ṣuʿūdla irtifāʿ-ı (9) rütbetleri muqarrerdür her biri eqālīm-i fażl ve leṭāifün yek-qalem (10) ṣāḥib-i ṭugrāları ve memālik-i fażāil ve maʿārifün hüsrevān-ı (11) kişver-ārāları idügi ṣafaḥāt-ı rūzgāra mesṭūr ve muḥarrerdür.

(12) Bunlardan māʿadā qāṭıʿān ve naqqāşān ve mücellidān fırqası (13) ki vardur her biri ol zümre-ʾi celīlenün zīrdestleri olan (14) aṣḥāb-ı ḥarf ve erbāb-ı ṣanāyiʿ-i ṣāḥib-i halef idükleri (15) rūşendür.

Fe-lā-cerem bir kitāb-ı nebāhat-raqam ki anlarun gibi 86a (1) aṣḥāb-ı qalem ve eşrāf-ı ümem aḥvālini müştemil ola ve ṣafında (2) her ne mertebede iṭnāb olunsa yine taqṣīrāt-ı kāmile taḥaqquq bula. (3) Ve lākin hurde-bīnān-ı maʿārif-maṭāf ve hüner-verān-ı pesendīde- (4) evṣāf olan fużelā-ʾi bāhirüʾl-inṣāf ve vāfirüʾl-ittiṣāfdan (5) meʾmūldür ki ʿayb ve noqṣānı cānibine naẓar qılmayalar ve maʿrifet (6) ve kemāl mezāyāsına müteferriʿ olan hayālāt-ı bārīk semtine (7) ve kāşāne-ʾi teʾlīfün bu maqūle nev-ṭarḥla tertīb olunmuş beytine (8) ḥüsn-i iltifātlarını mebzūl ve maṣrūf eyleyeler ki hitāmında (9) bu ḥaqīrün yaʿnī müʾellif-i kesīrüʾt-taqṣīrün zikr-i biʾl-hayrına (10) cell-i himmetleri müteʿalliq ola ve bir Fātiḥa ile rūḥ-ı revāḥını (11) şād itmek mevhībesi müteḥaqqıq ola. 86b (3) *Taḥririhu* (4) *fī awaīl al-ṣafar li sana* (5) *sitta wa tisʿīn* (6) *wa tisʿamiʾa.*

阿拉伯文书法艺术的传承与创新

摘要：阿拉伯文书法艺术是阿拉伯伊斯兰文化的重要体现之一，可以称为阿拉伯伊斯兰艺术的瑰宝。在历史发展过程中，一代代阿拉伯文书法艺术家不断创新，使得书法不仅满足文字表达的需要，更成为一种美的表达。本文试图通过对阿拉伯文书法艺术的发展历程进行梳理分析，以各个时期和地区典型作品为例证，从美学的角度分析阿拉伯文书法艺术作为一门艺术所具有的普遍美学特征及其基于自身发展环境所具有的特殊性。

本文主要运用视觉艺术心理学、符号学和美学理论，从介绍阿拉伯文书法艺术的起源和发展开始，阐释阿拉伯文书法艺术的创作原则，分析其美学特征。艺术的流传发展受到诸多因素的影响，本文以奥斯曼时期为节点，奥斯曼时期之前主要是阿拉伯文书法体确立定型的阶段，因为奥斯曼帝国辽阔的疆域和频繁的文化交流，能够反映奥斯曼帝国时代风貌的皇室书法体产生了，包括公文体、示文体（Dīwānī Jalī）和花押体（Tughrā'）。这段时期的成果体现出阿拉伯文书法艺术在具有集中推动力的情况下发展的特征，也表现出这个时期阿拉伯文书法传统的沿袭和创新。

步入现代，阿拉伯文书法艺术的传播范围更加广泛，更加凸显出个体化和自由化的美学特征。但是各个地区的人们都潜移默化地受到本民族文化的影响，阿拉伯文书法在不同的土壤中孕育出风格迥异的艺术特色。本文选取阿拉伯国家、伊朗、土耳其和中国四个有代表性的地区和国家，分析阿拉伯文书法在现代融通求变的发展趋势，得出阿拉伯文书法艺术具有超越时间和空间的美学价值，只有在文化互通、美美与共的基础上才能更好地展现其文化价值的结论。

关键词：阿拉伯文书法艺术　皇室书法体　文化价值

一、阿拉伯文书法艺术概述

阿拉伯语是一门有着悠久历史的语言，研究阿拉伯文书法艺术需要首先回归这种语言本身的发展及其特点的分析。书法是文字的书写艺术，它以文字为载体，由书法家按照文字特点及其含义，以特定的书体笔法、结构和章法书写，使之成为由点、线、面组成的富有韵律感和美感的艺术作品。与此同时，物质条件基础也对书法的发展起到关键作用。

（一）阿拉伯文字的起源

公元前4000年在两河流域产生了书写于泥板之上的苏美尔楔形文字，这一文字经历了表形、表意和表音三个发展阶段，被阿卡德人、巴比伦人、亚述人、早期迦南人、赫梯人和胡里人所采用。大约公元前3000年产生的埃及象形文字也在一定程度上受到了当时较为发达的两河流域文明的启发。

公元前1500年左右，居住于叙利亚北部地中海沿岸的迦南人在古迦南文字体系的基础上吸收了东闪米特楔形文字的特点，创造了乌加里特字母。

大约在公元前1300年以前，腓尼基人因应发展海外贸易和航海事业的需要，在埃及象形文字、巴比伦楔形文字和克里特岛线形文字的影响下，可能以乌加里特字母和西奈字母为中介，创造了22个腓尼基拼音字母。到了公元前1000年，腓尼基字母主要演化成两支：地中海地区和红海南部地区发展的西南支与腓尼基本土和西亚地区流传的东支。东支经过流传演变在大约公元前10世纪形成了阿拉米语字母文字体系，之后发展出古叙利亚字母、古希伯来字母和奈伯特字母等变体。[①]

目前对于阿拉伯文字母的起源说法不一，比较集中的意见有两种。一般学者比较认可的说法是阿拉伯文字母源于奈伯特字母，这种联系可以追溯到阿拉米语。阿拉伯文与阿拉米语的字母有很多相似之处，包括字母表和字母的名称，同时，发音部位相近、字母形态相似的几组字母也共存于阿拉伯语字母和阿拉米语的分支古叙利亚语之中。除此之外，阿拉米语字母是连写的，每个字母根据在词头、词中和词尾不同位置而有三种书写形态，阿拉伯语字母也是如此，这也可以作为阿拉伯语字母源自阿拉米语字母的证据。奈伯特语也是由阿

① 刘开古．阿拉伯语发展史[M]．上海：上海外语教育出版社，1995：154.

拉米语发展而来的，是阿拉伯语的直接来源。历史上奈伯特人与希贾兹地区在贸易方面的往来和种族、宗教方面的密切联系都是阿拉伯文产生于此的依据。

还有一种说法认为阿拉伯文字母来自广泛流传于阿拉伯半岛南部的穆斯奈德文字，阿拉伯半岛北部的一些地区一定程度上也受其影响，但一些历史学家认为穆斯奈德字母在伊斯兰教产生前夕就渐渐不再使用，而埃塞俄比亚的文字至今仍在使用。也有人认为阿拉伯语字母是来自真主的启示。

关于阿拉伯文来源发展的重要证据就是发掘出土的一些写有伊斯兰教产生之前的奈伯特文字的阿拉伯文石刻铭文，其中包括发掘于叙利亚南部豪兰地区的乌姆·贾迈勒石碑，书写有古希腊文和阿拉米文，历史可以追溯到公元250年；发掘于大马士革附近纳马拉地区的纳马拉石碑，它是希拉城的一位国王乌姆勒·盖斯的墓碑，其历史可以追溯到公元328年；公元512年的扎卜德（位于阿勒颇城东南部）石碑，铭文由古希腊文、古叙利亚文和阿拉伯文写成；位于大马士革南部豪兰地区的豪兰石碑，年代可追溯到公元468年，由阿拉伯文和希腊文雕刻而成。

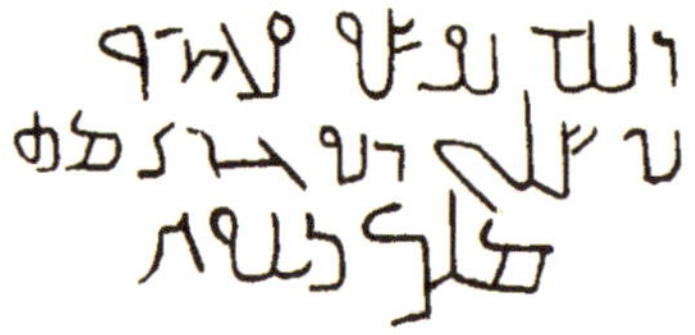

图附录–1　乌姆·贾迈勒铭文

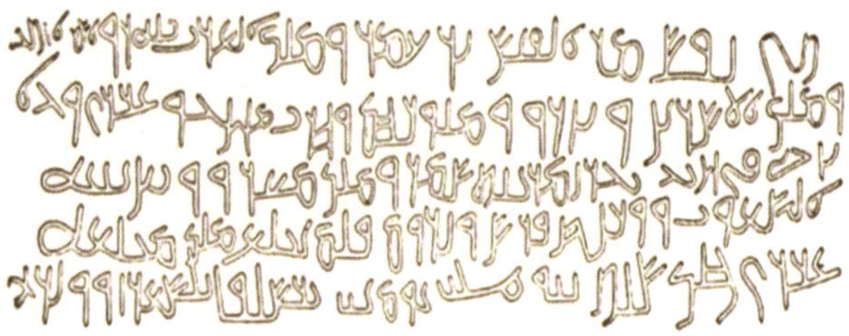

图附录–2　纳马拉铭文

图附录–3　扎卜德铭文

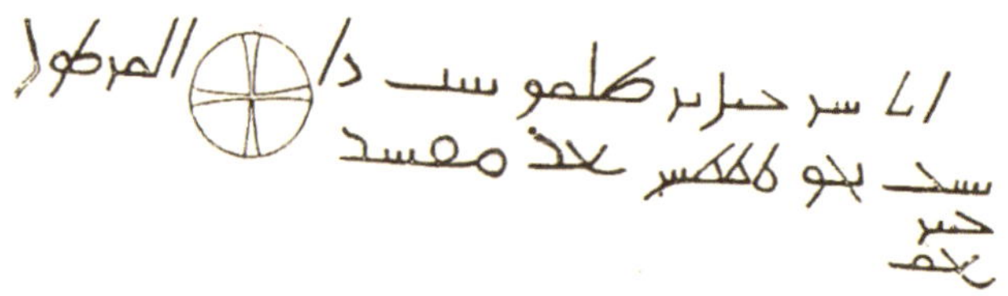

图附录–4　豪兰铭文

以上碑铭比较真实地反映了阿拉伯文的书写形式演变以及阿拉伯文与奈伯特文的紧密联系。图附录–1所示的乌姆·贾迈勒铭文中，字母的造型以线条为主，早期的阿拉伯文字母也是不加点的，铭文转换成阿拉伯文是“وسفن هند ربق أرف بن سلي بر جذيمت مملك تنوخ”。图附录–2所示的纳马拉铭文转换成阿拉伯文是：

تي نفس مر القيس بر عمرو ملك العرب كله ذو أسر التج

وملك الأسدين ونزنو ورزنو وملوكهم وهرب مذحجو عكدي وجأ

بزجي في حبج نجرن مدينت شمر وملك معدو ونزل بنيه

الشعوب ووكلهن فرس والروم فلم يبلغ مبلغه

عكدي هلك سنت 223 يوم 7 بكلول بلسعد ذو ولده

奈伯特文与阿拉伯文字母的对应关系如图附录–5所示，可以看出如“Bāʾ”“Sīn”“Fāʾ”几个字母的书写已经具备了现代阿拉伯文相应字母的雏形。扎卜德铭文中的阿拉伯文主要集中在图附录–3图片的下面一行，图附录–4所示的豪兰铭文在字母形态和连写形式方面都与现代的阿拉伯文字母更加接近。根据现存早期阿拉伯文的碑铭，可以推知比较系统的阿拉伯文形式完成于公元5世纪。①

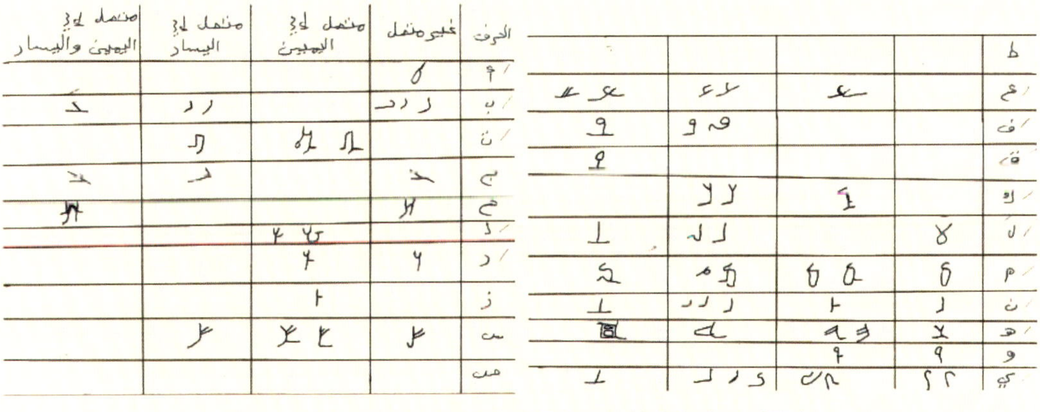

图附录–5　纳马拉铭文中奈伯特文与阿拉伯文字母对照表

（二）阿拉伯文书法的美学特征

阿拉伯文书法在发展中越来越趋向于多样化，在各具特色的表现形式之间

① AL-WĀḤID WĀFĪ ʿA ʿA. Fiqh al-Lugha[M]. al-Qāhira: Nahḍa Miṣr li-l-Ṭibāʿa wa-l-Nashr wa-l-Tauzīʿ, al-Ṭabʿa al-Thāniya, 2004: 85.

有着共通的美学意识和审美原则。书法艺术的不断发展基于文化中对于书写的重视，在阿拉伯伊斯兰文化中有着独特的艺术语汇和视觉图像系统。一方面，阿拉伯文书法艺术的创作与阿拉伯文本身的形态特点密不可分；另一方面，阿拉伯文书法创作的美学思想也贯穿阿拉伯文书法艺术发展的始终。

1. 字母形态

首先，阿拉伯文书法艺术是以阿拉伯文为载体的艺术，阿拉伯文本身的一些特征使其具有造型艺术潜力，画面感较强，但是并不等同于象形文字给人的具象感觉，而是带有抽象写意的性质，有着独特的审美效应。其次，阿拉伯文从右向左书写，有28个字母。值得注意的是，在阿拉伯文中，除了“Dāl”“Dhāl”“Rā’”“Zāy”“’Alif”“Wāw”几个字母与后面字母不连写，书写形态变化较少，其他字母在这几种情况下都会呈现出不同的写法，这种书写规则丰富了阿拉伯文的平面构成元素。另外，阿拉伯文字母全部是辅音，元音主要通过加在字母上方或下方的发音符号表示，这些符号本身也是阿拉伯文书法艺术中的重要元素。

在对阿拉伯文字母演变的研究中，丽莎·瓦洛夫（Lisa Volov）提出了一个重要的理论模型，她将阿拉伯文字母按照书写中最突出的元素分为五种基本类型，如图附录-6所示，分别是直立形、矩形、圆形、低位形和斜三角形。[①]字母在书法创作中所呈现的形态经过艺术家的加工又有所变化，丽莎·瓦洛夫将字母形态的演变过程划分成四列：最开始是基本形态；第一个阶段的变化是在字母形态基础上进行的自然转化，在这个阶段没有激烈的变化，创作者对文

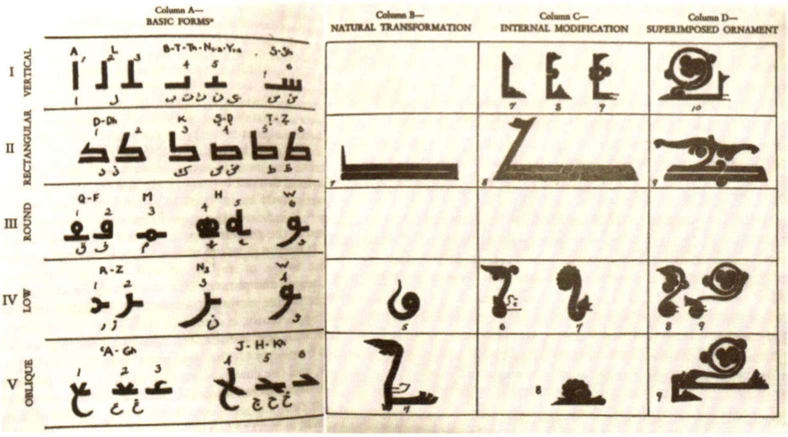

图附录-6 阿拉伯文字母转化模型

① BLAIR S S. Islamic calligraphy[M]. New York: The American University in Cairo Press, 2006:12–13.

字有微调；下一个阶段是内部修饰，书法家常常根据作品主旨或者创作图案将文字与之进行融合，在一些作品中会采取借鉴植物形态的方法，让笔画交织、生出枝蔓和叶子；最后是叠加装饰的阶段，在不影响辨识字母基本形态的情况下，创作者会给阿拉伯文字母添加装饰元素，在这一阶段，创作者更多考虑的是艺术作品的装饰性而非书法作品的读写效果。

2. 书写要求

为了保证阿拉伯文字母的正确位置与形态，根据字母的形态特点，初学阶段的人们在书写时会以几条相互平行且距离相等的基准线为参考。一般基准线间的宽度是根据书写时书法笔所绘的一个点的宽度，但是不同的书法体对于字母形态的艺术处理方法有所不同，在安排字母间架位置的标准上也略有差别。以公文体书法基准线为例，如图附录–7所示，首先是作为字母基线的地线（Khaṭṭ al-ʾArḍ），接着在地线上方两点距离的位置画出中线（Khaṭṭ al-Wasaṭ），然后在中线上方四点的距离画出顶线（Khaṭṭ al-Saqf），在顶线上方两点的位置画出上线（al-Khaṭṭ al-ʿAlawī），最后在地线下方两点的位置画出底线（al-Khaṭṭ al-Safalī）。

图附录–7　公文体书法基准线

这五条基准线在公文体的书写形态与整体气韵中发挥着各自的重要作用。顾名思义，地线是大部分字母的基线，保证了整行迪瓦尼体书法的重心平衡；中线是“Bāʾ”“Rāʾ”“Qāf”“Wāw”等字母的起笔基准线；顶线一般是字母“ʾAlif”“Lām”的起笔基准线；上线一般用于为字母“Kāf”上面的一笔提供参考标准；底线则为许多圆弧形结尾的字母提供参考标准。这样从上到下几条基准线，有效地保证了公文体书法作品飘逸而不轻浮，字词间距疏密得当。当然，阿拉伯文字母的书写虽然有基本规范，但是具体艺术创作中，在不影响整体的情况下，为了呈现更好的视觉效果，艺术家也有突破成规的自由，充分体现出阿拉伯文在艺术创作中相对于其他文字的灵活性。

3. 追求统一

阿拉伯文书法造型艺术重视字母的艺术化表达，在这个过程中追求统一是艺术家们的核心美学意识。由于阿拉伯文书法在古代对于《古兰经》的传播和诵读发挥着至关重要的作用，因此组成文本的字母在艺术家心目中也有着超越文字本身的意义。书法家致力于通过字母形态的创新营造出观者对于词的形象、含义的可视化想象。例如字母“ʾAlif”和“Lām”在书法作品中总是以竖直笔挺的姿态出现在作品中，这一方面与字母本身属于直立形有关，另一方面也是由于字母“ʾAlif”是阿拉伯文中真主“Allah”一词的首字母，字母“Lām”是伊斯兰文化中作证词的首字母。以这两个字母为例，它们在书法作品中的形象一定程度上超越了字母本身的图形、文字和声音含义，与惯例、习俗结合，成为一种符号化的象征。书法家在创作之前都会精心挑选所书写的文本，比较常见的内容包括《古兰经》《圣训》以及名诗、格言节选，这种挑选建立在对文本传达的意义仔细斟酌的基础上，力图在作品中实现字、词、句在美学角度的平衡与和谐。书法是涉及多个维度的艺术活动，在书写的过程中完成了各种点、线、面的形式组合，但与此同时它们也都承载着话语和意义，文字的读音也是影响书法艺术作品的因素之一，阿拉伯文书法艺术家同样重视发音和形态的统一，书法作品中字符的间架结构、延长的笔画和交叠的布局都向观者传达出一种节奏感和韵律感，正如建筑是凝固的音乐，书法作品则体现着音、形、义的和谐统一。

4. 动感张力

动态感是阿拉伯文书法艺术中另外一项基本的原则，主要体现为对于作品张力的追求。阿卜杜勒·法塔赫·拉瓦斯在《伊斯兰美学导论》中指出，动态与统一都是伊斯兰美学思想的出发点。世间万物都处在不断运动变化的过程中，美学价值也是在动态中实现的，艺术家会在作品中加入具有活力的动态元素，这一点在库法体中比较突出。作为早期产生的阿拉伯文书法体，库法体的突出特点就是字母棱角分明，随着字体的不断变化，又派生出花饰库法体（al-Kūfī al-Muzahhar）和交织库法体（al-Kūfī al-Muḍaffar）等多种分支，在硬朗中加入了枝叶藤蔓、编织缠绕这些柔美动态的元素。

鲁道夫·阿恩海姆（Rudolf Arnheim）在他的著作《艺术与视知觉》中提出了有关张力的说法，他认为力的结构是艺术表现的基础，造型艺术的美就在于动感以及支配动感的力度感。支配平面视觉艺术最简约的语言并不仅仅是立体感、空间感、光感，更重要的是力度感，因为力度感是主体生命力直接的展现。为什么西方古典艺术在解构以后，其表现力更加丰富，能够与原始艺术、东方艺术、图案艺术架起相互沟通的桥梁，根本原因即在于此。[1]这种基于动感张力做出的分析和阿拉伯文书法艺术中对于动静平衡处理的原则是一致的。阿拉伯文书法的字体各具特色，却都在用不同的形式在作品中表现共通的美感，波斯体曼妙，三一体沉稳，行书体简明，公文体则被评价为“似动而静”。值得一提的是，这些字体中字母的度量标准都是点，即书写所用的书法笔写出的一个点作为整个作品的空间单位，这种延续至今的原则其实反映了艺术创作背后的美学和哲学思想，点被认为是所有字母的根源，是世界的起源，由点运动产生线，也就是阿拉伯文中的首个字母“’Alif”，此后线的运动变化衍生出其他字母。[2]点、线、面是几何学里的概念，点运动形成线，线运动形成面，它们组成了图案造型的基本要素。阿拉伯文书法艺术中不同书法体之间对于点线的表现方法不同，通过视觉心理带给了人们不同的审美体验。

如图附录–8所示，点的线条造型以水平和竖直方向为主。让人感觉严肃方正的库法体中，点的形状是圆形的，在视觉上与线性笔画形成互补，给人充

图附录–8　部分书法体字母书写示例

① 陈明. 书法平面构成[M]. 合肥：合肥工业大学出版社，2014：17.

② RAWWĀS QALʿAJĪ ʿA. Madkhal ilā ʿIlm al-Jamāl al-Islāmī[M]. Beirut: Dar Qatība li-l-Ṭibāʿa wa-l-Nashr wa-l-Tauzīʿ, 1991: 86.

实、内聚、运动之感；三一体的字母线条比库法体更加柔和，而这种书法体中的点则采取方形，形成坚实、稳定的视觉效果；在整体风格更加灵动活泼的公文体（迪瓦尼体）中，几乎不存在水平笔画，为了配合有着夸张弧度的字母造型，点的写法也更加具有动感，在书写字母“Shīn”“Thā'”时，原本独立的三个点被连成一条有明显粗细变化的弧线，像流星在夜空划过的轨迹，运动的张力跃然纸上。

在对于线的表现方面，以比较直观的字母“'Alif”为例。在库法体书法中，这个字母在书写时是保持绝对垂直的，字母顶端和尾端宽度一致，为了给作品增加活力，在一些变体中会给字母顶端或者中部加入弧形或者折线形的装饰元素。在三一体书法中，字母“'Alif”微微倾斜，起笔在字母顶端点一笔，之后书写一竖作为字母主体，结尾收笔有尖，为了与倾斜的角度形成平衡会再在顶端加一笔撇，这种书写方法让字母整体的线条具有含蓄、稳重的美感。值得一提的是，中文书法中“悬针竖”藏锋起笔，向右下顿笔后转势直下，慢慢提笔收起，使笔画呈“针”状，三一体书法的行笔方式与之有异曲同工之妙。阿拉伯文字母线条的可塑性在公文体（迪瓦尼体）书法中得到了充分的体现，字母“'Alif”在这种书法体中有明显的弧度和粗细变化，与其说是静态的字母，更像是动态的运动轨迹。鲁道夫·阿恩海姆曾专门讨论圆形在自然界以及人类艺术创作中的特殊地位。如图附录-9所示，阿拉伯文书法中某些字母的形态也有着与圆形密不可分的联系。圆形产生于旋转运动，自然界的漩涡和星体运动都呈圆形，人的活动以关节为中心呈弧线形，任何一种体力活动，经过一段时间的练习，都会呈现出流畅的运动轨迹。书法的发展历程中，阿拉伯文书法从棱角分明的库法体到弯曲婀娜的公文体（迪瓦尼体），中国书法从方正规整的隶书到洒脱自由的草书，也体现出这种跨越文化的共通现象。

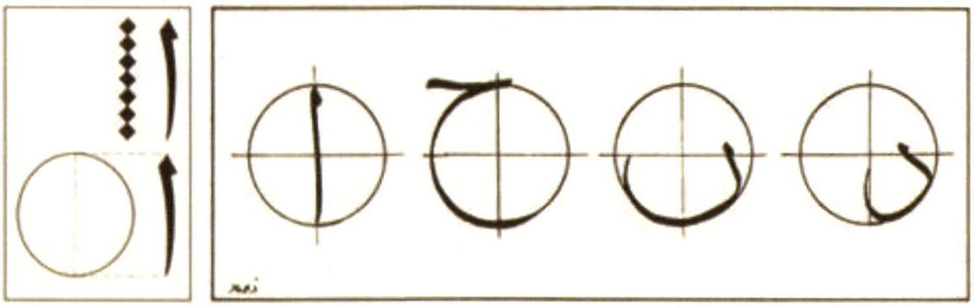

图附录-9　阿拉伯文字母与圆形的关系示例

从另外一个角度来说，书法艺术本身就是创作者的书写活动留下的运动轨迹，是书写者内在思维活动、外在形体活动的统一。阿拉伯文书法艺术创作的基本出发点就是将统一和动感进行完美融合，使作品实现动态平衡，凸显更高的美学价值。

（三）阿拉伯文书法的书写工具

在阿拉伯文书法1400多年的发展历程中，伴随着时间的变化和空间的转移，书写的工具材料也不断适应着不同时期和不同地域的创作者的需要，正如传统中国书法强调“笔、墨、纸、砚”文房四宝，阿拉伯文书法也有相应的书写工具，这些书写工具在阿拉伯文书法各种字体的创新中发挥着至关重要的作用。

1. 纸张

在阿拉伯文书法发展的过程中，建筑、陶瓷、纺织品也是书法创作的重要载体，在此笔者将讨论几种传统意义上阿拉伯文书法艺术的书写材料的发展历程。

在伊斯兰教产生之前，阿拉伯人利用动物的骨骼作为书写工具，基于当时的生活环境，动物的骨骼比较充足，人们尤其愿意使用骆驼和羊的肩胛骨。至今发现的最古老的写有字迹的骨残片大约是伍麦叶王朝时期的，发掘于距阿拉伯半岛麦地那城东南200千米的拉布宰城，这里是古代商路的重要驿站，也是伊拉克人从库法到麦加进行朝觐的必经之地。在此发现的肩胛骨上有用黑色墨水书写的没有加点的文字，从仅存的清晰字迹来看，文本内容大多数是商业交易的单据。①

除了使用动物骨骼，阿拉伯人还把植物加工成书写工具。人们将枣椰树皮进行抛光打磨，再涂上一层油脂或者蜡使其更易于书写。由于当时的物质条件，人们通常选择原料充足易得和制作程序简便的材料加工成书写工具。在蒙昧时期和伊斯兰教产生早期，希贾兹、纳吉德等地纹理细腻的白色石板（Lakhfa）也被用于书写。艾卜·伯克尔在下令收集《古兰经》文本时，其属下是从书写于布片、树皮和白石板等材料上的古兰经整理抄录的。

早期的书写材料主要是莎草纸，由古埃及人在公元前3000年左右发明，他们之后将这种特产出口到古希腊等古代地中海文明的地区，直到遥远的西亚地区和欧洲内陆。纸的英语“Paper”和法语“Papier”都是来源于科普特语“Bābūr”，原义是“果实、收获”，经常出现在早期阿拉伯诗歌文学作品中

① ḤAMĪD ʿA A，ʿABD AL-RAZZĀQ N，AL-ʿUBAIDĪ Ṣ Ḥ. Al-Khaṭṭ al-ʿArabī[M]. Baghdād：Wizāra al-Taʿlīm al-ʿĀlī wa-l-baḥth al-ʿIlmī，Jāmiʿa Baghdād，1990: 172.

的纸张“Qirṭās”就是由莎草纸制成的，①这些都从侧面反映了莎草纸的悠久历史与深远影响。制作莎草纸的原料是莎草茎。制作者先将莎草茎的硬质绿色外皮削去，把浅色的内茎切成40厘米左右的长条，再切成一片片薄片；切下的薄片要在水中浸泡至少6天，以除去所含的糖分；之后，将这些长条并排放成一层，然后在上面覆上另一层，两层薄片要互相垂直；将这些薄片平摊在两层亚麻布中间，趁湿用木槌捶打，将两层薄片压成一片并挤去水分，再用石头等重物压住，干燥后用浮石磨光就得到莎草纸的成品。根据需要，莎草纸可以被制成不同的厚度规格，当时的官方文件使用的就是质量上乘的莎草纸。莎草纸的制作过程相对于当时的其他材料更为简便，但是也有着不易长时间保存的缺点，因此早期的穆斯林在誊写《古兰经》时，还是会选择使用羊皮纸，而莎草纸则主要用在政府公文信件等领域。如图附录-10所示的写有文字的莎草纸残片据考证是来自公元642年的一份回执。②

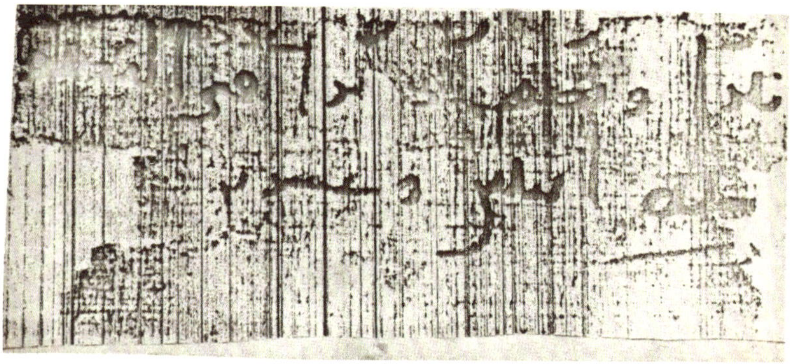

图附录-10　写有文字的莎草纸残片

使用动物皮革作为书写纸张的优势在于方便卷起携带。早在伊斯兰教产生之前，阿拉伯人已经掌握了制作皮革纸张的技术，甚至将它们出口到埃及、沙姆、伊拉克等古代文明地区。③制作这些纸张的原料是骆驼皮、羊皮甚至是驴皮，制作者需要将皮革洗净、晾晒，之后将皮革放入框中，放干的同时用小刀除去残存的毛发，然后将皮革打磨光滑至适于书写的程度。皮革纸的制作技术在伊斯兰教创立初期发展成熟，当时库法城就以皮革制造业闻名，产品传遍阿拉伯国家。巴士拉的皮革纸则以书写字迹保存时间相对较长著称。羊皮纸的制作通常耗时数周，皮革长毛发的一面对于墨水的吸附性较好，通常被当作正面

① ḤAMĪD ʿA A，ʿABD AL-RAZZĀQ N，AL-ʿUBAIDĪ Ṣ Ḥ. Al-Khaṭṭ al-ʿArabī[M]. Baghdād：Wizāra al-Taʿlīm al-ʿĀlī wa-l-baḥth al-ʿIlmī，Jāmiʿa Baghdād，1990: 185.

② 同①286.

③ 同①178.

用于书写。羊皮纸可以涂改、着色，也可以进行拼接缝合、重复使用，但是在当时仍是一种比较昂贵难得的书写材料。

阿拉伯文书法中使用最普遍的书写材料是纸张。造纸术是中国四大发明之一，纸是中国古代劳动人民长期经验的积累和智慧的结晶，它是人类文明史上的一项杰出的发明创造，伴随着古代丝绸之路从中国传播到了沿途国家和地区。公元751年，即中国唐玄宗天宝年间，唐朝和中亚一些国家组成的联军与阿拉伯将领齐亚德·伊本·萨利赫统率的军队展开激烈战斗之后失败被俘。在众多被俘的将士中，有一些人原来是唐朝的造纸工匠，他们把造纸术传入撒马尔罕，进而传播到整个西亚、北非，直至欧洲。在阿拔斯王朝时期，纸代替莎草纸和羊皮纸作为书写记录材料的主体。北非的著名哲学家、历史学家伊本·赫勒敦指出，哈里发哈伦·拉希德的宰相法德勒·伊本·叶海亚·巴尔玛基因为纸张供不应求，把纸张制造业进一步推广到巴格达。[①]

纸张相比之前的莎草纸和羊皮纸具有更好的吸墨功能，书写的内容更容易保存。纸张的大批量生产，使得这种书写材料价格低廉易于获取，书写记录的主体范围得到很大程度的扩张，促进了公元9世纪时期的文学创作和文化传播，阿拉伯文书法艺术也迎来了创新发展的黄金时期。

书法家为了让纸张呈现更理想的书写效果，对于造纸技术进行了一些适合阿拉伯文书法创作需要的革新处理，制作了上浆的熟版纸（Waraq Muqahhar）作为书法用纸。

随着近现代阿拉伯文书法的创作形式越来越多样化，艺术家们也会选择使用其他材料进行创作，如中国的宣纸、油画画布等。

2. 书法笔

阿拉伯文书法所使用的书写工具是芦苇笔（Qalam），这种传统一直延续至今。阿拉伯语中的“笔”一词来源于古希腊语“kálamos”，古希腊语中“ḳäläm”本义是指芦苇，由之引申词根“ḳälämä”，有“染色、书写”的含义，因此阿拉伯语中的“笔”在古希腊语中对应的语义是“芦苇秆”。芦苇秆中空的结构有利于储存墨水，新鲜的芦苇秆经过特殊的处理后变硬、颜色变暗，书法家截取芦苇秆中的一段，将一端削尖并保留成一定宽度的平头。不同的字体对于笔头的倾斜角度要求不同，书法家通常使用一个有凹槽固定笔头的小平板来裁切笔尖，为了增加芦苇笔的储墨量，有些书法家会在书法笔尖切出开口。用书法笔写出的一个点就会成为这支笔书写的阿拉伯文书法艺术作品的度量单位。

① BLAIR S S. Islamic calligraphy[M]. New York: The American University in Cairo Press, 2006：45.

芦苇笔作为书法笔的另外一个重要原因是芦苇是一个重要的文学意象，音色悠扬的中东乐器芦笛同样取材于芦苇。诗人和神秘主义者经常将芦笛和芦苇笔相提并论作为文学创作的素材，神秘主义诗人鲁米就是其中的代表。芦笛中飘出悠扬的音符，芦苇笔笔尖流淌起伏的线条，都展现出人们对于自然和艺术的热爱。

由于芦苇笔使用中经常出现磨损，修剪笔尖也成了书法家的必备技能。现代书法的创作工具不断更新，有许多书法家为了适应不同的书写材料选择不同的书法笔，例如在中国风格的阿拉伯文书法创作中，为了适应宣纸易破的特点，书法家选择使用特制的木板笔，同时在笔尖绑布以提高吸墨性能，书写的作品因为力度和用墨枯润的不同呈现出布的纹理，使作品更添韵味。

3. 墨水

传统阿拉伯文书法艺术中使用的墨水一般分为两种，一种是黑色的碳墨（Midād），主要原料为烟灰、碳加上油和植物胶构成的混合物，另一种用化学方法制作的棕墨（Ḥibr），取材于天然五倍子和亚铁化合物，墨水呈深棕色。[①]由于两种墨水的材质不同，用途也有细微的区分，早期碳墨更常用于皮革制材料，而棕墨常用于植物制作的材料，例如莎草纸和树皮纸等。由于受到书写材料的限制，早期书写有一定的不便，人们不断改进墨汁的配方，公元10世纪之后，碳墨和棕墨在使用材料方面的限制被打破，二者的称呼也合而为一，统称墨（Ḥibr）。

历代书法家在创作的过程中也不断改进墨汁的原料和制作配方，阿拉伯文书法用墨的制作工序复杂，为了保证流畅的书写效果和更长的保质期限，制作者通常在墨汁中混入蜂蜜。为了确保墨色更浓厚，墨的主要原料也需要调整。著名的阿拉伯文书法家、誊抄体书法的创始人伊本·穆格莱曾经说过，最好的墨是用石油烧出的碳灰制成的。[②]

中国书法中只有黑色的墨汁在空白平面勾勒的字迹，甚至绘画中也有水墨画这一分支，崇尚黑白二元营造的大千世界。阿拉伯文书法家在创作中运用的色彩比较丰富，颜料的制作是保证这种创作传统的基础。在彩墨中地位比较重要的是红色，早期书法作品为字母加点、标音都使用红色墨水，这种墨水取材自丹砂。制作红墨水时需要将一定量的丹砂矿物研磨成细粉，然后加入酸性的石榴汁或柠檬汁，加水，静置晾干之后重复之前的研磨配制过程，直至浓度饱

① BLAIR S S. Islamic calligraphy[M]. New York: The American University in Cairo Press, 2006: 61.

② ḤAMĪD ʿA A，ʿABD AL-RAZZĀQ N，AL-ʿUBAIDĪ Ṣ H. Al-Khaṭṭ al-ʿArabī[M]. Baghdād：Wizāra al-Taʿlīm al-ʿĀlī wa-l-baḥth al-ʿIlmī，Jāmiʿa Baghdād，1990: 211.

和，再加入一定量的树胶就完成了。另外一种书法中常用的金色彩墨大多取材于硫酸盐和氨，也会加入金粉和树胶进行调制。[①]除此之外，阿拉伯文书法中常用的蓝色、绿色、银色等色彩也大多取材于各种矿物质。

4. 墨水瓶

与中国的砚台类似，放置书法笔和盛墨的容器在阿拉伯文书法中也扮演着重要的角色。伊斯兰教创立之后，阿拉伯人将书法艺术主要用于誊抄《古兰经》，因此墨盒也就被赋予更重要的文化内涵。《古兰经》中也体现出了对于书写的重视，例如“努奈。以笔和他们所书写的盟誓”[②]，原文是“Nūn wa-l-Qalam wa mā Yasṭurūn”。其中的“Nūn wa-l-Qalam”，按照安达卢西亚的苏非派代表人物伊本·阿拉比的说法，字母“Nūn”象征墨水瓶，和笔一起组成书写的要素。[③]人们不断改进墨水瓶的制作工艺，早期大多使用玻璃材质的墨水瓶，到中世纪时期发展为把玻璃内胆嵌入陶瓷、木制或金属制的容器中，外部用图案纹饰和铭文精心装饰。

二、阿拉伯文书法艺术的奠基

文化艺术的发展与其所处的社会环境和物质条件息息相关，由于造纸术的传入为书法创作提供了极为便利的书写材料，阿拔斯时期研习书法蔚然成风。本节将以阿拔斯时期为阿拉伯文书法发展作出重要贡献的书法家为线索，分析阿拉伯文书法艺术的成熟阶段，最后通过中阿书法之间的比较突出阿拉伯文书法艺术的美学特征。

（一）阿拔斯时期阿拉伯文书法奠基人

阿拉伯文书法随着伊斯兰教的产生和传播迅速发展，人们在书写记录时不仅追求文本的准确，也有更高的艺术追求。就像王羲之、颜真卿等中国书法家留下的墨宝成为了中国汉字书法发展的重要见证，一些著名的阿拉伯文书法艺术家在推动阿拉伯文书法艺术发展的过程中同样发挥了至关重要的作用。

众多阿拉伯文书法体中，最早产生的是发源于库法城的库法体和用于抄录

① ḤAMĪD ʿA A，ʿABD AL-RAZZĀQ N，AL-ʿUBAIDĪ Ṣ Ḥ. Al-Khaṭṭ al-ʿArabī[M]. Baghdād：Wizāra al-Taʿlīm al-ʿĀlī wa-l-baḥth al-ʿIlmī，Jāmiʿa Baghdād，1990: 212.

② 古兰经[M]. 马坚，译. 北京：中国社会科学出版社，1981：293.

③ BLAIR S S. Islamic calligraphy[M]. New York: The American University in Cairo Press, 2006: 64.

《古兰经》的誊抄体。伍麦叶时期书法发展较快但缺乏规范性，出现了不同的书法风格。

在阿拔斯时期，以伊本·穆格莱为首的书法艺术大师通过对当时流传的数十种书法字体进行归纳、加工、创新，提出将字母纳入以“ʾAlif”长度为直径的圆形来衡量，制定了六种基本书法字体的章法规范，即誊抄体、三一体、正典体[①]、芳典体[②]、签名体（Tauqīʿ）和行书体（riqāʿ），由此将阿拉伯文书法艺术推向发展的鼎盛时期。

伊本·穆格莱生于阿拔斯王朝的首都巴格达，他曾三度出任政府官员，后来因为政治风波被捕入狱，并被处以砍去右手的极刑。虽然他晚年身陷囹圄，但是在阿拉伯文书法艺术方面的功绩是无可替代的，受刑之后继续用左手书写优美的书法，甚至还用笔绑在右臂残肢上创作书法，被后人誉为“书圣”。

伊本·拜沃卜（Ibn al-Bawwāb，卒于约1022年）是另外一位对阿拔斯时期阿拉伯文书法体的完善作出突出贡献的艺术家。他在书法艺术方面的发展得益于伊本·穆格莱的弟子们，他的主要成就是进一步优化了书法体的比例，继承并发展了书法先贤伊本·穆格莱的成果，尤其体现在正典体和芳典体的书写规则中。他一生亲手抄写了64部不同书法体的《古兰经》，[③]如图附录–11所示为

图附录–11　《古兰经》第91章至第94章

伊本·拜沃卜　1001年

① 常被音译作“穆哈加格体”，其字面意思为“正确的、确实的”，加之此种书法体的职能是书写《古兰经》，因此笔者意译为“正典体”。

② 此种书法体主要用于抄录《古兰经》，形态与正典体类似，但更有棱角，因此笔者意译为“芳典体”。

③ 陈进惠．阿拉伯书法形成发展的三位奠基人[J]．中国穆斯林，2006（4）：43–46.

现存于切斯特贝蒂（Chester Beatty）图书馆的伊本·拜沃卜真迹，是他于公元1001年使用誊抄体和芳典体抄录完成的《古兰经》第91章至第94章的内容。

阿拔斯时期另外一位著名的阿拉伯文书法家是雅古特·穆斯台绥米（Yāgūt Mustaʿṣimī，卒于1298年），他是阿拔斯王朝最后一位书法大家，贡献在于修饰完善前辈创立的六种基本书法体，使其艺术形式最终固定，直至流传使用到奥斯曼时期。

书法艺术不断演变的过程离不开无数书法家的努力付出，风格各异的书法体是发展成果的阶段性总结，而杰出的书法家能够在传承技艺的基础上大胆创新，成为书法艺术发展的里程碑。伊本·穆格莱、伊本·拜沃卜和雅古特·穆斯台绥米就是这样的代表人物，他们在阿拔斯时期进一步规范完善了阿拉伯文书法，用他们的勤奋和天赋为书法艺术后来的发展奠定了坚实的基础。

（二）阿拉伯文书法与中国汉字书法的共通性

在阿拔斯时期，阿拉伯文书法艺术发展迎来了首个高峰时期，几种常用书法体的准则逐渐确立下来，而同一时期在亚洲大陆的另一端，中国唐朝的楷书也发展到了集大成的阶段。阿拉伯文书法以"精于点画、谨于结构、法度森严"为特点，而这几条要求也正是唐楷的书写要领。上述这些并非巧合，阿拉伯文书法与中国汉字书法是世界上仅有的将文字书写升华到美学高度的艺术，两者在发展历程和笔势原则方面也有相似之处，将中阿书法进行对比能够从新的视角让人们认识到世界文化艺术的共通性，增进不同文化间的相互理解。

1. 发展历程

阿拉伯文书法体的演变过程与中文书法体的发展历程有相似之处。中国汉字书法始于甲骨文，沿革流变，出现了篆书、隶书、楷书、草书、行书等几大书体；相应地，基于石刻铭文发展而来的库法体、誊抄体、三一体、公文体和行书体则是阿拉伯文众多书法体中的典型。二者在产生顺序和书写特点方面都有所契合，篆书和库法体产生较早，可谓"书体之宗"，二者的笔画缺少粗细变化，有质朴的美感；隶书的特点在于笔画清晰且呈方势，誊抄体作为主要用来抄写《古兰经》的字体也具有方正的特点，而且此时产生的书法体都是处于向主要字体过渡的重要阶段；楷书是中文书法中使用相对广泛的一种字体，三一体亦是从产生开始就贯穿阿拉伯文书法创作至今的主要字体，二者的共同特点在于完成了由早期字体向成熟字体的蜕变，造型端庄，注重章法；草书形态飘逸，公文体也具有自由灵活的特点，而且二者都难以辨认；中文的行书和阿拉伯文的行书体都集合了之前书法的书法风格，具有书写快捷方便的优势，也是人们在日常生活中习惯使用的字体。

2. 变中有常

阿拉伯文书法与中国汉字书法的书写练习方式有共通之处。当一种文字应用在艺术创作中，其外形就被解构成了点与线的集合，而且这种点线结构划分到最小单位是自成系统的。中文书法练习强调以“永字八法”作为基础培养扎实的书写功底，具体是指以“永”字八笔顺序为例，阐述正楷笔势的方法：点为侧，横为勒，直笔为努，钩为趯，提为策，长撇为掠，短撇为啄，捺笔为磔。这几种笔法像是汉字的基本零件，掌握之后就可以通过丰富的组合书写所有汉字，汉字虽然结构形态各异，却能因为组成单位的章法规整而实现万变不离其宗。阿拉伯文书法艺术亦是如此，在同一种书法体的书写规则中，字母之间往往共享着相同的点线比例关系，例如字母“Nun”和字母“Qāf”有着完全相同的弧形结构，不仅如此，这个弧度也是字母“Sīn”“Shīn”“Ṣād”“Ḍād”的后半段结构；而字母“Bā᾿”“Tā᾿”“Thā᾿”的主体结构完全相同，区别只在于加点的个数与位置，此弧度也应用于字母“Kāf”和“Fā᾿”底部的书写。这样的例子在阿拉伯文书法中还有很多。总之，所谓书法，还是需要讲究章法、法度，在有限的统一秩序中追求无限可能。

（三）阿拉伯文书法艺术发展的特殊性

成就阿拉伯文书法艺术的还有孕育它的文化土壤，这决定了阿拉伯文书法艺术发展的特殊性。

伊斯兰教的产生和发展奠定了阿拉伯文书法艺术的基调与底色，是影响书法艺术发展的重要因素。随着伊斯兰教的影响力逐渐扩大，阿拉伯语也趋于统一，还有人专门负责誊抄伊斯兰教经典《古兰经》，这在很大程度上促进了阿拉伯文书法的发展，因为誊抄者心怀爱与敬畏，不仅要做到准确无误地抄写《古兰经》，还要注重誊抄作品的艺术性，将美感注入其中给人以启迪。在公元656至661年间统治阿拉伯帝国的正统哈里发之一的阿里・本・艾比・塔利布就曾说过：“一手好字使得真理更加熠熠生辉（更加明晰）。”[①]加之因为伊斯兰教对于描绘人物、动物的图案有一定程度的限制，所以相对于中文书法，阿拉伯文书法在艺术发展过程中得到更加充分的重视从而蓬勃发展。

① AL-BAHNASI ʿA. Jamāliyya al-Fann al-ʿArabī[M]. al-Kuwait: al-Kuwait, 1979: 93.

随着阿拉伯帝国的扩张和伊斯兰教的广泛传播，阿拉伯文书法艺术又被注入了新鲜的血液，通过借鉴各个地区不同特色的文化艺术，阿拉伯文书法艺术更具活力。阿拉伯文书法艺术的发展在空间上覆盖了将近全球四分之一的范围，广泛借鉴了伊朗、土耳其、北非等地区的艺术风格，例如马格里布地区特有的注重突出字母弧度特征的马格里布体，奥斯曼土耳其人发明的形状具有高辨识度的花押体书法。另外，阿拉伯文书法艺术在应用领域方面也越来越广泛，与建筑、绘画、雕刻等艺术相互融合借鉴从而实现了创新发展。除此之外，艺术家们的灵感不只来源于他们对于传统的研习和本民族传统文化艺术的积淀，还有他们将两者融合发展的创新精神，更重要的是，他们也善于从大自然中发现美，进而将这种取法自然的艺术运用在他们的书法等艺术创作之中，发展出装饰性极强的花叶型库法体、几何型库法体等，极大地丰富了阿拉伯文书法的内涵与表现形式。

除了艺术性，阿拉伯文书法还具有极强的实用性。在阿拉伯文书法漫长的发展历史过程中，社会生活各个领域对于这种艺术的需要成为其发展的主要推动力，也让这种艺术随着时间的积累拥有越发深刻的内涵。印刷技术大规模发展之前，手抄本书籍是人们保存古籍、传播知识的重要方式，除此之外，日常的文书也离不开阿拉伯文书法。而当今随着科学技术的高度发展，人们在日常生活中对于阿拉伯文书法的需求程度降低，导致其实用功能渐渐退化，逐渐发展成一种装饰性艺术，审美功能日益突出。这种变化促进了阿拉伯文书法摆脱实用功能的羁绊，向更加艺术化的方向发展。与此同时，书法研习者的规模较以前大为缩小，在很大程度上对阿拉伯文书法艺术的传承构成了挑战。阿拉伯文书法在发展过程中的传承保证了这种艺术不失根基，而历代书法家的努力创新也为书法的发展提供了新的活力。

三、阿拉伯文书法艺术的发展

阿拉伯文书法艺术在阿拔斯时期定型之后，在中东地区进一步发展。奥斯曼时期，帝国的版图进一步扩张，在统治者强有力的倡导推动之下，阿拉伯文书法艺术也得以在更广的范围传播，并迎来了继阿拔斯时期之后又一个发展的辉煌时期。与此同时，在和奥斯曼帝国抗衡的伊朗萨法维王朝，书法艺术也在帝国的保护与支持中发展，用波斯语创作的《列王纪》等传统文学著作中的细密画插图和书法文字对之后伊朗艺术的发展产生了深远的影响。本部分主要以奥斯曼时期的书法为例分析阿拉伯文书法艺术在这一阶段的发展。

（一）奥斯曼时期书法艺术与社会物质文化的关系

1. 政治环境

公元1453年，穆罕默德二世征服了君士坦丁堡，标志着奥斯曼帝国统治的开始。这个新崛起的帝国横跨欧亚两大洲，在苏莱曼一世在位期间（1520—1566）又征服了北非的大部分地区，许多阿拉伯国家也被纳入其统治之中，奥斯曼帝国的版图不断扩大，达到了极盛时期。奥斯曼帝国的苏丹沿袭之前的传统，采取政教合一的政治制度，长达4个世纪之久的强大的政治统治为伊斯兰文化艺术的发展提供了稳定有力的保障。

随着政治中心的转移，伊斯坦布尔也成为新的阿拉伯文书法艺术中心。许多阿拉伯国家被纳入奥斯曼帝国的辽阔版图之中成为行省，出于政治统治和宗教信仰的需要，奥斯曼帝国的苏丹们对于伊斯兰文化的传播和发展非常重视，以丰厚的待遇为条件从各个阿拉伯国家邀请了许多著名的阿拉伯文书法大师到土耳其教授技艺，在一代代书法艺术家的努力之下，土耳其的阿拉伯文书法水平得到很大程度的提升。书法家们在当时赢得了统治者的尊重，有一些甚至成为统治者的近臣，在国家的政府机关中担任要职。一些奥斯曼苏丹也是具有专业水准的阿拉伯文书法艺术家，例如公元1876年至1909年间在位的苏丹阿卜杜勒·哈米德二世（1842—1918）就曾跟随著名书法家阿兹德学习阿拉伯文书法，并自己设计花押体书法签名，还有苏丹马哈茂德二世（1783—1839）也是土耳其著名的书法家之一。

奥斯曼帝国发展到极盛时期，由于统治者的倡导和需要，阿拉伯文书法的书写水平在一定程度上影响了人们的事业发展，就像中国盛唐时期采取“以书取仕”的选举制度。在这种社会制度或社会需要的影响下，客观上人们需要对阿拉伯文书法艺术的章法规则有更加深刻的认识和系统的研究，因此，奥斯曼时期的阿拉伯文书法体的书写规范得到了进一步的完善。

在奥斯曼时期，公文体书法被广泛应用在国家机关的公文、皇室委任状、敕令、庆典贺词、高层的书信往来等领域。在书籍的誊抄和印刷方面，纳斯赫体经过书法大师谢赫·哈姆杜拉（Shaykh Hamdullah，1436—1520）和哈菲兹·奥斯曼（Hafiz Osman，1642—1698）等人的传承和完善，推广到了社会生活的各个方面。除此之外，还有许多字体在奥斯曼时期被逐步标准化并推广使用，这种自上而下的推动力为阿拉伯文书法艺术的发展提供了有力保障。

2. 经济发展

奥斯曼时期，帝国及其统治疆域内部各个地区同世界其他地区的经贸往来频繁，经济的发展和资源的流动为书法艺术发展奠定了基础。奥斯曼时期的统治者能够更好地调配资源，其中包括人才的引进与培养以及书法用品、书法艺术品的生产制作。统治阶级和富人阶层为在皇室和宗教学校任职的阿拉伯文书法艺术家提供了大量资金支持，经济的吸引力也在客观上推动了书法家们不断推陈出新并致力于阿拉伯文书法艺术的精进。当时，由商人和工匠组成的商业行会在奥斯曼帝国繁荣发展。在17世纪的伊斯坦布尔，手工业从业者共计26万人，分别属于1109个行会；在同时期的开罗，手工业从业者共计12万人，分别属于262个行会。[①]阿拉伯文书法艺术也带动了与书籍制作相关的一系列产业的繁荣发展，例如造纸、装饰、书籍装订、绘画、描金、瓷器、纺织品和手工艺品制作等。

3. 社会文化

奥斯曼时期不同民族间的融合达到前所未有的程度。由于奥斯曼土耳其语所使用的也是阿拉伯文字系统，因此阿拉伯文书法艺术作为维系民族和语言文化联系的媒介地位显得更加重要，其艺术性也更加凸显，使奥斯曼时期的土耳其成为阿拉伯文书法艺术发展的沃土。

对阿拉伯文书法的崇尚不只局限于统治阶级，更是有广泛的群众基础，上至帝王下至平民百姓都对阿拉伯文书法怀有热情。奥斯曼帝国统治者在伊斯坦布尔建立了博物馆，用来收藏从各地收集的珍贵阿拉伯文书法手稿，还开设专门教授书法、雕刻和描金技艺的学校。阿拉伯文书法艺术的传承是通过学生拜师学艺的方式进行的，学生跟随书法家学习，按要求提交一份书法作品，经过老师的审阅评判，通过考核的学生会被授予一张证书，代表其正式毕业成为书法家。在众多的书法学习者中，拥有证书的书法艺术家的地位较高，也拥有更多资源。师生传承的传统延续至今，一些奥斯曼时期使用的工具和材料也保存至今。

与其他文字的书法艺术不同，阿拉伯文书法不只是一门艺术，更承载着深厚的文化内涵，伊斯兰教的传播与发展无疑是阿拉伯文书法艺术发展历程之中极为重要的影响因素。阿拉伯文书法作为伊斯兰文化的标志之一也深入渗透到穆斯林的生活之中，被应用于清真寺、宫殿居室、办公场所、公共饮水处、书籍装帧、铸币、日常用品、金银铜饰品、手工艺品甚至墓碑，足见阿拉伯文

① 哈全安．奥斯曼帝国史[M]．天津：天津人民出版社，2016：57．

书法与人们的生活密不可分。奥斯曼苏丹热衷于建造清真寺，位于布尔萨的乌鲁达清真寺中陈列了大量阿拉伯文书法作品，是一座非常珍贵的文化宝藏。在奥斯曼帝国的黄金时期，著名建筑大师米玛尔·锡南（Mimar Sinan，1489—1588）曾主持设计建造了79座清真寺、34座宫殿、55所学校、19座陵墓、33所公共浴室、7所伊斯兰教经学院，此外还建有谷仓、军械库、桥梁、喷泉、医院和大型渠道等建筑设施，其中的书法元素都记录了阿拉伯文书法艺术在奥斯曼时期的发展进程。

4. 物质材料

书法家们也一直在努力调整改进阿拉伯文书法创作的物质材料。以纸张为例，为了使书法呈现更理想的线条效果，16世纪在伊朗及其东部地区，人们发明了特制的书法纸。这种熟版纸需要上浆以防止墨水渗透到纸张的纤维中影响笔画的轮廓，同时把墨水隔离在表面，便于书法家修正错误和修整不规则的字母边缘。上浆使用的原料是以淀粉为主的天然食材，可以是米粉、淀粉、蛋清，在这道程序之后需要将纸放在一个光滑的表面进行抛光打磨，在奥斯曼时期书法家们专门发明了木制的抛光机。

艺术家们不仅重视书法纸的实用功能，而且注重提高书法纸的美观程度。早期由于受到造纸工艺的限制，书法纸大多是棕黄色的，之后出现制作彩色纸的工艺，从蒙古统治的伊朗地区迅速传播到了马格里布地区。到15世纪，除了有金饰花纹的书法纸，还出现了一种带有大理石花纹的湿拓画纸（土耳其语为“Ebru”），有人认为这种技术来自伊朗或土耳其地区，还有人认为染色、金饰、大理石纹的加工方法都是从中国传入的。湿拓画制作者用刷子把有胶质成分的颜料撒到水面，颜料自然晕开，之后用带尖的工具在液面上根据需要调整纹理，待完成之时用纸覆盖液面，颜色附着到纸张后取出晾干就完成了。但是这种染色、金饰、大理石纹的纸张一般只用在书籍封底和封面等比较特殊的位置。

技术的进步让书法创作的材料日益丰富多样，也在很大程度上推动了阿拉伯文书法艺术的发展。

（二）奥斯曼时期书法艺术发展成果

奥斯曼时期的阿拉伯文书法艺术作为当时众多门类艺术的一个缩影，其发展轨迹折射出一个时代的艺术风格、生命情调和文化精神。

历史继承性是艺术发展的普遍规律，新时代的艺术发展总是建立在吸收前代艺术成果的基础上。阿拉伯文书法艺术家也在不断继承发扬前辈的优秀传统，并且通过结合奥斯曼时期的审美需要进行革新创造。从16世纪开始，奥斯曼帝国的书法家们为了顺应帝国建立之初建造清真寺等建筑的需要，在继承三一体主要规则的基础上进一步完善了这种书法体，开创了大楷体（土耳其语为“Celi Sülüs”），“Celi”源自阿拉伯语“Jalī”，原义是“明晰的、清楚的”，便于在规模较大的建筑设计、匾额石碑上使用，字体结构相比于三一体更加舒展宏大，在一定程度上体现了奥斯曼帝国的盛世气度。

除了在同一种书法体发展过程中的改革，奥斯曼时期的阿拉伯文书法艺术也实现了书法体风格的创新，公文体、示文体和花押体，这三种书法体统称为皇室书法体（奥斯曼土耳其语为“Hümāyūn”），是奥斯曼时期书法发展的标志性成果。奥斯曼帝国统治时期，来自欧洲、亚洲和非洲等地不同民族、宗教背景的人们，文化的交流、碰撞与融合无处不在，皇室书法体作为土耳其人承袭借鉴前人书法艺术精髓加以改造升华的结果，成为这种民族融合与文化交流的具体生动的体现。

1. 公文体

公文体的音译为“迪瓦尼体”，“迪瓦尼”（Dīwān）在阿拉伯语中有“行政机关”的含义，这种文体因其在奥斯曼时期被广泛应用在国家机关的公文、皇室委任状、敕令、庆典贺词、高层的书信往来等领域而得名。由于用公文体书写的内容不标音符，字母形状与常规书写有很大区别，字体形态以弓形和圆形为主，飘逸而富有动感，但是容易混淆难以辨认清楚，所以带有一定的保密功能。早期的奥斯曼帝国苏丹为了政治统治的需要，严格限定公文体书法的适用范围，要求书法家不能将其应用到皇室和政府机关工作范围之外。一种流传较广的观点认为，公文体是于伊历856年（公元1453年）苏丹穆罕默德二世的书记官、书法家易卜拉欣·穆尼夫首次制订出的书写规则和章法，同年，苏丹穆罕默德·法提希将公文体正式定型。

2. 示文体

伊历1132年（公元1720年），奥斯曼帝国宰相舍哈兰·帕夏创造了示文体。[①]示文体与公文体的书写规则基本一致，与三一体和大楷体类似，示文体在命名时添加了“Jalī”以作区别。如前所述，“Jalī”的原义是“明晰的、清楚的”，但是这里的“明晰”不是指文字的视觉效果，相反示文体的作品比起公文体更加繁复，其含义在于通过在字母之间的空间标注元音甚至用装饰符的方

---

① 米广江．伊斯兰艺术问答[M]．兰州：甘肃民族出版社，2011：47．

式提示书写在作品中却难以辨认的字母，从而使作品文本的语义更加清楚。出于艺术创作的基本原则，在用示文体书写的作品中，书法家在字母间隙添加装饰字符的点缀，但仍然保持着气韵流通，使得作品画面充实但不凌乱，有极强的装饰性。图附录-12是一幅示文体书法作品，整体外形圆润稳重，内部的阿拉伯文字母灵动飘逸，流畅自然，给人一种飞舞跃动的感觉。书法艺术不仅是点与线的关系，由书法线条切割的平面也是一个重要方面。示文体书法在保证疏密平衡的原则下添加点缀符号，将原本不规则的字符轮廓补全成稳定的结构外形。图附录-13为公文体书法作品，没有了装饰符，显得生动自然，利用字母“Bāʾ”勾勒出弧度，有力的线条将画面调动起来，布局巧妙，韵律感突出。

图附录-12　示文体书法作品[①]

图附录-13　公文体书法作品[②]

3. 花押体

奥斯曼时期创造的最令人印象深刻的书法艺术成就是花押体书法。其他书法体规定每个字母的书写规范，而书法作品的布局设计则是留给书法艺术家发挥的空间；花押体书法主要是作为奥斯曼苏丹的签名印鉴图案，与其他书法体不同的是这种书法体规定了整体轮廓的符号化元素，内容则交给书法家去创作填充。花押体书法最早出现于奥斯曼帝国第二任苏丹奥尔罕（1326—1362年在位）执政时期，早期的花押体书法是为了彰显奥斯曼帝国和苏丹的权威，用作苏丹的官方签名和密封印章，也会出现在官方信件、宣言和钱币上面。为了确保奥斯曼帝国苏丹的权威，防止伪造，花押体书法特意设计得难以阅读和复制。

① 选自《古兰经》（4:32），原文为“wa-Sʾalū Allah min Faḍlih”，马坚译本为“你们应当祈求真主把祂的恩惠赏赐你们”。

② 选自《古兰经》（27：8），原文为“wa-Subḥāna Allah Rabb al-ʿĀlamīn”，马坚译本为“赞颂真主——全世界的主，超绝万物”。

花押体书法的外形有着非常具体的风格特征，关于这种范式的产生和确立说法不一。有人认为花押体中最为显著的三条竖线是在模仿早期苏丹用食指、中指和无名指印手印代替签字时的状态，也有人认为三条挺立的竖线代表了奥斯曼帝国的强盛，领土覆盖了欧洲、亚洲和非洲三个大洲。图附录–14中保留了花押体书法的精髓，只有作品具备这几个基本元素才能称为花押体。书法的左侧必须有两个突出椭圆形套在一起，这两个椭圆形通常来自苏丹名字中的字母，进行高度风格化的处理，两条环线穿越整个图形在右侧结束，左侧的两个椭圆形象征黑海与地中海，而右侧的收尾则代表着短佩剑。花押体中间竖直的三条线一般来自字母“ʾAlif”和“Lām”，它们象征着帝国的权杖和威严，在权杖上还绘有流苏装饰。整个图形只有下面的重心部分可以有比较自由的发挥空间，一般会加入苏丹的全名、父亲名字以及对于苏丹的敬语和祝福祈祷。图附录–15是1876年至1909年在位的奥斯曼苏丹阿卜杜勒·哈米德二世（1842—1918）亲自设计的花押体签名，签名中包含的原文是“Maḥmūd Khān Bin ʿAbd al-Ḥamīd Muẓaffar Dāʾimān”。花押体整体的特点在于刚柔结合，笔挺的“权杖”和下方的“佩剑”在画面中形成了力的平衡，而右侧的环形和流苏装饰与直线型的笔画自然衔接，让刚劲的画面多了柔美，底盘由密集的文字填充，保证画面整体重心平稳，同时有了疏密的对比，刚与柔、曲与直、疏与密几种相对的元素有机结合在画面中，既展现了帝国的威严，又实现了矛盾中统一的美感。更重要的是，花押体书法不仅仅是艺术作品，而且具有徽章的特征与象征意义，并伴随着历史的发展升华成了一种文化符号。

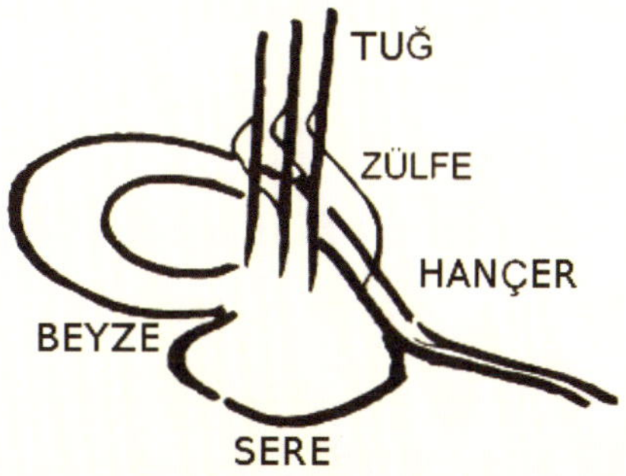

图附录–14　花押体书法基本要素

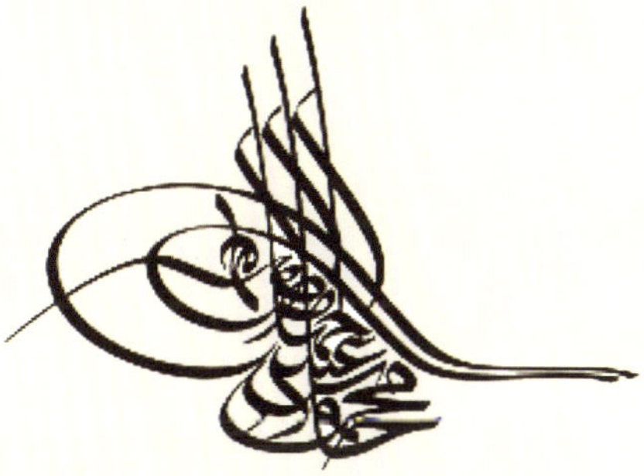

图附录–15　奥斯曼苏丹阿卜杜勒·哈米德二世花押体签名

（三）奥斯曼时期书法艺术的美学与文化价值

书法艺术总是处在不断的发展之中，阿拔斯时期是主流阿拉伯文书法风格形成的时期，是阿拉伯文书法艺术整合统一、确立规则的时期。奥斯曼时期阿拉伯文书法艺术进入了新的发展阶段，之前的书法体渐趋成熟，并且诞生了新的书法体和相应的艺术风格。按照金学智在《中国书法美学》中的观点，中国的书法明显呈现出“商周尚象”“秦汉尚势”“晋代尚韵”“南北朝尚神”“唐朝尚法”“宋代尚意”“元明尚态”“清代尚质”的文化特色。[①]阿拉伯文书法艺术亦是如此，每个时代因其政治、经济、文化、社会、思想等方面的差异，在书法方面也呈现出不同的风格面貌，甚至两种书法艺术之间呈现出相似的发展轨迹。

奥斯曼时期阿拉伯文书法艺术的发展具有独特的历史文化价值，作为以伊斯兰文化为主导的帝国，艺术家们延续阿拉伯文书法艺术的文化内核，统治阶级的鼓励与支持为艺术家的创作提供了优质的条件，加之不同民族之间在物质文化和思想方面的交流，进一步开发了阿拉伯文的美学潜能。奥斯曼时期新创立的皇室书法体，丰富了阿拉伯文书法艺术的形式，为后世留下了宝贵的精神财富和文明遗产，让人们可以通过精妙绝伦的《古兰经》手抄本、雄伟壮观的建筑雕刻一睹奥斯曼帝国鼎盛时期的风采。

在美学方面，奥斯曼时期的书法艺术家把阿拉伯文字母中蕴含的形式美提升到了一个新的高度，反映了当时的审美理想和审美趣味。以公文体书法为例，虽然这种字体创立之初是出于保密的需要，但是它也充分体现了阿拉伯文字母点线结构的可塑性。书法作品提供给观者的是由点线和空白空间组成的画面，而公文体的魅力在于通过字母的艺术化处理，让静止的线条变得仿佛在飞舞流动，这种艺术风格让人们可以在欣赏阿拉伯文书法艺术的时候感受到艺术家的情感起伏和笔法技巧的丰富变化。中国南宋词人姜夔在《续书谱》中曾说：“余尝历观古之名书，无不点画振动，如见其挥运之时。”公文体书法作品中，字母上的两个点和三个点都采用连写的方法，由静止的点展现出运动的点画，文字的线条轮廓包含着用笔动作、结构章法的构成过程，观者通过欣赏已经完成的作品可以感受到动态的书法家的创作状态，这种动静结合、创作与欣赏的结合为观者提供了可以想象的空间。

总之，任何一种书法艺术都是特定历史背景下的产物，承载着超越文本内容的文化积淀。奥斯曼时期的阿拉伯文书法艺术对于之前的书法艺术成规有所坚守，但也有基于多元文化构成的变化创新，例如花押体、公文体等风格成为了一个时代的标志和文化符号，有着承前启后的历史文化价值和独特的审美价值。

---

① 吴慧平．书法欣赏新论[M]．长沙：湖南美术出版社，2014：7．

四、近现代阿拉伯文书法艺术的传承与创新

近现代以来，在继承发扬一辈辈书法大师研习成果的基础上，阿拉伯文字的各种字体书写规范都已经确立成型，阿拉伯文书法体已经发展得非常成熟，在不同的国家和地区又与当地传统融合互通，渐渐呈现出多元化的特征。

（一）伊朗的“黑色草稿”书法艺术

在奥斯曼时期，除了手稿和碑铭中的阿拉伯文书法艺术，书法家们也会用纸进行创作练习，这种练习被称为“黑色草稿”，波斯语为“Siyāh Mishq”，1489—1490年奥斯曼土耳其书法大师谢赫·哈姆杜拉的一份真迹是保留至今较早的练习作品。

到18世纪，“黑色草稿”已经发展成一种固定的艺术设计风格，书法家在创作时不断重复所写内容，直至用黑色的笔迹把纸张填满。这种练习方式渐渐成为一种创作风格，至今仍潜移默化地影响着伊朗的艺术家，甚至一些来自其他地区的书法艺术家也借鉴了这种特色并将其融入自己的创作中。

众多伊朗阿拉伯文书法艺术家的作品证明，“黑色草稿”的创作风格已经内化成为一种文化自觉，是伊朗地区非常有代表性的艺术现象。究其原因，与伊朗地区的思想文化传统密不可分。从11世纪到16世纪，苏非主义一直是伊朗社会的主导思想，并在长期的发展中积淀为伊朗传统宗教文化的一部分，潜移默化地影响着伊朗民众，尤其是知识分子阶层。“黑色草稿”风格的主要特征就是重复，这是来源于苏非主义追求个人精神与真主的结合，在苏非传统中有反复念诵纪念真主的仪式，在重复中滤净自身的心性，实现一种精神上的升华。这种特质也在艺术家的心中根深蒂固，反映在艺术作品中形成了独具特色的“黑色草稿”风格，经久不衰。朱光潜在《朱光潜美学文集》中说：“意象可以旁通，诗人和艺术家寻求灵感往往不在自己本行范围之内，而走到别的艺术领域里去。”[①]在许多伊朗书法家的作品中，传统的诗歌文学作品扮演着重要的角色。书法艺术和创作者的学识修养也有着密不可分的联系，对于许多现代书法作品来说，作品文字内容的辨识似乎只是一个附属的条件，但文字是书法艺术呈现的载体，文字内容的选取、文章格调的高下也能反映艺术家的心境

① 朱光潜．朱光潜美学文集[M]．上海：上海文艺出版社，1998：34．

和素养，优秀的作品能够实现文字形式和内容的统一，创造优美的意境。

（二）土耳其的代表性书法风格

苏非教团作为伊斯兰教的民间形式，具有完整的组织结构和严密的等级体系，在奥斯曼帝国的历史上具有广泛的宗教影响和社会影响。[①]任何一种艺术风格的形成都与其所处的社会文化环境密切相关，因此在现代土耳其地区的阿拉伯文书法艺术也保留了属于自己的特征，最为突出的特征就是镜像的构图布局和用阿拉伯文中典型字母单独构成作品主体。位于土耳其布尔萨的乌鲁清真寺建于奥斯曼苏丹拜亚齐德一世期间，内部保存了近两百幅阿拉伯文书法艺术作品，其中有大量以镜像结构和字母“Wāw”为主要元素的作品，如图附录-16所示。这些作品反映了当时的创作风尚，经过扬弃创新在现代土耳其书法艺术中依然熠熠生辉。

图附录-16　位于土耳其布尔萨的乌鲁清真寺内部全景图（部分），2009年

1. 镜像构图的使用

在土耳其书法艺术家的作品中，流传着一种和其他地区书法家不同的构图习惯，即镜像的构图方式（土耳其语为“Müsenne”，来自阿拉伯语“Muthanna”），一般书法家会把作品设计成轴对称图案，两侧相互对称的词句交织在一起，让作品呈现一种独特的美感和哲学思考。穆斯塔法·阿里在著作中提到的“左手书体”就是主要用于书写镜像作品中反转的部分以及花押印章的书法。对称的结构从美学角度能够实现和谐，使得整体的平面构成更加稳定和庄重。与此同时，阿拉伯文书法作品也离不开孕育它的文化土壤。苏非主义主张人们追求自我与真主合一的境界，最开始的阶段就是做到对朋友没有区别，待人如待己；实现这一点之后，就能消除他人与自我之间的屏障，个人与先知之间也没有隔阂，自我能感受到的爱和先知感受到的爱是没有区别的；最

① 哈全安．土耳其史[M]．天津：天津人民出版社，2016：72．

后的境界就是人与神之间也没有界限，意识到其实一切事物本质都是相同的，也就获得了一种神性。①这种从无我到物我合一的思想潜移默化地影响着阿拉伯文书法艺术家，因此我们可以在许多土耳其的书法大师作品中看到镜像对称的构图，这其实反映了他们基于反观人生和对世界的思考而形成的独特审美品位。

如图附录-17所示，土耳其书法艺术大师哈桑·切莱比（Hasan Çelebī，生于1937年）把真主的尊名之一“至恕的”进行镜像对称的处理，他很巧妙地运用了加利三一体字母的弧形轮廓，使作品整体呈现出一顶苏丹帽子的形状。图附录-18和图附录-19都是土耳其书法家莱温特·卡拉杜曼（Levent Karaduman，生于1978年）的作品。可以看出，图附录-18也是用加利三一体书写的主体部分，内容为“至恕的”，作者在哈桑·切莱比的构图基础上有所创新，将呼唤词“Yā”移至下方，使得主题呈现出一盏灯

图附录-17　至恕的（Yā Ghaffār）
哈桑·切莱比　2001年

图附录-18　装饰作品　45 cm × 57 cm
莱温特·卡拉杜曼　2011年

图附录-19　装饰作品　40 cm × 72 cm
莱温特·卡拉杜曼　2011年

① MUTLUEL O. İslam düşüncesinde hat sanatı veya kalemin[J]. The journal of academic social science studies, 2013, 6(6): 863-876.

的形状，呼应背景用三一体书写的像打开的书的部分。图附录-19的主体部分是用三一体书写的“穆罕默德”和四大哈里发的名字，背景用誊抄体书法和装饰花纹填充，作品的最大特点在于不仅实现了左右对称，还有上下对称，构成两个大水滴嵌套四个小水滴的精美图案。由这几幅代表作也可以看出土耳其书法在现代的发展进步，保留构图特色和文化内涵的同时，借助不同色彩突出主题，形式更加灵活丰富。

2. 对单个字母的刻画

近现代土耳其阿拉伯文书法艺术另一个比较突出的特色就是注重对于单个阿拉伯文字母的刻画和表现。对于许多创作者来说，这些字母承载的不仅仅是语言学和造型艺术方面的意义，同时也是一种基于社会文化传统的符号象征。例如土耳其的阿拉伯文书法艺术家喜欢把字母“ʾAlif”“Wāw”单独书写成为作品，这两个字母在伊斯兰文化和语言中有着重要的地位。字母“ʾAlif”的特殊性在于它是阿拉伯文的首字母，同时也是阿拉伯文“真主”一词的首字母，字母的形状笔直挺立，是阿拉伯文字母中唯一的直线造型的字母，象征着正直的美好品质。图附录-20是土耳其书法家宰赫拉·萨布里叶·丁切尔（Zehra Sabriye Dinçer）书写的作品，在作品的中间用大部分空间刻画了大楷体的字母“ʾAlif”，边框用三一体书写了《古兰经》的章节。

图附录-20　字母“Alif”和《古兰经》章节　41 cm × 76 cm

宰赫拉·萨布里叶·丁切尔

土耳其的阿拉伯文书法艺术家们热衷于表现的另一个字母“Wāw”有着更加深刻的文化内涵。首先，从语言的角度，阿拉伯语中的字母“Wāw”是柔弱字母，在做辅音字母的同时也兼具元音的功能，表示合口长音需要在辅音字母后面加上“Wāw”。在阿拉伯语中，“一”是“Wāḥid”，“唯一的”是“Waḥīd”，“统一”是“Waḥda”，都是以字母“Wāw”作为首个基本字母，在伊斯兰文化中与真主的独一性密不可分，书法家以字母“Wāw”作为创作主题是对这种传统思想文化的诠释。[①]其次，阿拉伯文字母与数字有着对应关系，字母“Wāw”所对应的数字是6，而真主“Allah”一词按照各个组成部分的数字相加“ʾ”（1）+“l”（30）+“l”（30）+“h”（5），和为66。因此书法家们喜欢书写字母“Wāw”，有时还会书写对称的两个字母“Wāw”，用其数字含义象征真主。此外，从字母的造型角度，有学者认为字母“W”的形状像胎儿在母亲子宫中的形态，代表着生命最初的纯粹状态。从字母的名称来看，“Wāw”是唯一的全称呈对称形式的字母，简单的三个字母就像人的一生，从最初始的婴儿成长为顶天立地的人，年老之后腰弯背驼。看似简单的字母既表现生命初始的瞬间，也浓缩了生命漫长历程的循环。“Wāw”本身形态与造型艺术中追求的完美的圆形契合度较高，基于文化传统的符号象征意义让这个字母在观者视觉上和心理上都呈现出圆满的结构状态。图附录-21是现代土耳其书法艺术家福阿特·巴沙尔（Fuat Başar，生于1953年）创作的以字母“Wāw”为主题的书法作品。

图附录-21　字母“Wāw”　42 cm × 43 cm
福阿特·巴沙尔　2010年
作品金饰：雅赛敏·卡玛

（三）中国风格的阿拉伯文书法艺术

古代陆路与海上丝绸之路的联通促进了中国与沿线各国的经济文化交往，为世界文化艺术的繁荣发展作出了巨大的贡献。伊斯兰艺术从唐宋时期开始传入中国，经过数个世纪的发展，阿拉伯文书法与中国本土博大精深的文化渐渐

① ÖZKAFA F. Kültürel ve estetik bakımdan “Vav” harfine analitik bir yaklaşım[J]. Turkish Studies. 2012, 7(4).

共融，形成了别具一格的中国风格的阿拉伯文书法艺术。中国泉州有伊斯兰教石刻二百余方，大部分属于元代的遗物。这些碑分为墓葬碑刻和清真寺碑刻两类，碑上有阿拉伯文、波斯文和突厥文，阿拉伯文书法艺术在这些石碑上得到了充分的体现。[①]随着伊斯兰教在中国的传播，早在元代，中国的穆斯林艺术家就掌握了阿拉伯文的书写方法。阿拉伯文书法从传入中国发展至今，创作的主体内容依然是《古兰经》《圣训》及名言警句，内容与传统的阿拉伯文书法没有本质区别。但是由于中国的生活环境、传统习俗与中东地区差异较大，阿拉伯文书法艺术在中国的传播过程中，在创作形式和创作元素方面有明显的发展创新。

1. 创作形式

在创作形式方面，阿拉伯文书法艺术结合了中国的建筑风格，发展出相应的创作篇幅和体例，用阿拉伯文书写的中堂或屏风就是比较典型的例证。中堂是国画装裱中直幅的一种体式，以悬挂在堂屋正中壁上得名。中国旧式房屋楼板很高，人们常在客厅（堂屋）中间墙壁上挂上一幅巨大的字画，称为中堂画。中堂画一般是竖行书写的长方形的作品，内容多为四尺整张的福、寿、龙、虎等吉祥寓意的大字，左右配上对联，也有人悬挂祖训、格言名句书法题字或者祖先肖像、山水、老虎画。图附录–22为清代阿拉伯文泥金写赞圣词六

图附录–22　阿拉伯文泥金写赞圣词六条屏（清代）

条屏，[②]每一条固定为十行，其中阿拉伯文字母的书写不能简单归入中东地区流传的几种标准书法体，一些字母的交叠、夸张处理颇有中国书法的风韵。现

① 王正伟．回族民俗学[M]．银川：宁夏人民出版社，2008：255．
② 同①254．

代的中国阿拉伯文书法艺术家进一步优化了阿拉伯文书法与中堂或屏风的契合度。图附录-23是中国阿拉伯文书法家米广江书写的作品《四季平安》，每一条屏的上下装饰保持部分花纹形式一致，中间的主体部分根据一年四季选取了四种不同的花朵元素，变中有常，和谐中也有活泼变化的元素。除此之外，在作品主体图案花朵造型中，艺术家也参考了伊斯兰艺术中对于多边形几何图案的设计，将平面分割成和谐对称的图案，形成独特的构图语言。

图附录-23　四季平安　纸本墨笔　178 cm × 185 cm

米广江　2008年

对联也是具有中国特色的书法艺术表现形式，同样被一代代阿拉伯文书法家吸纳借鉴，充分开发阿拉伯文字母线条的可塑性，形成了风格独特的阿拉伯文方体对联。图附录-24是西安化觉巷清真寺大殿的图片，可以看到柱子上都书写着菱形的阿拉伯文书法，与对联极为相似，与古朴的中国传统建筑风格完美结合在一起。同时，匾额的书写也结合汉字书法的风格进行了本土化的发展，例如把字母“ʾAlif”和“Lām”中的竖直笔画部分变化成弧形相互交叉的书写方式，这是中国艺术家的创新之举。中国汉字书法中有米字格的辅助图形，能够更好地定位汉字笔画的空间结构，中国艺术家在书写阿拉伯文匾额时采取的这种交叉变化与米字格有相似之处，其妙处在于构造了字符内部张力的平衡结构，而且字词之间的交叉笔画对接形成类似于清真寺拱顶的形状，充分展现出中国阿拉伯文书法家们的艺术创造力。

图附录-24　西安化觉巷清真寺大殿，2016年

2. 创作元素

中国的书画艺术源远流长，历经数千年的发展，形成了比较完整的审美文化体系，潜移默化地影响了一代代书画艺术家的审美标准，许多文化符号也已经根植于人们内心。阿拉伯文书法作为一种亦书亦画的新事物，在传播到中国之后，如何更好地与中国传统书画艺术结合一直是艺术家们不懈探索的问题。中国的阿拉伯文书法艺术家在创作的过程中会自发地使用中国特色的创作元素，其中最有代表性的就是植物和汉字两类文化符号。

由于伊斯兰文化对于造像的禁忌，阿拉伯文书法作品中形成了使用植物花纹装饰的传统，例如库法体的分支变体把藤蔓装饰添加到字母笔画之中，还有一些作品运用植物花卉装饰边框和作品的空白部分。艺术皆源于生活，中国书画艺术中也常常借自然中的意象传达心中的美好祈愿。例如荷花“出淤泥而不染，濯清涟而不妖，中通外直，不蔓不枝”的高尚品格，历来为文人墨客歌咏和绘画的题材之一。由于“荷”与“和”“合”谐音，“莲”与“联”“连”谐音，荷花（即莲花）在中华传统文化中被视为和平、和谐、合作、合力、团结、联合的象征。中国的阿拉伯文书法艺术家利用植物花卉的意象作为联结点，把阿拉伯文书法融入植物的形态之中，创作出充满中国特色的书法作品。图附录-25是米广江书写的《平平安安》，作为画作欣赏，可以看

图附录-25　平平安安　纸本墨笔　80 cm × 53 cm
米广江　2010年

出传统的中式花纹边框、寓意平安的花瓶、象征和美的荷花，还有原产波斯在中华传统文化中代表多福的石榴；从书法作品的角度，作者充分利用了阿拉伯文字母的造型艺术特征，借助中国传统的软笔书法材料，用精致的笔触花纹组成了静物画面的各个组成部分，甚至利用中国体阿拉伯文书法在字母“ʾAlif”和“Lām”起笔的加粗处理营造出了石榴表面光影明暗的效果。

中国汉字以原始社会晚期出现的象形符号为基础，是古代先民师法自然，将现实事物抽象提炼为二维空间内点线组成的意象。汉字造型的艺术符号性具有语言符号和非语言符号两个部分，它既有汉字语言的文字属性，又具有非语言性的图形特征。[①]中国的阿拉伯文书法艺术家基于自身的中国文化体验，尝试将中文书法与阿拉伯文书法相结合，汉字成为理想的创作元素。通常书法家会选择具有美好含义的汉字取其形状，用内容有关联的阿拉伯文字母来填充，即便不懂阿拉伯文的观者也能体会到中国汉字与阿拉伯文结合的妙趣。

图附录-26是米广江书写的作品《圣》，选取中文繁体的“聖”字作为基本造型，填充其间的阿拉伯文“Rasūl Allah”与作品顶部的红色印章中书写的库法体“Muḥammad”相互呼应，点出了作品的主旨“圣”是伊斯兰教先知穆罕默德。这样的艺术处理使得作品中中文的字形、字义与阿拉伯文的字形、语义相统一。作品中厚重的笔墨线条和传统的印章元素的使用已经将阿拉伯文书法的痕迹化于无形，两种古老艺术打破形式与内容的界限融而为一，这是阿拉伯文书法艺术在当代中国的新发展。

图附录-26　圣　纸本墨笔　144 cm × 67 cm
米广江　2014年

结　语

本文开头追本溯源，回顾了阿拉伯文和阿拉伯文书法艺术的产生与发展过程，着重从美学角度分析阿拉伯文在造型艺术方面的特征和条件，归纳出阿拉伯文书法艺术强调作者思想、作品内容形式的多维度统一以及追求动态美的

① 张娴．汉字文化与现代平面设计[M]．长沙：湖南师范大学出版社，2014：112．

原则。

第二部分阐述了阿拉伯文书法在阿拔斯时期的发展历程，在这个阶段，阿拉伯文书法的传统字体书写规则基本确立，成就了书法艺术发展的首个巅峰时期，为之后阿拉伯文书法的辉煌发展奠定了基础。

第三部分主要聚焦于奥斯曼时期，以书法体为线索，论述在当时的历史环境之下，一代代艺术家如何在坚守创作原则的基础上努力发展阿拉伯文书法艺术，创作属于他们的时代精神与文化符号。奥斯曼帝国汇聚了来自世界各地的人才，加之统治阶级的大力提倡，为阿拉伯文书法艺术的发展提供了良好的发展环境，孕育了兼有前代阿拉伯文书法艺术精髓和奥斯曼土耳其特色的皇室书法体，包括花押体、公文体和示文体。

第四部分以书法风格为主线，论述阿拉伯文书法艺术在不同的文化社会环境之下成长出带有本土文化艺术特色的风格化造型艺术。世界各地的阿拉伯文书法艺术家做到了传统与现代并重，在传承与保护传统书法艺术的同时，艺术家们不断推陈出新，通过吸纳现代元素丰富艺术表现手法，为阿拉伯文书法的发展注入新鲜的血液。

总之，笔者希望通过这篇研究从两个维度对分析阿拉伯文书法艺术的传统模式有所突破和发展。一是在看到孕育阿拉伯文书法艺术的特殊文化历史背景的同时，也把它作为一种具有普遍性的艺术纳入整体的艺术发展历史之中，从艺术美学的角度进行分析。二是在阿拉伯文书法艺术自身的发展历程中，分析其传承不变的艺术创作规律和融合创新之后的不同风格，即阐明阿拉伯文书法艺术相对于世界艺术的普遍性与特殊性，同时挖掘阿拉伯文书法艺术自身发展历程中的普遍性与特殊性。坚守传承与开拓创新的结合是阿拉伯文书法作为历史悠久的艺术在当今世界依然蓬勃发展的原因。

参考文献

中文文献

［1］陈进惠. 近现代阿拉伯书法的开拓先锋［J］. 中国穆斯林，2007（5）：45-47.

［2］陈进惠. 阿拉伯书法形成发展的三位奠基人［J］. 中国穆斯林，2006（4）：43-46.

［3］陈坤. 阿拉伯文书法艺术［M］. 兰州：兰州大学出版社，2006.

［4］陈明. 书法平面构成［M］. 合肥：合肥工业大学出版社，2014.

［5］大卫·萨克斯. 伟大的字母［M］. 康慨，译. 广州：花城出版社，2008.

［6］丁尔苏. 符号与意义［M］. 南京：南京大学出版社，2012.

［7］菲利浦·希提. 阿拉伯通史［M］. 马坚，译. 北京：新世界出版社，2008.

［8］冯钢. 艺术符号学［M］. 上海：东华大学出版社，2013.

［9］高长江. 符号与神圣世界的建构：宗教语言学导论［M］. 长春：吉林大学出版社，1993.

［10］哈全安. 奥斯曼帝国史［M］. 天津：天津人民出版社，2016.

［11］何新. 艺术现象的符号：文化学阐释［M］. 北京：人民文学出版社，1987.

［12］黑格尔. 美学［M］. 朱光潜，译. 北京：商务印书馆，1979.

［13］焦燕. 阿拉伯语书法美学研究［J］. 文艺鉴赏，2012（7）：93

［14］金宏伟. 伊斯兰艺术的瑰宝·阿拉伯书法［J］. 上海工艺美术，2007（1）：62-63.

［15］李乐山. 符号学与设计［M］. 西安：西安交通大学出版社，2015.

［16］李荣启. 艺术语言论［M］. 北京：人民出版社，2013.

［17］李文彦. 浅谈阿拉伯书法艺术［J］. 阿拉伯世界，1989（1）：37-41.

［18］刘开古. 阿拉伯语发展史［M］. 上海：上海外语教育出版社，1995.

［19］刘一虹，齐前进. 美的世界：伊斯兰艺术［M］. 北京：宗教文化出版社，2006.

［20］鲁道夫·阿恩海姆. 艺术与视知觉［M］. 滕守尧，朱疆源，译. 北京：中国社会科学出版社，1984.

［21］罗伯特·欧文. 伊斯兰世界的艺术［M］. 刘运同，译. 桂林：广西师范大学出版社，2005.

［22］古兰经［M］. 马坚，译. 北京：中国社会科学出版社，1981.

［23］米广江. 伊斯兰艺术问答［M］. 兰州：甘肃民族出版社，2011.

［24］王铭玉. 语言符号学［M］. 北京：北京大学出版社，2015.
［25］吴慧平. 书法欣赏新论［M］. 长沙：湖南美术出版社，2014.
［26］俞建章，叶舒宪. 符号：语言与艺术［M］. 上海：上海人民出版社，1988.
［27］张娴. 汉字文化与现代平面设计［M］. 长沙：湖南师范大学出版社，2014.
［28］张毓书. 符号功能：艺术形象的动态流程［J］. 南方文坛，1992（5）：3-6 .
［29］赵毅衡. 符号学［M］. 南京：南京大学出版社，2012.
［30］朱秀梅. 伊斯兰艺术奇葩：阿拉伯书法［J］. 美术观察，2004（12）：106-111.

英文文献

［1］SCHIMMEL A. Calligraphy and islamic culture[M]. London：B Tauris & Co.，Ltd，1990.
［2］HAGEDORN A，SHALEM A. Facts and artefacts[J]. Art in the islamic world，2007.
［3］BRAKET，NAYEL H. Rhythm & Verses: masterpieces of persian calligraphy[M]. Malaysia：Islamic Arts Museum Malaysia，2004.
［4］BARAKAT，NAYEL H. Introduction to islamic arts：calligraphy：the collection of the islamic arts museum malaysia[M]. Malaysia：Islamic Arts Museum Malaysia，2016.
［5］DAVID C. Visible Signs: An introduction to semiotics in the visual arts[M]. West Sussex：AVA Publishing SA，2016.
［6］KUIPER K. Islamic art，literature，and culture[M]. Chicago：Britannica Educational Publishing，2010.
［7］YAZIR M B. İslamic calligraphy art：kalem güzeli[M]. Ankara：Diyanet İşleri Başkanliği Yayinlari，1989.
［8］CHEBEL M. Symbols of islam[M]. Paris：Editions Assouline，1997.
［9］ALAMI M H. Art and architecture in the islamic tradition，aesthetics，politics and desire in early islam[M]. London：Tauris Academic Studies，2010.
［10］JA'FAR M. Arabic calligraphy[M]. London：British Museum Press，2002.
［11］Islamic Arts Museum Malaysia. NUN WA AL QALAM：contemporary muslim calligraphy[M]. Malaysia：Islamic Arts Museum Malaysia，2013.
［12］GRABAR O. The formation of islamic art[M]. London：Yale University Press，1978.
［13］ETTINGHAUSEN R，GRABAR O，JENKINS M. Madina-islamic art and architecture 650—1250[M]. London：Yale University Press，2002.
［14］HILLENBRAND R. Islamic art and architecture[M]. London：Thames & Hudson，1999.
［15］NASR S H. Islamic art and spirituality[M]. New York：State University of New York

Press，1987.
[16] BLAIR S S，BLOOM J M. The art and architecture of islam 1250—1800[M]. London：Yale University Press，1994.
[17] BLAIR S S. Islamic calligraphy[M]. New York：The American University in Cairo Press，2006.
[18] RICE T. Islamic art[M]. New York：Frederick A. Praeger，1965.
[19] GONZALEZ V. Beauty and islam, aesthetics in islamic art and architecture[M]. London：I. B. Tauris & Co.，Ltd，2001.
[20] FONG W C. Arts as history：calligraphy and painting as one[M]. Princeton：Princeton University Press，2014.
[21] ALI W. Modern islamic art：development and continuity[M]. Gainesville：University Press of Florida，1997.
[22] WRIGHT，JULIA E. The look of the book：manuscript production in shiraz 1303—1452[M]. Seattle：University of Washington Press，2012.

阿拉伯文文献

[1] AL-FĀRŪQĪ I. Al-Islām wa-l-Fann[M]. al-Qāhira：Dar Gharbiyya，2000.
[2] ʿUKĀSHA T. Al-Muʿajam al-Mausūʿī li-l-Muṣṭālaḥāt al-Thaqāfiyya[M]. al-Qāhira：Maktaba Lubnān，al-Sharika al-Miṣriyya al-ʿAlamiyya Lunajmān，1990.
[3] ʿUKĀSHA T. Iʿṣār min al-Sharq[M]. al-Qāhira：Dar al-Shurūq，1992.
[4] SAʿĪD Ḥ. Al-Funūn al-Islāmiyya ʾAṣālatuhā wa-ʾAhammiyyatuhā[M]. al-Qāhira：Dar al-Shurūq，2001.
[5] AL-MAGHRIBI Ḥ J. Nāyif Mushrif al-Hazāʿ. Al-Tajārib al-Muʿaṣira fi al-Khaṭṭ al-ʿArabī[M]. al-Kuwait：al-Kuwait，1997.
[6] ḤASAN Z M. Fi al-Funūn al-Islāmiyya[M]. al-Qāhira：Muʾasasa Hindāwī li-l-Taʿlīm wa-l-Thaqāfa，2012.
[7] KHALĪFA R Ḥ. Al-Funūn al-Islāmiyya fi al-ʿAṣr al-ʿUthmānī[M]. al-Qāhira：Maktaba Zahrāʾ al-Sharq，2007.
[8] MUḤAMMAD S M. Al-Funūn al-Islāmiyya[M]. al-Qāhira：Maktaba al-Miṣriyya，1986.
[9] BALKAḤLA ʿA. Al-Fann wa-l-Ijtimāʿ fi ʿĀlam al-Islām[M]. Beirut：Dar al-Maʿārif al-Ḥakīma，2016.
[10] MANĀṢIFĪ ʿA ʿA. Al-ʾUṣūl al-Fanniyya li-Tadrīs al-Khaṭṭ al-ʿArabī[M]. Dimashq：Dar al-Qalam，al-Ṭabʿa al-ʾūlā，1987.
[11] ḤAMĪD ʿA A，ʿABD AL-RAZZĀQ N，AL-ʿUBAIDĪ Ṣ Ḥ. Al-Khaṭṭ al-ʿArabī[M].

Baghdād：Wizāra al-Taʿlīm al-ʿĀlī wa-l-baḥth al-ʿIlmī，Jāmiʿa Baghdād，1990.

[12] AL-FATTĀḤ ʿA. ʾIntishār al-Khaṭṭ al-ʿArabī fī al-ʿĀlam al-Sharqī wa-l-ʿĀlam al-ʿArabī[M]. al-Qāhira：Maktaba al-Miṣriyya，1915.

[13] QALʿAJĪ ʿA F R. Madkhal ilā ʿIlm al-Jamāl al-Islāmī[M]. Beirut：Dar Qatība li-l-Ṭibāʿa wa-l-Nashr wa-l-Tauzīʿ，1991.

[14] AL-BAHNASĪ ʿA. Jamāliyya al-Fann al-ʿArabī[M]. al-Kuwait：al-Kuwait，1979.

[15] AL-BAHNASĪ ʿA. Fann al-Khaṭṭ al-ʿArabī[M]. Dimashq：Dar al-Fikr bi-Dimashq，al-Ṭabʿa al-Thāniya，1999.

[16] WĀFĪ ʿA W. Fiqh al-Lugha[M]. al-Qāhira：Nahḍa Miṣr li-l-Ṭibāʿa wa-l-Nashr wa-l-Tauzīʿ，al-Ṭabʿa al-Thāniya，2004.

[17] MIKDĀSH G. Waḥda al-Funūn al-Islāmiyya[M]. Beirut：sharikat tawziʿ wa-nashr almatbuʿat，1995.

[18] ʾAḤMAD G Q. ʿIlm al-Kitāba al-ʿArabiyya[M]. Amman：Dar ʿImār li-l-Nashr wa-l-Tauzīʿ，al-Ṭabʿa al-ʾūlā，2004.

[19] BIN ʿABD AL-QĀDIR M Ṭ. Tārīkh al-Khaṭṭ al-ʿArabī wa-Ādābih[M]. al-Qāhira：Maṭbaʿa al-Tijāriyya al-Ḥadītha bi-l-Sakākīnī，1939.

[20] ḤIJĀZĪ M ʿA W. Falsafa al-Funūn fi al-Islām[M]. al-Islandariyya：Dar al-Wafāʾ li-Dunya al-Ṭibāʿa wa-l-Nashr，1905.

[21] QUṬB M. Manhaj al-Fann al-Islāmī[M]. al-Qāhira：Dar al-Shurūq，1983.

[22] FĀRIS B. Sirr al-Zakhrafa al-Islāmiyya[M]. al-Qāhira：Maṭbaʿa al-Maʿhad al-Faransī li-l-Āthār al-Sharqiyya bi-l-Qāhira，1952.

[23] GHULĀM Y M. Al-Fann fi al-Khaṭṭ al-ʿArabī[M]. Riyādh：Wizāra al-Maʿārif bi-l-Mamlaka al-ʿĀrabiyya al-Saʿūdiyya，1982.

土耳其文文献

[1] ALPARSLAN A. Osmanli hat sanati tarihi[M]. Istanbul：Yapi Kredi Yayinlari，2012.

[2] İHSANOĞLU E. Osmanlı medeniyeti tarihi[M]. Istanbul：Feza Gazetecilik A.Ş.，1999.

[3] CAM F. Modern- postmodern sanat algısı bağlamında hat sanatı[J]. Süleyman demirel üniversitesi güzel sanatlar fakültesi hakemli dergisi，2013（11）：30–48.

[4] ÖZKAFA F. Kültürel ve estetik bakımdan “Vav” harfine analitik bir yaklaşım[J]. Turkish studies-international periodical for the languages，literature and history of turkish or Turkic，2012（7/4）：2577–2600.

[5] USLUCAN F. Hat，Tezhip ve cilt terimleri sözlükleri[J]. Turkish studies -literature and history of turkish or turkic，2009（4/4）：979–994.

[6] BAYRAMOĞLU M. 20. Yüzyil türk resim sanatinda geleneksel türk sanat örneklerinin etkisi[J]. Kalemisi dergisi，2013（1/2）：1-40.

[7] ULKER M. Turk hat sanati：the art of turkish calligraphy from the beginning up to present[M]. Istanbul：Turkiye Is Bankasi Cultural Publications，1987.

[8] M.Uğur DERMAN. İstanbul'un tuğralı kitâbelerine dâir[J]. VII. Uluslararası türk kültürü kongresi，2012，4：495-512.

[9] MUTLUEL O. İslam düşüncesinde hat sanati veya kalemin şarkisi[J]. The journal of academic social science studies，2013，6（6）：863-876.

[10] SELAMET S. Hatı sanatı，harf devrimi ve tipografi üzerine bir değerlendirme[J]. Elektronik sosyal bilimler dergisi，2012：171-183.

[11] ALA Y. Ruhun geometrisi：hat sanatı[M]. Ağrı：Ağri İbrahim Çeçen Üniversitesi Yayinlar，2007.